高职高专规划教材

推销与谈判技巧

第2版

国家机械职业教育管理类专业教学指导委员会　组编

主　编　王国梁

参　编　赵远胜　彭银年　吕亚萍

主　审　陈兰生

机械工业出版社

本书是由国家机械职业教育管理类专业教学指导委员会组织编写的高职高专规划教材。全书内容按企业区域市场营销主管的素质要求安排设计，遵循工作过程导向的原则进行编排，共分为 11 章。第一至第六章系统阐述了从接受任务、推销准备、认知顾客、推销洽谈、客户管理到货款回收整个过程的运作方法和策略技巧；第七至第十一章主要介绍了交易谈判各个环节的策略、技巧和方法。书中采用了大量的案例和说明材料，书后还附有实训指导说明。全书通俗易懂，具有很强的实用性和可操作性，对于提高学生的实践技能很有帮助。

本书可作为高职高专市场营销专业教材，也可作为中等职业学校同类专业的教学参考书以及企业进行岗位培训的教材。

图书在版编目（CIP）数据

推销与谈判技巧 / 王国梁主编. —2 版. —北京：机械工业出版社，2009.6（2017.9 重印）
高职高专规划教材
ISBN 978-7-111-27336-3

Ⅰ. 推… Ⅱ. 王… Ⅲ. ①推销-高等学校：技术学校-教材 ②贸易谈判-高等学校：技术学校-教材 Ⅳ. F713.3.F715.4

中国版本图书馆 CIP 数据核字（2009）第 089920 号

机械工业出版社（北京市百万庄大街 22 号　邮政编码 100037）
策划编辑：孔文梅　责任编辑：乔　晨　孙　聪
封面设计：饶　薇　责任印制：李　洋
北京振兴源印务有限公司印刷
2017 年 9 月第 2 版 · 第 8 次印刷
169mm×239mm · 16.25 印张 · 312 千字
23001—24500 册
标准书号：ISBN 978-7-111-27336-3
定价：28.00 元

凡购本书，如有缺页、倒页、脱页，由本社发行部调换

电话服务
社服务中心：（010）88361066
销售一部：（010）68326294
销售二部：（010）88379649
读者购书热线：（010）88379203

网络服务
门户网：http://www.cmpbook.com
教材网：http://www.cmpedu.com

前　　言

本书是由国家机械职业教育管理类专业教学指导委员会组织编写的高职高专规划教材，主要用于市场营销专业的教学，也可作为中等职业学校同类专业的教学参考书，以及企业进行岗位培训的教材。

本书在编写过程中，始终遵循以工作过程为导向的原则，按照实用、可操作的要求，将近年来最新的理论和实践研究成果编入教材，力图使学生能够通过学习本教材掌握推销与谈判的基本知识和基本技能，能够按照书中所提示的方法有效开展推销活动。本书在内容上按照企业区域市场营销主管的基本素质要求进行了精心选择，从推销员的岗位任务出发，依工作过程顺序展开阐述，内容更加贴合工作实际，具有很强的实用性和可操作性。

本教材每章的开篇案例均采用了比较完整的社会实例，以期能够吸引学生的学习兴趣，提示所要讲授的重点内容，并可作为学生课后分析讨论的材料。同时在书中还插编了大量的案例和资料，对学生理解教材内容提供了帮助。在每章的前后还分别编写了学习目标和本章小结，并附有作业题和实训项目，对于引导学生正确掌握教材内容，培养实践操作能力大有益处。为了培养学生的综合职业能力，本书还特意编写了推销与谈判模拟实训指导，以供各校在组织实训时作为参考。

本教材由王国梁主持编写。参加编写的有王国梁（第一、二、三、四、十一章及模拟实训指导），赵远胜（第五、六章），彭银年（第七、八章），吕亚萍（第九、十章）。全书由王国梁担任主编，兰州工业高等专科学校的陈兰生教授担任主审。

为方便教学，本书配备电子课件等教学资源。凡选用本书作为教材的教师均可索取，请发送邮件至 cmpgaozhi@sina.com，咨询电话：010-88379375.

本书在编写过程中参阅了许多同行所编著的教材和著作，得到了山西机电职业技术学院、常州机电职业技术学院、陕西工业职业技术学院、兰州工业高等专科学校等各编审者所在院校的大力支持，在此一并致以衷心的感谢。

由于编者水平有限，书中难免存在缺点和不完善之处，恳请读者批评指正。

编　者

目　录

第一章
推销概述

学习目标

- 正确理解推销的含义及其特点。
- 能够应用推销观念进行推销活动分析。
- 掌握推销员的素质要求。
- 正确理解推销员的职责和任务。

案例导读

李君是一家中小型化妆品生产企业的销售主管，因工作需要，被派往S市去开辟市场。面对这样一个未知的地区，要迅速打开产品的销路，确实不是一件容易的事情。

经过前期调查和深入思考，李君决定从终端市场入手，先从终端市场做起，然后再来解决经销商的问题。但要从终端开始做起，就要先解决产品进入超市和卖场的问题。经过初步联系，发现要进入这些超市，得先交进店费，一个品种多则几千，少的也要几百，就是那些面积不到100平方米的社区超市也要交进店费。粗算下来，一年20万元尚不够3个品种所用，而公司能够承受的最大费用总共只有20万元。

为了用有限的启动费用赢取最大的销售效果，李君设计了一套策略。他将零售商店分为三类：A类是当地最大的卖场超市，是最难推销的，如果没有一点筹码，去了肯定是无功而返；B类是稍大一些的中型超市，只要给予大量的促销支持，做到产品好卖，就有可能少交或不交进场费；C类是社区小型超市，虽然这些超市也跟大超市学，也收进场费，但毕竟底气不足，讲究策略的话他们也就会有所松动了。根据这些超市卖场的实际情况，李君决定先从C类超市选择突破，通过布局造势，迂回进攻，待时机成熟，再取A类。

对于C类超市，李君也没有马上进行产品的推销，而是采取了“先打后谈”的方式，即先不谈买卖，只沟通感情。他精心挑选了50家社区超市作为对象，在公司的支持下，为每个超市专门定做了一批特别漂亮精致的购物袋，上面印有超市的名称和本企业产品的广告，免费赠送给各个超市。超市老板当然高兴，这样一来，双方的关系很快拉近了。

一段时间后，李君又向这 50 个超市发出了一张“不吝赐教”的问卷和一本产品的完全手册，虚心向这些零售商请教，怎样才能让顾客尽快接受这个产品。这些超市因早先受人好处，于是便知无不言。此举一石三鸟：一是使超市主动了解了产品特点，便于其接受，为以后销售铺路；二是加深了超市与公司的关系；三是听取了许多有益的意见。

随后，李君又精心策划了一场活动，在 B 市打出了“成就明星之梦”的口号，选举产品的形象代言人。在这 50 家超市贴出统一时尚的广告，承诺为代言人提供一定的奖励，为其提供免费上艺术学校的机会，免费包装、辅导，向娱乐圈推介等。一下子，此事在整个社区成了新鲜事，报名的人络绎不绝，询问产品的顾客也马上多了起来。李君邀请了几名形象设计师、演员和社区的领导、媒体记者等组成评委来选举形象代言人。这一活动成了当地的热点新闻，公司名声大噪，零售商急不可耐，纷纷找李君要求进货，很自然的，产品在社区超市迅速铺开并站稳了脚跟。

在成功突破 C 类超市之后，李君迅速将推销重心转向 B 类超市。有一部分 B 类超市看好这个产品，产品以很优惠的条件进入了这些超市。但大部分超市仍持观望态度，不肯让步。这时，李君利用掌握的资源，大造声势，开展了大规模的促销活动，组织选出的形象代言人巡回演出，一时间，产品火暴，使 B 类超市也跃跃欲试。不久，很多 B 类超市也以优惠的条件允许产品进场。

尽管如此，A 类超市这块难啃的骨头，拿下仍然不易。由于 A 类超市不允许没有进场的厂家利用其场地宣传促销，李君便又设一计，决定与已进入 A 类超市的厂家进行联合促销，由李君所在的公司免费提供赠品，开展买赠促销活动。这些厂家当然愿意合作，既不用自己掏腰包，又可以聚集人气，何乐而不为？于是，每个周末，李君的形象代言人都会出现在全市最有影响力的超市门前进行表演，浩浩荡荡，引来了无数观众。当然也就有不少顾客入店询问此类产品的情况。商机不可失，A 类超市便主动与李君联系产品的进场事宜，一切水到渠成，产品最终以优惠的条件进入了 A 类超市。

终端市场的成功启动，引来了大批经销商主动要求合作。这时的李君已完全处于主动地位，只有他挑选别人，这当然容易得多了。至此，S 市的市场已成功开辟。

第一节　推销概念

一、推销的含义

推销，这一名词由来已久。推销活动的产生可以上溯到六七千年以前原始社会的后期，由于生产力的发展，出现了剩余物质，需要交换，推销也就应运而生，至夏、商时期，推销已成为一个专门的职业。经过几千年的发展演变，才成为今天具有现代意义的推销。

对推销如何定义，说法不一。根据我们的理解，基本上可分为两种：一种是狭义的推销，指推销人员向顾客推荐其商品，并说服顾客购买；或者说推销就是通过推荐者说服，使顾客购买，从而将商品销售出去。另一种是广义的推销，指活动主体向目标受众推荐某种事物，说服其接受乃至采取相应的预期行动。

广义推销概念是狭义概念的推广。将推销者从“推销人员”扩展到“活动主体”；将被推销者从“顾客”扩展到“目标受众”；将推销标的物从“商品”扩展到广泛得多的“事物”；将“商品卖给顾客”扩展为“采取相应的预期行动”。

把握广义推销概念，关键在于理解推销标的物的扩展，推销标的物除了商品实物外，可以是看法、观点、信息、知识、信念、信仰等，也可以是情绪、情感、态度、意志、立场等，还可以是形象、计划、政策、规范、制度以及文化，等等。也就是说广义推销所推荐的事物，几乎是无所不包的。

从广义上看，政治家说服人们接受其政治主张，军事家说服人们接受其军事主张，艺术家说服人们接受其审美表现，科学家说服人们接受其科学发现和科学主张，教育家说服人们接受其教育主张和教育内容，企业家说服人们接受其产品和服务，都是一种推销活动。从这个意义上说，优秀的专家总是优秀的说服者，是本领域的有效推销专家。

因此，狭义推销概念也可以看成是广义推销概念的一个特例，它们的共同之处是通过说服使被推销者接受所推荐的东西。本书所要研究的推销仅指狭义的推销，即人员推销。

就人员推销而言，具有四个显著的特点：

1．信息双向传递

推销人员在推销过程中不仅要向顾客传递有关商品的信息、企业的信息，而且要了解顾客的需求信息，听取顾客对推销品的意见和建议，从而构成一种信息的双向运动。这与广告等促销方式有明显区别。

2．推销过程的完整性

人员推销从寻找顾客开始，到接触洽谈、说服诱导、达成交易、完成商品所有权的转移，还要从事送货、安装、维修等一系列跟踪服务，从而构成一个完整的推销过程。

3．推销活动的灵活性

推销人员在与顾客面对面的接触中，可以随时根据顾客的不同反应，有针对性地调整推销策略，解答顾客的疑问，灵活处理各种问题，满足顾客的不同需要。

4．推销费用高

与其他促销方式相比，人员推销的费用无疑是最高的，特别是目标市场比较分散时，为此而支付的交通、住宿、业务活动等项费用会是一个很大的数目。

二、推销的形式

从企业的角度看，推销形式可以分为两种。

（1）自主推销。即企业建立自己的推销组织，使用本企业的销售人员来推销产品，推销组织中的人员可称为推销员、业务员、销售代表、业务经理、销售工程师等。

（2）合同推销。即通过合同和协议的形式，将企业的推销业务委托给代理商、中介人、经纪人等去做，企业按照其代理销售金额给付佣金。

从推销活动本身来看，推销形式可分为以下七种：

（1）单个推销员对单个顾客进行一对一的推销活动。

（2）单个推销员对一个购买群体进行推销活动。

（3）推销小组对某一购买组织进行推销活动。

（4）推销会议。即推销人员会同企业其他部门的人员以业务洽谈会的形式向买主推销产品。

（5）推销研讨会。即推销人员与企业技术人员一起，以技术研讨的形式向买方人员讲解某项技术的最新发展情况，介绍相关产品的知识及其应用，目的并不在于即刻达成交易，而是增进客户的技术知识，培养买方对本企业的认识和偏好。

（6）网络推销。即推销人员通过电脑通信和数字交互式媒体来实现推销目标的一种推销形式。

（7）直复推销。即推销人员通过信函、目录、电话、电视以及其他媒体将产品信息送达目标顾客，接收顾客订单，完成商品交易的推销形式。

需要注意的是，现代企业的推销工作越来越显示出集体性，往往需要群体人员的协作和配合，包括主管领导、技术人员、服务人员、业务分析人员等。

三、推销活动三要素

推销活动三要素是指推销主体、推销客体和推销对象。

1. 推销主体

所谓推销主体，是指从事推销活动的人员。商品或劳务并不能自己走到市场上，或是自动地转移到消费领域，它必须依靠推销主体，推销活动最基本的特征就在于推销人员主动去说服、诱导并满足顾客的需求。推销主体的素质以及推销手段、推销方法、推销技巧，在很大程度上决定着推销效率的高低。考察一个企业的推销人员，会发现，各个推销员之间的推销业绩有很大差别，高低之间相差几倍、几十倍甚至更多。同样的产品，类似的市场，为什么会有如此大的差别？可见推销人员的行为，在推销活动中发挥了决定性的作用。

2. 推销客体

推销客体也叫推销品，包括各种有形商品和无形商品，它是推销活动的物质基

础。推销客体的条件如何，对推销活动有重要影响，这其中包含两个层面的意思，其一，推销客体必须满足顾客的需求。一瓶矿泉水对于一个刚刚爬上山顶、大汗淋漓的旅行者来讲是必需的，而对于一个酒足饭饱的人来讲则是多余的，对前者的推销无异于雪中送炭，对后者的推销就有点画蛇添足。其二，推销客体本身是分层次的。一家高档酒楼开业之后，生意火爆，顾客络绎不绝，不久，旁边又开了一家餐馆，专卖阳春面，生意也很红火，酒楼的经理便认为，小餐馆抢了自己的生意，一定要把它夺回来，便也推出了阳春面，并着力向顾客推荐，不想事与愿违，不仅没有抢到顾客，原来的顾客也不断流失，酒楼的生意日渐清淡。孰不知，上高档酒楼的人和到小餐馆就餐的人绝非同一群体，二者并不在同一层次。一个企业拥有高档名牌产品，固然为推销创造了比较好的条件，但只有低档产品的企业，也有自己的需求市场，这也是市场上高、中、低档产品可以同时并存的原因所在。

3．推销对象

推销对象是指推销活动中的买方。推销对象包括各种年龄、各种受教育水平、各种收入水平和各种性格的个人购买者，他们为个人消费而购买；也包括不同规模、不同经营范围的中间商，他们为转卖或加工后转卖而购买商品；还包括各种各样的，为生产或管理的需要而购买生产设备、原材料和辅助材料的生产企业，以及各种非经营性的组织，如学校、社团、政府机关等。

推销人员在推销过程中必须研究推销对象的需求，只有满足了推销对象的需求，推销才有可能获得成功；但是切不要以为只要产品能满足顾客的需求，推销就一定会成功。例如，有一家企业的一名推销员，长期负责一个区域市场的销售，业绩很好，后来，企业的销售主管出于某种考虑，将其调换了一个岗位，另派一名推销员去负责，结果遇到了很大障碍，顾客拒绝要货。在产品、顾客都没有变的情况下，为什么结果会截然两样？其中一个主要的原因就是，前一任推销员在与顾客的长期交往中建立了很好的感情基础，继任的推销员则缺乏这个基础，因而遭到回绝。

无论推销对象是个人还是团体，最终与推销主体打交道的还是个人，而人是感情动物，人的感情有时甚至可以超越理智发挥出超乎想象的作用，培养与推销对象之间的感情联系，对于推销员来讲似乎更为重要。

第二节　推 销 观 念

推销观念是人们在推销过程中所遵循的指导思想，也就是推销主体在推销活动中始终遵循并力图使消费者接受的原则和信念。推销观念可以说是推销主体与推销对象之间双向沟通的基础，唯有顾客相信推销者的观念时，他们才会接受所推销的商品。

推销观念的形成和发展与社会环境的变化有着密切的关系。商品由短缺到平衡，供求关系的变化对企业的推销观念会产生深刻的影响。可以说，推销观念的变化是随着社会环境的变化而变化的。随着我国市场经济的确立和发展，企业的推销观念也在发展，从其发展演变过程来看，大体上可以分为四种：

一、生产导向观念

这种观念的核心是“企业卖什么，顾客就买什么”，是一种以生产为中心的推销观念。在20世纪20年代以前，由于社会生产力发展缓慢，市场一直处于商品极度短缺状态，对于消费者来说，他们的要求仅仅是为了满足其基本需要，对于生产企业而言，他们所面临的问题是如何扩大生产规模，增加产品产量，以满足市场的疯狂需要。

市场供给的短缺在确认企业处于主动地位的同时，也承认了消费者只是被动的选择者。只要企业的产品品质优良、价格合理，消费者肯定会做出积极的反应。不仅如此，消费者需求的趋同化还创造了一个非常便利的条件，即企业并不需要很多的推销努力就可以获得满意的利润。我国在改革开放以前的情况也大体如此。

在我国，由于过去较长一个时期内商品短缺，生产导向观念的影响深刻，至今仍有一些企业持有这种观念，尤其是一些资源紧缺的部门表现还很突出。这种观念显然是不适合市场经济发展要求的。在市场经济条件下，当一种商品出现短缺时，会促使其价格上涨，利润增加，使生产这些商品的企业在短期内获得较高利润，同时也会刺激生产力要素快速向该商品集中，很快就会填平缺口。就绝大多数商品而言，短缺只是一种暂时现象，不可能长久存在下去。希望通过政府来设置市场准入的门槛，限制生产资源向短缺部门流动也只是一种幻想。

二、推销导向观念

这种观念的核心是“如何将产品卖出去”。这种观念认为：市场潜力是巨大的，面对巨大国内市场每年几十万亿元的销售额，哪怕就是分得其中的万分之一或几十万分之一，就足以使企业好过起来。产品的积压不是因为没有市场，而是企业为推销产品所做的努力不够，只要努力，不愁产品没有销路。这种观念说到底还是一种以企业为中心的观念。

然而这个貌似庞大的市场，并非如想象的那样乐观。商品经济发展到今天，多数商品已由卖方市场转变为买方市场，有不少商品已供过于求，在激烈的市场竞争中，企业要想独占市场是不可能的，即便是占有其中的一部分，其份额的大小也是不等的，但如果“蛋糕”本来就小，能够抢到手的也就很有限，不少企业为推销产品投入大量的人力、物力，努力程度成倍增加，但销售量并没有明显改观，有的还在不断下降，感叹产品难销绝不是个别企业的个别现象。

三、需求导向观念

这种观念的核心是“发现并满足顾客的需求”。这显然是一种以顾客为中心的观念。这种观念认为，企业的推销工作应围绕用户展开，用户需要什么，就生产什么，销售什么。这种观念，从一般意义上来讲没有错，但这其中存在两个问题：其一，如何去发现顾客的需要，比如，冬天到了，有消费者想买一件大衣御寒，作为生产大衣的企业，如果能知道哪位消费者需要大衣，适时送上一件，可谓雪中送炭，但问题是茫茫人海，上哪儿去找这位需要大衣的消费者呢？其二，如何满足顾客的需求。接上面所讲，即便是找到这样一位大衣的需求者，而企业所提供的产品是否就一定会使顾客满意呢？如果顾客有一些特殊要求，企业现有的条件又无法满足，又该当如何？由此可见，需求导向观念虽然是一大进步，但并不适合所有企业采用，这种观念对于市场比较集中、客户数量有限的生产资料类企业较为适用，而对大多数消费类产品的生产企业并不适用。或许有人认为，消费类产品的推销大多通过中间商运作，生产企业面对的并非单个的消费者，而是中间商，其客户数量也是有限的，但是一个产品如果不能调动最终消费者的积极性，而只是鼓动中间商购买，结果只能是商品搬家，由生产积压，变成流通积压，最终还是会影响企业的推销工作。

小案例

一天，多家培训公司都接到某知名摩托车企业人力资源部培训主管L先生的电话，要求提供销售类课程清单以便选择培训课程。大生意上门自然不敢怠慢，大多数培训公司很快就将课程清单传真给了L先生。有的公司还没忘记加上一些公司简介、培训师师资简介、公司实力品牌等证明资料，然后就满怀信心地静候佳音了。但有一家公司的销售代表A先生接到电话后，未像其他公司一样急于发出课程清单，而是打电话给L先生：“我们非常理解您的要求，不过，根据我们的经验，在没有了解贵公司的具体需求之前发给您资料只会浪费您的时间；另外，课程清单并不能让您了解到课程本身的价值。不如先给您发一份“营销培训需求调查表”，您填好后给我，我请我们的资深讲师跟您做一个交流，然后再确定如何做。您认为如何？”听销售代表这么一说，L先生觉得很有道理，很快就同意了。接下来，培训公司的讲师根据“营销培训需求调查表”提供的信息进行了初步需求分析，建议L先生与培训公司的人力资源主管做一下电话访谈。L先生再次同意。电话访谈结束后，培训公司以书面传真的形式给L先生做了回复，谈到现有的资讯对形成较高水准的营销培训建议书仍然不够，提出进一步进行面对面访谈的请求，希望对方的销售部经理、市场部经理、受训对象代表等参加。做完本次面对面访谈后，培训公司提交了一份营销培训建议书给L先生。后来，双方很快就签订了合作协议。

四、竞争导向观念

这种观念的核心是："推销产品的使用价值观念"。对这种观念，可先作如下概括：企业既考虑市场的需求潜能，又充分考虑自身的独特差异，通过树立全新的产品形象，来引导需求，促进销售。

要准确把握竞争导向观念的实质内涵，需要明确以下几点：

（1）企业和用户应该谁为主。从前面几种观念中可以看出，以企业为中心没有出路，完全以用户为中心又不适合所有企业，这确实是一种两难选择。竞争导向观念绝不是采取折中的办法，以双方为主或双方都不为主，或者是某些情况下以企业为主，而某些情况下又以用户为主，这对于企业来说同样是难以把握的。竞争导向观念首先明确，在企业的推销中以企业为主。这种认识意味着企业应在推销中起主导作用，企业是通过自己的行为去影响消费、引导消费，而不只是简单地去迎合消费，追逐需求，企业对自己行为的抉择应该，也是完全可以把握的，其主动性也是不言而喻的。

（2）市场需求的潜能如何考虑。竞争导向观念与需求导向观念在研究用户需求方面是一致的，都要研究"需要什么"的问题，但也有不同之处，前者所要研究的是一种消费趋势的变化，而后者则主要研究各个个体的消费行为，相比之下，研究消费趋势的变化比之琢磨各个具体用户要容易得多。

（3）产品自身的优势何在。这一点企业并不难做到，每个企业的情况各不相同，差异总是有的，或产品质量，或性能差异，或价格等。但所要做的不仅仅是找出差异，重要的是要寻找优势，并将这种优势发扬光大。所要注意的是，优势可能会找出许多，但无需一一去发扬光大，只要就其表现突出的方面选择一项即可。

（4）企业向用户推销什么。这一点可以说是竞争导向观念的核心所在。如果就此问题进行调查，相信多数人会回答"推销产品"。其实这一回答并不正确，用户要的并不是产品这个形式，而是产品的使用功能，亦即产品的使用价值。按这个道理，企业向用户推销的自然就应该是用户所需要的，即推销产品的使用价值。但仅仅这样认识还是很不够的，考察一下市场状况就不难发现，具有同样使用价值的商品之间销售情况并不相同，差异很大。可见，前述还只是一种较为肤浅的认识。竞争导向观念认为，企业向用户推销的应该是一种产品的使用价值观念，这既不是指具体的产品，也不是这种产品的使用价值，而是一种全新的观念。一旦这种观念被用户所接受，它所引发的，就绝不仅仅只是一两件商品的销售。曾有某品牌牙刷，将刷毛部分做了一些改动，做成波浪形的，而后借助媒体大力宣传"只有波浪形牙刷才能把牙齿刷得更干净"，这一观念很快被消费者接受认同，纷纷购买，以至用波浪形牙刷成为时尚。还有如"无氟冰箱”、“绿色食品”等，都无一不是向消费者传达着一种新的消费观念。当然，一种产品形成热销，很快就会有竞争者跟进，但是后来者再去重述已有的观念，也只能是鹦鹉学舌。对于企业来讲，发掘推出一种产品的使用价值观念只是使自己在市场中占有了先机，并不能一劳永逸，终身受用，需要不断研究把握市场需求的变化趋势，不断更新观念，才有可能立于不败之地。这一观念对于生产消费类产品的企业尤为适用。

小案例

一农场主经营着一大片果园，眼看苹果挂满枝头，丰收有望，却不料遭遇一场冰雹袭击，雹灾过后，树上的苹果伤痕累累，几乎找不出一个不带伤的果子。往年鲜亮的苹果尚难找到销路，如今这样一片残状，又该如何？农场主为此而整日愁眉不展。一天，农场主又像往日一样来到果园，一边踱步，一边想着心事，随手在树上摘了一个苹果，边吃边想，突然间来了灵感，马上跑回家，动手制作了许多宣传品，到处散发，并到当地媒体去作了广告，大意为：本农场的苹果个个带疤，面目丑陋，但吃起来别有滋味，绝非一般苹果可比，君若不信，可来品尝。广告发出之后，果有好奇者找上门来，一尝，滋味确实不同，一传十，十传百，食疤苹果竟成时尚，当其他果农还在为苹果的销路发愁时，此农场主已在美滋滋地点着钞票了。这位农场主成功地将“带疤的苹果更好吃”这一观念推销给了顾客。

第三节　推销员素质

推销人员是企业开拓市场的先锋，是企业形象的重要代表，必须具备一些基本素质。所谓推销员素质，是指推销员胜任销售工作的综合能力。一个理想的推销人员应具备以下素质。

一、强烈的敬业精神

推销工作是一项很辛苦的工作，推销人员长年在外，四处奔波，拜访客户，宣传企业，推销商品，生活不安定又无规律，时常面对难以想象的困难。推销时要面对各种各样的客户，工作的影响因素复杂，工作效果缺乏确定性。对推销员来讲，每一位顾客或每一项业务都意味着一次挑战，既孕育着成功，也潜伏着失败，有时还会因世俗的偏见和某些特殊原因而受到客户的误解，遭受冷落更是常有的事。因此，推销员必须具有强烈的敬业精神、认真负责的工作态度，否则是不可能成为一名优秀的推销员的。据对企业的一项调查表明，有超过半数的企业将敬业精神作为评价推销员的首要条件。

现实中，有不少人将推销工作看作是一个赚钱的工具或通向其他途径的一个跳板，抱有这种思想的人是不可能成为推销专家的。当有了更好的赚钱机会或更轻松的工作环境时，便会舍推销而去。一名优秀的推销员应该将推销工作当作一项事业来做，立志有所作为，这样才会促使自己不断克服困难，努力达到一个比较理想的境界。

当然，推销工作也不仅仅只有辛苦，没有乐趣，如果是这样的话，是没有多少人愿意从事推销工作的，当推销员成功地说服了一个顾客，达成了一笔交易，其喜悦的心情是其他人难以理解的。另外，推销工作灵活的工作时间、广泛的人际交往、遍游天下的阅历和较高的收入也是不少人所向往的。但成功的背后，必须付出艰辛的劳动。要有过千山万水、进千家万户、尝千辛万苦、讲千言万语、想千方百计的精神，才能达到开拓市场的目的。

二、充满自信

推销专家H·M·戈德曼曾经讲过：一项推销活动都必须建立在三个要素的基础上：一是推销员一定要相信他所推销的产品；二是推销员必须相信他所代表的公司；三是推销员必须相信自己。一名推销员对所推销的产品缺乏信心是十分有害的，对所代表的公司缺乏信任是非常危险的，而缺乏自信心则是最致命的。

当推销员和客户洽谈时，其言谈举止若能表露出充分的自信，客户才有可能对推销员产生信任，进而才会相信推销员所推荐的商品。如果推销员自己都没有信心，又怎么能赢得客户的信任？自信是信任的基础，而信任则是客户购买商品的关键因素。

自信是推销员重要的精神支柱，只有充满自信，才能产生自信力，进而激发出极大的勇气和毅力，去迎接挑战。一个推销员怎样才能树立起自信心，坚信他自己的推销能力呢？一是要很好地学习有关知识；二是要不断地在实践中积累经验；三是要随时调节自己的心理状态。比如说，有一种产品推销的成功率为 10%，当拜访第一个客户后没有达成交易，第二次拜访又失败了，连续几次失败，对人的自信心是一个打击，许多人甚至会怀疑自己是不是缺乏推销的能力。如果换一种思维方式，当第一次失败后，不以为是失败，而认为是又向成功靠近了一步，原来 1/10 的成功率，现在是 1/9 了，再谈不成，就变 1/8 了……越来越向成功靠近。这就会使自己越来越有信心。

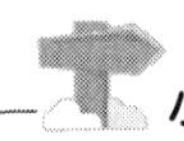

小案例

某印刷公司雇用了一名刚参加工作的年轻推销员，在经过一个阶段的培训之后，这位推销员对自己能否胜任工作仍然缺乏信心。结业时，经理照例对他讲了一番“你能干好的”之类的话进行鼓励，然后对他讲“我打算先派你到街对面的一家公司去推销，理由很简单，因为这家公司是我们的一个老客户，什么时候都会买我们的东西。但是，我要预先告诉你，那个管业务的老头脾气很不好，一点都不讨人喜欢，爱吵嘴而且满口粗话，对谁都会大吼大叫。不过你放心，他只是叫嚷而已，你听着就是了。然后，你只要对他讲‘是的，先生，我明白了。我带来了本市最好的印刷业务，也一定是你想要得到的东西’。总而言之，他说什么都没关系，你只要坚持你的立场，接着讲你要说的话。千万记住，他在什么时候，都会向我们订货的。”推销员照经理的吩咐，信心十足地去了。果不其然，在头五分钟里，他几乎没有机会讲一句话，因为那个老头不停地给他讲一些无关紧要的事情，真的是大吼大叫，满口粗话。好在推销员已有了心理准备，耐心等待暴风雨过去。最后，推销员讲：“是的，先生，我明白了，今天我给您带来了本市最好的印刷业务，这也一定是您最想要的东西”。之后，一进一退的进攻和防御大约持续了半小时，最终推销员终于拿到了该公司的业务订单。当推销员回到公司向经理复命时，经理满脸惊讶：“这真是那个公司的订单吗？那个老头太难对付了，我们一直想和他建立业务关系，但是 15 年来他从来没有从我们公司买过一元钱的东西。”

三、宽阔的知识面

推销人员经常与各种各样的顾客打交道，需要有宽阔的知识面。知识面的宽阔与否在一定程度上决定了推销人员的推销能力。因此，推销人员应有旺盛的求知欲，善于学习并掌握多方面的知识，这样运用起来才会游刃有余。一般来讲，推销人员应该具备以下几方面的知识：

1．产品知识

推销人员必须了解所推销商品的技术性能、结构、用途、用法、维修与保养知识，不同规格、型号、式样的差别，本行业的先进水平，产品的发展趋势，使用中应注意或避免的问题，本企业产品与竞争对手产品的差异及其他有关商品知识等。

2．企业知识

推销人员应熟知本企业的历史及在同行业中的地位，了解企业的生产能力、产品种类、技术水平和设备状况，掌握企业的发展战略、定价策略、销售政策、交货方式、付款条件、服务项目等。

3. 用户知识

推销人员应了解用户的采购决策权情况，其购买动机和购买习惯如何，对交易条件、交易方式和交易时间有什么要求，并且要经常分析用户的需求变化情况。

4. 市场知识

掌握市场知识是对推销员的基本要求，推销员应熟悉现实顾客的情况及购买规律，潜在顾客的情况及购买潜力，用户或消费者对自己所推销产品的评价，同类产品占有市场的情况，影响推销的各种因素和可能的变化情况，产品在不同季节、不同地区、不同环节上的价格，政府的限制与鼓励情况等。

5. 社会知识

推销人员应了解推销区域的经济地理知识和社会风土人情，了解当地的交通运输状况，不同民族的风俗习惯、宗教信仰、语言习惯、礼仪规范等。

6. 其他科学知识

推销人员还须具有与本行业有关的工程技术知识、法律知识、语言知识、美学知识等，同时应尽可能扩大自己的知识面，无论是政治、军事、体育、文化等，各方面都能略知一二，这对于丰富推销谈话的内容，沟通与用户的关系会有许多帮助。

四、良好的职业道德

推销员要与各种各样的顾客打交道，一言一行都关系到企业的形象，而且经常接触钱和物，必须具有良好的道德品质和正确的推销思想。作为一名优秀的推销员，应该具有良好的职业道德：

（1）严格遵守并认真执行国家的有关政策、法律、法规，正确处理国家、集体、个人三者的利益关系。

（2）要维护企业或公司的利益，不利用工作之便搞不正之风或私下交易，更不能利用特殊的地位和环境为己谋利，贪污贿赂，损公肥私。

（3）要有好的推销品德，对人热情、谦和，对待不同层次的顾客，一视同仁，平等相待；对待竞争对手要公平竞争，不以贬低别人来抬高自己。

（4）要实事求是，言而有信。在推销过程中，对顾客要了解的事情，要实事求是地加以介绍；对于顾客提出的要求，要以真诚的态度认真对待，并积极想办法解决；对于做出的承诺，要努力实现。不能以不正当的手段或方式欺诈顾客或诱购诱销，要用诚信赢得顾客的信任。

（5）要注意保护顾客的权益。推销中买卖双方是两个不同的利益主体，有着各自的利益关系。推销员不仅要维护本公司的利益，同时也要保护顾客的权益，只有使双方都得利，才能保持双方关系的巩固和发展。

五、健康的体魄和优雅的风度

推销工作的艰苦性，决定了推销员必须具有健康的体魄。如果一个人经常晕车，胃口不好，冷热不适，水土不服，走不了几步路就气喘吁吁，是很难胜任推销工作的。

推销人员的业务活动是一个与人打交道的过程，优雅的风度将有助于在顾客心目中建立良好的个人形象，取得顾客的信赖。仪表风度就如同一张介绍信，在极短暂的接触中，给顾客留下深刻的第一印象。第一印象一旦形成，在短时间内就很难改变。这一印象的好坏，往往决定了整个推销计划的成败。许多情况下，你和顾客还没讲几句话，顾客心里已在盘算，是打发你走人，还是继续与你谈下去。所以，注重仪表美，塑造良好的形象，是推销员推销自己和产品的重要条件。

一个人的仪表风度，既来源于先天条件，更有赖后天的培养锻炼和修饰。长相、身材、肤色是先天条件，而衣着打扮、精神风貌、气质、谈吐和行为举止则是后天因素。先天条件难以改变，后天因素则必须注意，作为一名推销员，要使自己具有优雅的风度，需注意以下几个方面：

（1）面容整洁，自然清新。既不要蓬头垢面，也不要油头粉面，修饰应适度。

（2）衣着协调得体，既注意时代特点，又要符合自己的体形和性格特征，并要因时、因地、因人制宜，符合推销环境的要求。

（3）举止优雅，彬彬有礼，端庄大方。

（4）谈吐自如，具有幽默感。

第四节　推销员的职责与任务

一、卖产品与做市场

卖产品与做市场是完全不同的两个概念。所谓卖产品，是指简单的商品交易，卖方将产品交给买方，完成商品所有权的转移，然后收回货款。做市场则要比卖产品复杂得多，也宽泛得多。做市场的着眼点不在于每一次具体的交易行为如何，而在于整个目标市场的开拓、占有、巩固和驾驭，所要考虑的是如何扩大市场份额，提高自己的市场占有率，在充分占有市场的基础上去谋取利益。如果将推销理解为就是卖产品，则必然会考虑交易的成本，亏本的买卖是不做的。而做市场则不去计较“一城一池的得失”，只要有利于市场占有，即使是暂时亏本也要做，为的是以后有更大的回报。做市场的思路是：没有市场，何来销售；没有销售，何来利润。正所谓“皮之不存，毛将焉附”。下边的一个案例，可以帮助我们来理解做市场的含义。

有一家电池生产企业，欲将自己的产品打入某地市场，但前期调查的结果并不令人满意：① 市场基本上没有空隙，本企业所能生产的各种产品市场上都有；② 竞争非常激烈，有几十种牌子的电池在大打价格战，获利微薄；③ 本企业产品无论是知名度还是价格都不具有特别的优势。

那么，这个市场还要不要进？还是要进，因为其他地区的市场也和这个市场差不多，如果都放弃，则没有自己可能立足的地盘。

经过进一步的调查分析，发现该地市场销售的几十种电池中，有一家销量最大，约占一半左右，其他都不超过 10%，要挤占这个市场，这是主要的竞争对手，策略、手段均应围绕这家企业来制定和实施。

第一步，以 1 号普通电池为敲门砖，以低价位撕开市场缺口。

经分析，虽然几十家企业在打价格战，但基本上都保持在成本线以上，尚无一家亏本销售，主要竞争对手的 1 号普通电池向批发商供货价格为每件 118 元，据判断应是其成本底线，向下则会亏本。批发商以每件 120 元向外批发，获利 2 元，水平较低，批发商并不满意。选择 1 号电池作为敲门砖，是因为 1 号电池销量较大，用户对价格比较敏感。另外，1 号电池在各型号中销量不是最大，即使亏一点，也不会对企业造成严重伤害，为此决定以每件 115 元向批发商供货，如批发价保持不变，则批发商的毛利水平在 4%左右，基本符合惯例，批发商会比较满意。另随首批供货免费向批发商提供 2500～3000 支电池作为试用品，供其向下属网络免费派发，同时提供 POP 广告支持和人力资源支持。经过近三个月的配合运作，基本上达到了预期目的，产品的市场覆盖率超过 50%，占有率超过 10%，更主要的是消费者对产品有了认知，回头客很多。

第二步，以保本价推出销量最大的 5 号电池，挤占市场。

在前期成功运作的基础上，该企业以保本价推出了销量最大的 5 号电池，之所以仍保持低价位，是因为这一型号的电池是主要竞争对手的利润点，对方全靠这一型号的电池获利。虽然此时的低价位已不同前期，但即使保本销售也会令对手十分难受，不降价可能会失去市场，降价又会伤及根本利益，左右为难。果然在低价位推出 5 号电池之后，竞争对手犹犹豫豫，摇摆不定，结果该公司得以趁势发挥，扩大地盘。等到对手意识到问题的严重性，也降价相迎的时候，市场已经损失大半，半壁江山已归于该公司麾下。

第三步，借势发挥，推出盈利产品。

经过一番拼杀，已基本奠定了胜局，产品的市场占有率已超过了 50%，消费者已普遍认同，口碑不错，并培养了消费者的购买习惯。借此有利时机，该公司适时推出了盈利产品，将盈利水平较高的碱性电池、镍镉电池等推向市场。此类产品的毛利率均在 30%左右，但此时已不去和对手拼价格。一是此类产品是竞争对手的一个弱项，产品质量一直不够稳定，消费者对其颇有微词；二是这类产品普遍价格较高，过去的价格战基本未涉及这类产品，根据该公司目前的市场地位，也无必要去挑起战乱。另外，如果出价太低，还会引起消费者无端猜疑，怀疑产品质量不好。所以正好借势发挥，从中取利。

第四步，改头换面，抬升价位。

在取得市场有利地位之后，该公司开始对先期投入市场的 1 号、5 号电池进行改造：一是推出系列产品，彩管、纸板、铁壳陆续登场；二是改头换面，改换包装上市，以新产品的面目出现，借机抬升价位，使之保持盈利水平。由于电池属非专家性购买，绝大多数消费者对此知之不深，此举并未引起市场振荡，厂家意图得以顺利实现。

第五步，保持竞争态势，巩固地盘。

为了防止已有的市场地位遭到破坏，该公司对于当初作为敲门砖和杀手锏的 1 号、5 号普通电池仍予保留，价位不变，以保持一种竞争的态势，只是不再投入过大的精力，随其自然。

通过这一事例，我们可看出卖产品与做市场的不同，市场的占有虽然是以一笔笔的交易为基础，但如果每一笔交易都去计较得失，则势必为挤占市场增加许多难度，有时甚至是做不到的。现实中，我们可以发现许多类似的事例：超市中每公斤 2 元钱的鸡蛋，166 元一台的彩电，绝不是为了卖产品赚钱，无论如何都是亏本的，之所以会如此，是有一个更大的目标比这还重要，那就是占有市场。

二、构筑销售网络

构筑自己的销售网络是推销员顺利推销的基础，这个网络的结点就是一个个客户。但一个推销员所接触的面是有限的，不可能接触到每个消费者，对于一些消费类产品来讲，更是如此。必须学会借别人的网络做自己的生意。

比如，一种产品的分销渠道是厂商——批发商——零售商——消费者，作为生产厂家的推销员，他的推销对象可以是批发商，也可以是零售商，或者是消费者，但最好是批发商，因为在每一个批发商的背后，都有一个由零售商组成的分销网络，而每一个零售商的背后，又是由大量的消费者群体构成的网络，抓住了批发商，就等于抓住了消费者，这种关系如图 1-1 所示。

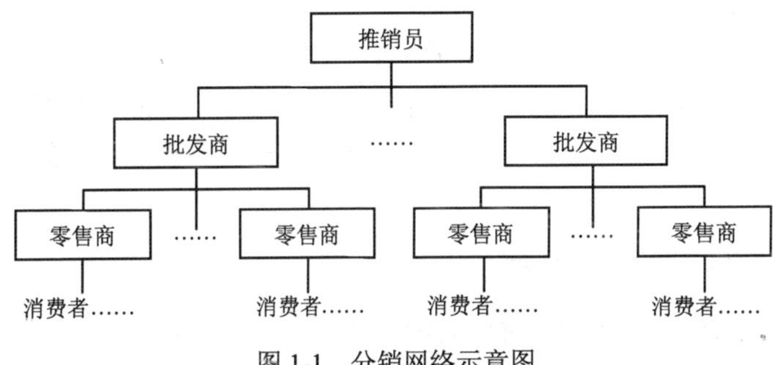

图 1-1　分销网络示意图

如果推销员舍弃中间环节，直接面对消费者群体，由于推销对象数量上急剧增加，会使推销员应接不暇，服务很难周到，供货难以保证，费用却会大幅上涨，如图 1-2 所示。

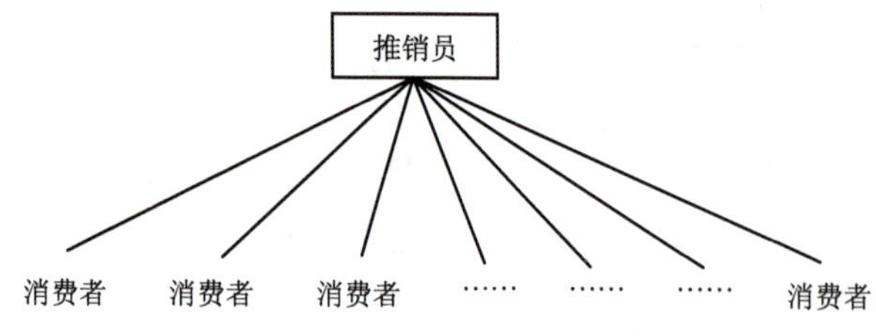

图 1-2　直销网络示意图

这一原理其实并不难懂，实践也证明，借网销售是最经济最便捷的一种方式。使别人的网络能为自己所用，需注意以下几点：

（1）重视中间商的作用。中间商不只是一个利用的对象，而且还是企业重要的合作伙伴，不能招之即来，挥之即去。在产品销路不好时，将中间商奉为上帝，百般奉应，什么条件都可答应；产品一旦走俏，即弃之不理，这对市场的稳定发展是极为不利的。

（2）让中间商有利可图。中间商有其自身的利益，不能忽视，如果产品不能为中间商带来利益，最终他是会放弃的。有一家生产洗涤剂的企业，在为市场供货时，来者不拒，对批发商和零售商采取一个价格政策，结果批发商因无利可图而被迫放弃。要保证中间商的稳定，必须使之有利可图，而且要保持足够的利润水平。因此，在推销政策上需要区别对待。

（3）与中间商结成利益共同体。使中间商不成为对手，而成为同一战壕里的战友，无疑是最好的。要做到这一点，就得使双方的利益紧密联系在一起，企业兴旺，中间商能得到好处；企业衰退，中间商也跟着焦急。这样，推销的外缘就得到了扩大，企业的推销队伍无需扩充，推销的有效力量却会成倍增长。比如有的企业就吸引长期经营本企业产品的一些优秀的中间商参股分红，极大地调动了中间商的积极性。

（4）帮助中间商进行促销。当我们通过中间商分销时，不只是把产品卖给中间商就行了，还要帮助中间商去找销路，因为只有中间商能够顺畅出货，他才会不断要求供货，也才能保证渠道的通畅。所以，推销员既是企业的推销员，也是中间商的促销员。

三、推销员的职责与任务

有了以上的认识，我们将推销员的职责与任务概括如下：

（一）推销员的主要职责

1. 寻找与发现市场机会

寻找与发现市场机会是推销员的首要职责，推销员必须善于在激烈的市场竞争中找出进入市场的机会，要做的工作主要有：

（1）寻找与确定目标市场；

（2）估算目标市场的容量与本企业可能达到的销售额或市场占有率；

（3）了解目标市场需求的具体特征；

（4）为企业决策当好参谋。

2. 开拓与进入市场

开拓与进入市场是推销员的具体职责，也是推销员的主要工作，主要有：

（1）与企业共同制定产品的销售网络计划和推销政策；

（2）寻访客户，开展推销洽谈工作；

（3）沟通信息，协调客户关系；

（4）开展公关活动，树立良好的企业形象和产品形象，创造优良的购销环境。

3. 做好销售服务工作

推销员不仅仅只是卖出商品、收回货款就万事大吉，销售服务工作也是其重要的职责，主要工作有：

（1）做好售前、售中和售后服务；

（2）处理好客户的投诉；

（3）协助政府职能部门打击假冒伪劣商品，保护顾客利益。

（二）推销员的任务

推销员的任务，就是要做大市场份额，提高本企业产品的市场占有率。

本章小结

1. 推销的定义有广义和狭义之分，狭义的推销是指推销人员向顾客推荐其商品，并说服顾客购买。推销活动由三个要素组成，即推销主体、推销客体和推销对象。有四个特点：信息双向传递、推销过程的完整性、推销活动的灵活性及推销费用高。

2. 推销观念是人们在推销过程中所遵循的指导思想，也就是推销主体在推销活动中始终遵循并力图使消费者接受的原则和信念。大体可分为四种：一是生产导向观念，其核心是“企业卖什么，顾客就买什么”；二是推销导向观念，其核心是“如何将产品卖出去”；三是需求导向观念，其核心是“发现并满足顾客的需求”；四是竞争导向观念，其核心是“推销产品的使用价值观念”。

3．推销员素质包含五个方面的要求，即强烈的敬业精神、充满自信、宽阔的知识面、良好的职业道德、健康的体魄和优雅的风度。

4．推销员应着力构建自己的销售网络，其根本任务就是要做大市场份额，提高本企业产品的市场占有率。主要职责是：寻找与发现市场机会，开拓与进入市场，做好销售服务工作。

一、复习思考题

1. 什么是推销？人员推销具有哪些特点？
2. 推销活动的构成要素有哪些？它们之间的相互关系是什么？
3. 推销观念有哪几种？其核心内容是什么？
4. 推销员应具备什么样的素质？
5. 卖产品与做市场有何不同？
6. 推销员的职责与任务是什么？

二、选择题

1. 下列说法中正确的是（　　）。
   A. 上高档酒楼与到低档餐馆就餐的顾客属于同一层面，都是为了吃饭
   B. 上高档酒楼的顾客不仅是为了吃饭，还为了显示身份或追求享受，与到小餐馆进餐的顾客不属于同一层面
   C. 上高档酒楼的人从来就不到小餐馆吃饭
   D. 吃饭是人的第一需要，不分高低贵贱，只要能满足需要，高档、低档都一样
2. “如何将产品卖出去”表示的是一种（　　）。
   A. 生产导向观念　　B. 推销导向观念
   C. 需求导向观念　　D. 竞争导向观念
3. 下列说法中不正确的是（　　）。
   A. 推销员长年在外，四处奔波，工作很辛苦
   B. 推销员在推销中经常遭受挫折，没有积极的心理准备做不好
   C. 推销员阅历丰富、交友广泛，是企业形象的重要代表
   D. 推销员工作轻松，收入较多，还能到处旅游，是个好职业
4. 下列说法中正确的是（　　）。
   A. 推销员的任务就是赚钱，不赚钱的买卖谁做

B. 推销员的任务就是把竞争对手打倒，这样自己才能立起来

C. 推销员的任务就是要做大市场份额，提高本企业产品的市场占有率

D. 推销员的任务就是卖产品，只要能将产品卖给顾客就行

三、实训项目

1. 选择生活中比较熟悉的产品，分析说明其推销了什么样的产品使用价值观念。

2. 邀请一名企业的推销员，向同学们介绍“如何做一名合格的推销员”。

第二章

推销准备工作

学习目标

- 了解市场环境的直接因素与间接因素。
- 正确理解推销商品的价格和质量因素以及新产品的推销方法。
- 能够做好推销员的自我准备工作。
- 能够确定推销目标，编制推销计划。

案例导读

在中国，只要你还看电视，就一定会知道这样一句广告语：“今年过节不收礼，收礼只收脑白金”。这个家喻户晓的广告就出自史玉柱之手。凭借两款保健品（脑白金和黄金搭档）史玉柱不仅还清了巨人集团欠下的 2.5 亿元债务，而且还将挣回来的钱投入民生银行和华夏银行，获得了价值 100 亿元的股票。

1997 年，当巨人危机爆发之后，史玉柱骤然从巅峰跌入谷底，负债 2.5 亿元，黯然离开了广东。当年冬天，史玉柱重新谋划东山再起的机会，凭借着此前做脑黄金的经验和对行业的长期关注，确定了脑白金的构思。

1998 年，山穷水尽的史玉柱找朋友借了 50 万元，开始运作脑白金。手中只有区区 50 万元，已容不得史玉柱再像以往那样高举高打、大鸣大放，最终，他把江阴作为东山再起的根据地。江阴是江苏省的一个县级市，地处苏南，购买力强，离上海、南京都很近，在江阴启动，投入的广告成本不会超过 10 万元，而 10 万元在上海还不够做一个版面的广告费用。启动江阴市场之前，史玉柱首先做了一次“江阴调查”，他戴着墨镜走村串镇，挨家挨户寻访。由于白天年轻人都出去工作，在家的都是老头老太太，半天见不到一个人，史玉柱一去他们特别高兴，史玉柱就搬个板凳坐在院子里跟他们聊天，在聊天中进行第一手资料的调查：“你吃过保健品吗？”、“如果可以改善睡眠，你需要吗？”、“可以调理肠道、通便，对你有用吗？”、“可以增强精力呢？”、“价格如何如何，你愿不愿意使用它？”，通常，这些老人都会告诉史玉柱：“你说的这种产品我想吃，但我舍不得买，我等着儿子买呐!”，史玉柱接着问：“那你吃完保健品后一般怎么让你儿子买呢？”答案往往是他们不好意思直接告诉儿子，而是把空空如也的盒子放在显眼的地方进行暗示。在脑白金上市前，史玉柱与300多位潜在的消费者进行过深入的交流。

在市场环境方面，史玉柱也进行过仔细的分析。据调查资料显示，在中国至少有70%的妇女存在睡眠不足的问题，有90%的老人存在睡不好觉的问题，并且老人和妇女还有另外一个共同关心的问题就是衰老，这是一个现存的、大得几乎让人难以想象的市场机会。同时，中国自古以来是个礼仪之邦，有浓厚的礼品情结和礼尚往来的习惯，虽然市场上礼品花样繁多，但缺少真正意义上的“专门礼品”，随着人们健康意识的逐渐增长，这对保健品来说无疑是一个具有高度关联性的市场机会。史玉柱敏感地意识到其中大有名堂，他因势利导，推出了家喻户晓的广告“今年过节不收礼，收礼只收脑白金”。

这则广告无疑已经成了中国广告史上的一个传奇，尽管无数次被人诟病为功利和俗气，但它至今已被整整播放了10年，累积带来了100多亿元的销售收入，这两点的任何一个都足以让它难觅敌手。

第一节　分析市场环境

目标市场环境对于推销活动的开展有重要影响，推销员必须熟悉所处的市场环境状况，适应市场发展的要求，才有可能取得最佳的销售业绩。

市场环境对于推销人员来讲属不可控因素。从其作用方式来讲，大体可分为两类，一类是直接因素，一类是间接因素。直接因素是指能够对推销活动产生直接影响的各个因素，而间接因素一般不会对推销活动产生直接影响，但可以通过对直接因素的影响间接作用于推销活动。这些因素既相互独立，义相互联系和制约，构成了总体的市场环境。

一、直接因素

1. 企业的推销素质

企业的推销素质主要包括：企业决策层所制定的推销战略、策略、计划，推销机构的组成及管理，推销策略、方法和技巧，推销人员的责任感和业务技术水平，企业的产品研发工作，企业的信誉，企业的财务状况，产品售价及其灵活度等。这些因素从总体上反映了一个企业的推销素质。

2. 企业的准顾客

准顾客也称为“可能的顾客”。它由既可以获益于本企业产品又有能力购买的个人或组织组成，如工商企业、消费者个人、政府机构、事业单位和社会团体等。准顾客的分布状况、消费行为和购买习惯，影响着企业产品推销的广度、深度、时间和数量。

3. 相关企业

相关企业是指那些与企业推销活动有直接联系，但并不直接购买企业产品的企业，如运输业、仓储业、广告业、保险业等。这些单位为企业的推销活动提供种种服务，是推销活动得以顺利开展的基础。如一个地区的运输网络是否完善，直接关系到企业所能够采取的运输方式、运输费用和交货时间等。

4. 竞争者

竞争者是指那些与本企业提供的产品或服务相类似，并且所服务的目标顾客也相似的其他企业。竞争者的行为会对企业的推销活动产生直接影响，分析研究竞争对手是推销人员的一项重要工作。

5. 推销公众

推销公众是指对企业实现其推销目标有实际或潜在影响的机构、团体和个人，主要有媒介公众、政府公众、团体公众、社区公众、企业内部公众等。企业应该采取有效措施与上述公众建立良好的关系，因为企业的推销活动有可能会影响到公众的利益，这些公众所采取的行为既可能为企业的推销活动提供便利，也可能会造成妨碍，因而企业应争取为自己创造一个有利的公众环境。

二、间接因素

1. 政策环境

党和国家的方针、政策是一定时期内指导国家政治、经济、文化、社会等全局性、方向性、原则性的规范。方针、政策是随着国家政治、经济形势的发展变化不断调整的，具有一定的可变性，对企业的营销活动有重大影响。如西部大开发、振兴东北老工业基地、保护生态环境、节能减排、新农村建设等，对许多企业有着直接或间接的影响。推销员所处地域的产业政策导向更是与其推销活动密切相关。

2. 供求关系

供求关系是影响企业推销活动的重要因素。当一种产品供大于求时，会使市场竞争加剧，价格下降，推销难度加大，推销方处于不利境地。当产品供不应求时，其影响正好相反，推销方则处于有利地位。推销员不仅要关注所推销产品本身的市场供求状况，而且要很好地研究与之相关的上、下游产品的供求状况和产业链。

3. 人口状况

一般来说，人口越多，消费需求就越大，意味着市场规模也大，对于生活资料类商品尤其如此。但市场规模的大小除了受到人口数量的影响外，还受到购买力的制约，或许一个有大量人口的欠发达地区其市场需求还不及一个人口数量较少的发达地区，但人口数量至少可以说明潜在需求量的大小。除此之外，还应该关注人口的结构以及人口的增减变动趋势。

4．收入水平

收入水平直接关系到人们的购买力，从一定意义上讲，购买力决定了市场规模的大小。我国由于自然条件等方面的差异，各地区之间的经济发展还不平衡，收入水平差距较大。据有关资料显示，2008 年，上海市城市居民的人均可支配收入达到 26675 元，农民的人均纯收入为 11385 元，而地处西部的贵州省，分别只有 11758.76 元和 2797 元，收入差距十分明显，其购买力也必然有较大的差距。

小资料

根据国家统计局公报，2003～2008 年我国城乡居民收入水平不断提高，具体数值如下：

年　份	城镇居民人均可支配收入/元	农村居民人均纯收入/元	城乡居民人民币储蓄存款金额/亿元
2003	8472	2622	103618
2004	9422	2936	119555
2005	10493	3255	141051
2006	11759	3587	161587
2007	13786	4140	172534
2008	15781	4761	217885

5．地理条件

我国幅员辽阔，南北纬度相差约 50°，各地的气候条件、环境资源状况有很大差异，也就决定了各地对产品的需求有着不同的要求，例如，在广大南方地区作为日常生活必需品的空调，在昆明这个四季如春的城市却很少见到，而这个城市的一个特点是太阳能热水器的使用非常普遍。

6．社会文化环境

社会文化是影响人们欲望与行为的重要因素。人们的价值观念、信仰、道德规范以及风俗习惯等构成某种特定的文化，不同的文化背景也产生不同的需求。如春节，对中国人来讲是很重要的节日。过节期间，要大量购买食品、衣物，这就为企业提供了一个很好的销售机会。许多西方国家把圣诞节视为最重要的节日，同样也为企业创造了商机。我国又是一个多民族国家，各民族之间的文化背景有所不同，推销人员要注意研究所在地域的文化特点，针对这些特点来选择推销的策略和技巧。

三、销售机会与销售威胁

推销员对市场环境状况进行深入分析，其目的就在于从中找出市场机会，规避市场风险，使自己的推销活动适应市场环境的要求，最大限度地实现推销目标。

（一）销售机会

1. 销售机会的含义与特征

销售机会是指在推销过程中，由于环境变化给推销人员提供了实现推销目的的一种可能性。具有以下特征：

（1）客观性。销售机会的出现与否，是不以推销人员的主观意志为转移的。它是由于客观环境的变化而形成的，机会的大小由客观环境变化的内容、程度、范围和性质等因素所决定。

（2）平等性。从事同一领域推销工作的人员，所面临的市场环境是基本相同的，为每个推销员带来的机会基本一致。可以说机会面前人人平等，就看谁能更好地把握机会。

（3）可创造性。推销人员可通过自己的努力来创造有利于自己的销售机会，而不应只是消极地等待机会的降临。

（4）时空有限性。由于环境变化而形成的销售机会不会无限存在下去，而是有一定的时间界限和空间范围，一旦错过便不会再有，可谓机会难得，稍纵即逝。

2. 销售机会的把握

销售机会得来不易，把握则更难。有些短暂的销售机会，还未等推销人员作出反应就过去了，所以说，机会只会带给那些有准备的人。如何把握住有限的销售机会，对推销人员来讲则是一种考验。机会把握虽然不易，但也并非无窍门可循，下面介绍一些捕捉销售机会的技巧：

（1）察言观色。在推销中，销售机会往往都是潜在的，具有相当的隐蔽性，顾客是否有意购买往往不会明示，但心理活动会通过其面部表情、语言和动作行为显现出来。销售人员应善于观察和分辨，及时把握有利的销售机会。

（2）勤于思考。推销人员要从复杂多变的市场环境中找出其中的变化规律，从平常的事物中看出事物的不平常，都源于对事物的深入思考，许多销售机会都是思考分析的结果。牛顿从苹果掉到地上发现了地球的万有引力，但看到苹果落地的绝不会只有牛顿一人，不思考就不会有发现。

（3）多听少讲。推销是一个双向交流的过程，推销员不仅要将自己的观点、信息告知顾客，同时也要了解顾客的需求和愿望。听，不仅体现了对顾客的尊重，并且可以从顾客的言谈中获知推销的线索和机会，有经验的推销员甚至会诱导顾客尽量多讲，就是要从中寻找销售机会。

（4）耐心等待。推销一定要有耐心，这是推销人员必须具有的品质。因为在多数情况下，顾客作出购买决定并非一时的冲动。尤其对于生产资料类商品而言，其购买的决策过程更是一个复杂的过程。当时机还不够成熟时，急功近利，急于求成会适得其反。推销人员要耐心地与顾客交往，理解顾客的难处，等待时机。当然也要注意，不要一味等待而坐失良机，一旦出现销售机会要及时抓住，推波助澜，促成交易。

（5）坐山观虎斗。面对同一销售机会，可能会有多方来参与竞争，一旦有竞争者失利，就为其他的竞争者提供了机会，推销员完全可以利用竞争者的失误来为自己创造有利的销售机会。另一方面，推销员在竞争的初期也可先不过多地介入，静观其变，当其他各方互相贬损，搞得两败俱伤时再伺机出击，展开推销攻势。

（6）伺机出动。一些特殊的日子和事件往往是推销商品的大好时机，推销人员应事先做好充分的准备，一俟时机到来，即倾力出击。由于事先有了充分的准备，故能较好地把握住机会，取得好的销售效果。

小案例

1981 年 7 月 29 日，是英国查尔斯王子和戴安娜小姐举行婚礼的日子。人们早已急不可待，都想亲眼看见这“二十世纪最豪华的婚礼”。有的人几天前就在马路上划好地盘，写上名字，标明这是自己的“领地”；有的人索性晚上就睡在马路边上；有许多外国人也长途旅行赶来观看盛典。7 月 29 日上午，从白金汉宫到圣保罗大教堂的街道两旁，聚集了大约 150 万人，后面的人因为难以看清街道上的情形而显得焦躁不安，唯恐错过这次机会。9 点 40 分，距婚礼开始还有 20 分钟的时候，奇迹出现了：不知道从什么地方一下子涌出近百名报童，一边奔向人群，一边高声叫着：“女士们，先生们，请用潜望镜观看盛典，一英镑一个。”他们把一个个用硬纸板做的潜望镜，出售给急于观看又唯恐看不到的观众，使这些人得到了很大的满足。这次销售活动一下子就售出潜望镜几十万个。策划这次推销活动的老板借着这个机会大大赚了一笔。

（二）销售威胁

销售威胁是指在推销过程中，由于环境变化给推销带来不利影响，从而造成损失的可能性。如果不能及时发现并采取有针对性的对策，就会影响到企业推销目的的实现。

绝对避免销售中存在的威胁是不可能的，有的威胁甚至于想减轻都很难，但也不能坐等威胁的降临，任其对企业产生危害。推销人员应该积极采取应对措施来降低威胁带来的损失，甚至可以将不利因素转化成有利因素，创造出新的销售机会。如在第一章讲过的案例，苹果遭到冰雹袭击，本来是一种威胁，但经农场主的挖掘，竟然创造出了一种新的消费观念，威胁反而变成了机会。

如何防范销售威胁，有几点需要注意：

（1）提高识别销售威胁的能力。推销人员应时刻关注销售环境的变化，分析、判断销售威胁发生的可能性，培养并增强对销售威胁的敏感性，及时发现或预测销售威胁。

（2）提高对销售威胁的防范能力。对于可以预知的威胁，应及早采取应对措施，未雨绸缪，尽量规避风险；对于难以避开的，可采取分散风险的办法来减低其危害程度，如套期保值、保险等。

（3）提高处理销售威胁的能力。当销售威胁已经发生，推销人员应首先迅速查明威胁的性质和影响的程度，进而采取有效的措施，来遏制威胁的进一步危害，并防止引发其他负面效应和有可能派生出来的消极影响。推销人员还可以在总结过去经验的基础上建立威胁的防范预案。这样，当类似事件发生时，便会临危不乱，有条不紊地处理销售威胁。

第二节　认识推销产品

在推销中，推销员的主要工作就是要将自己的产品介绍给顾客，并说服顾客做出购买的决定。显然，要做到这一点，推销员必须对自己所推销的产品有深入透彻的了解，如果顾客一问三不知，或者不能给顾客作出一个满意的答复，推销是很难成功的。因此，充分认识推销产品，是推销员在推销之前必须要做的准备工作之一。

一、了解产品

我们不妨先来分析一下，在推销过程中，买卖双方谁更应该了解产品。显然不是顾客。洽谈中，总是顾客向推销员提出问题，由推销员来作出解释，而不可能由推销员提出问题让顾客来做出解释，推销员需要具有比顾客更多的商品知识，才有可能给顾客一个满意的解释。推销员应该成为所推销商品的专家。当然，推销员很少参与产品的设计与生产，我们也不可能要求推销员像一个设计工程师那样具有很高的专业水准，但至少有以下几点是推销员应该了解和掌握的。

1．了解产品的功能与特点

推销员应该知道，我们所推销给顾客的并非是一种产品的形式，而是它的使用价值。比如一支口红，推销员绝不仅仅是把一支可以涂上红颜色的圆棒卖给了顾客，而是卖给了顾客一种希望，使顾客希望美的心理得到了满足。由此推论其他，计算机卖给顾客的是效率，新技术卖给顾客的是效益，等等。这就阐明了一个道理，即推销员要了解的产品功能和特点，并不仅指那些技术指标，更主要的是要了解你所推销的产品能够给用户带来什么，能够满足用户的何种需要，这一点才是最重要的。

2．判断推销品是理性的还是感性的

一般来说，大件耐用消费品和生产资料类产品均为理性产品，这一类产品的价格比较高，购买的次数比较少，用户在购买时多持慎重态度。一般要在充分了

解产品的特性、效用、价格和服务等多种因素之后才会作出购买决定。因此，对于理性产品，仅凭花言巧语是很难打动顾客的。这时，推销员的专业知识就会显示出它的威力，你所展示的产品性能和专业数据对用户会产生很强的感染力，会帮助你来说服顾客。感性产品多属日常用品，相对来讲，价格较低，购买的频率较高，用户在购买时考虑的因素也相对较少。对于此类商品，推销员的个人魅力就显得尤为重要，推销员给用户留下的个人形象往往可以决定交易的成败。另外还有一类中性产品，介于二者之间，对于此类产品，可以采用一个简单的办法：价格较高的按理性产品对待，价格较低的按感性产品对待。

3. 了解产品的形象

传统的产品概念仅局限于产品特定的物质形态和它的具体用途。在现代推销中，产品的概念是一个多层次的概念，包括核心产品、形式产品和扩大产品，核心产品为顾客提供了最基本的效用和利益，形式产品是核心产品的外部特征，扩大产品是产品的各种附加利益。推销员应综合把握这样一个多层次的概念，深入体会，了解产品所形成的综合形象。比如家用电脑，无论是品牌电脑还是组装电脑，都为人们提供了效率，但人们更青睐于品牌电脑，主要还是看中了品牌电脑提供的服务，可见这种扩大产品给用户留下了深刻的印象。推销员可以通过对自己所推销产品的深入分析，从中抽象出一种最有利的形象，并以此作为推销的重点，这样做是十分必要的。

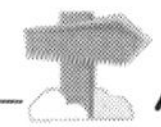
小案例

一位推销员向客户推销一种英语磁带，言称使用这种磁带，可以在短期内帮助人们提高英语水平，但费尽口舌，客户仍没有表现出多大兴趣，最后客户不耐烦了，说了一句：“如果你能用英语把刚才的介绍重复一遍，我就买了！”推销员一愣，只得起身告辞，因为他自己都不懂英语。

二、相信产品

推销员必须对自己所推销的产品有足够的信心。如果一个推销员连自己都说服不了，又如何能够说服顾客。有不少推销员抱怨自己所推销的产品不是名牌，质量不是最好，名气不是最大，似乎要树立信心是很难的事，其实，这种想法是不正确的，任何一个产品都有自己独到的优势，同样也会有某些不足。比如质量最好的产品，价格未必最低；价格最低的产品，质量未必最好，事物总是有它的两面性。深入了解产品，是不难找出产品所具有的独到优势的，这些优势，就是推销的信心所在。

在推销过程中，很多推销员都习惯于将企业事先印制好的宣传材料携在身边，见到顾客以后会毫不吝啬地发给顾客一份，当然，顾客也就毫不可惜地将其送进了废纸篓。因为类似的东西太多了，顾客接纳不了这么多的信息，而且千篇一律的东西很难使顾客产生兴趣。如果推销员能够花费心思，亲自动手制作一些手工宣传品，效果可能会更好。因为其中倾注了你很多心血，散发起来就不会像印制的宣传品那么随意，这种情绪也会感染顾客，顾客也会格外珍惜，从而愿意挤出时间来留意你的资料，倾听你的意见。

三、产品的价格

产品的价格对推销有重要影响这一点不可否认，价格往往被当作市场竞争的杀手锏，屡屡发生的价格大战足以证明了这一点。但价格是否就是决定竞争成败的唯一因素呢？答案是否定的。没有人购买商品是因为产品的价格低，这是一个极其浅显而又容易被忽略的问题。

人们之所以会购买商品，是缘于一种潜在的需要未能得到满足，由需要产生了购买的动机。没有需要的存在，购买便不能成立，而价格是产生不了这种原动力的。当一个人不需要某种商品时，即使价格很低他也不会购买。

当然，在同样的情况下，价格还是有诱惑力的，虽然不能起到决定性的作用，但还是可以起到一定的促进作用。同样的商品，价格低的要比价格高的易于推销。因此，还是要争取给用户一个低价的印象。

如何给人一种价格低的印象，以下一些方法可供参考：

（1）价格的支付方式。包括优惠的付款条件、赊销、分期付款、非现金支付、详细注明各种收费原因的发票等。

（2）习惯性购货。在同样情况下，顾客购买某一产品的次数越多，他对产品的价格就考虑得越少，甚至完全不加思考。

（3）小事要慷慨。免费赠送一些廉价的易损零件，免费提供购物袋，结账时抹零，免费修理等，可以降低顾客对价格的敏感性。

（4）友好待客。充满善意的接待和帮助，会令顾客感到满意，他宁愿为此多付钱，虽然表面来看与价格无关，但实际上是有价的。

（5）总支出影响价格。如果你出售给顾客的商品，在顾客计划总支出中占有很大的比重，顾客会十分重视价格，会同你斤斤计较，如果这个比重很小，顾客便会不太在乎。

（6）产品越复杂、越高级，价格问题就越不重要。

（7）主动推销比坐等顾客上门更易处理价格问题。坐等，顾客自然要进行价格比较，主动推销则减少了顾客的比较机会。

（8）顾客越是急需某种产品就越不计较价格，当然推销员不可“趁火打劫”。

（9）如果产品的价值经使用后不变，或购买产品被认为是一种投资，可以降低顾客对价格的敏感性。

（10）产品的声誉和公司的声望会对价格产生影响。顾客理所当然地认为，名牌产品的价格高是很正常的，大公司的产品就应该比小公司的产品价格贵。

（11）安全感。如果顾客认为他所购买的产品是安全可靠的，即便是价格高一点也是值得的。

（12）一揽子交易。采用一揽子交易的办法，可使顾客感到价格低。比如成套出售的产品，分拆开来其实相对价格并不低。

（13）心理定价。比如 9.9 元与 10.1 元，虽然相差不多，但给人的心理感受却大不相同；而对于礼品一类，定价 10.1 元或许比 9.9 元更为恰当，等等。

（14）多讲价值，少谈价格。顾客不问价格，推销员绝不主动提起。

小案例

有一家专门经营玩具的商店，同时购进两种小鹿，造型相差无几，价钱也一样，可是摆在柜台上却很少有顾客问津。后来，该店经理在标价上出了个主意，他把其中一只小鹿的标价从 3 元 8 角提高到 5 元 6 角，另一只小鹿的标价不变，仍是 3 元 8 角。两只小鹿放在一个柜台里，结果标价 3 元 8 角的小鹿很快销售一空。问顾客为什么会购买这只小鹿，顾客答曰："价格便宜。"其实小鹿的价格并没有降低，只是一种心理上的错觉。

四、产品的质量

产品的质量同价格一样，都不是影响推销的决定性因素，顾客在购买商品时，往往会考虑质量因素，但促成顾客购买的，却不单纯只是质量。推销员很容易忽视这一点，往往将产品的质量放在一个比较重要的位置，过多地去强调质量，希望以此来打动顾客。质量因素对推销究竟有何影响，可从以下几方面来进行分析：

1. 质量和实用性

质量和实用性是两个不同的概念，质量是指产品的内在特性与外观形态，实用性是指产品对特定顾客的适应性。质量是一种客观事实，可以对它进行权衡和检验；而实用性是一种主观认识，无法衡量且因人而异。对顾客来说，实用性比质量更重要，任何一种产品，要想推销出去，就必须符合用户的这种特殊要求。希望靠质量因素去说服顾客没有针对性，只有实用性才是第一位的。

2. 主观质量与客观质量

许多情况下，顾客面对两种完全相同的产品，或者内在价值完全相同的两种产品看法不尽相同。有的顾客把质量较好的产品看做是质量较差的，而有的顾客则把质量较差的产品当作优质产品。如果顾客对某公司及其推销员有好感，他也会把这种好感直接转移到这家公司所生产的产品上去。日本的一家电视台曾做过这样一个测验：电视台将一些同样价格的手帕挂出来，有的贴上瑞士名牌厂家的商标，有的贴上名不见经传的厂牌，然后请几位女观众来对这些手帕进行评价，结果众口一词都说瑞士的手帕好，并阐述了许多理由。然后，主持人又拿出一些真正的瑞士手帕，不过早就换成了日本一些小厂的商标，价格也都写得很便宜，又请这些观众来评价，结果这些观众不约而同地都说这些手帕外观不好，缝制有缺陷，易褪色，材料有问题，反正都是缺点。可见，顾客的主观看法与产品的客观质量并不统一。

顾客对公司的印象如何，对推销员本人及其工作的看法如何，对所推销产品的看法如何，都会直接影响到他对产品质量的看法，事实上从来就不存在绝对客观地看待质量的问题。

3．合理使用质量因素

首先，在推销中不要过分强调质量因素。何谓过分？当顾客无意了解质量问题时，你去渲染质量谓之过分；而当顾客只想简单了解一下质量问题时，你却给他灌输太多的东西，恨不得将所有的技术性能指标都给他仔细解释一下，这也是过分。过分强调质量因素不仅不会发挥积极的作用，相反还会影响顾客的情绪。

其次，在有必要涉及质量问题时，应尽可能讲得通俗一点，不要弄一大堆技术词汇来糊弄顾客，因为你推销的是产品的使用价值，而不是产品的结构。许多专家在作学术报告时，会把一些非常复杂的尖端科学问题描绘得非常简单，连路边卖菜的小贩都能听得懂，这一点很值得学习。

再次，把质量与顾客的需要联系起来。通过前面的分析，我们知道，顾客关注的是产品的实用性，这自然也是推销员所应该关注的。那么要将二者有机地联系起来，可以采用这样一种模式，即有重点地介绍产品的使用价值，说明它可以很好地满足顾客的实用要求，现有的产品质量可以对此作出足够的保证。

五、新产品的推销

客观地讲，新产品较之老产品总是有其独到的地方，或提高了效率，或降低了价格，或增加了新的功能，等等。应该说，新产品会比老产品更优越，否则，发展新产品就失去了意义。但是现实却很残酷，许多顾客对新产品并不领情，据有关方面统计，约有 70%以上的新产品未能成长起来，甚至未出襁褓就夭折了。

既然新产品有那么多的好处，为什么顾客会不领情呢？其中一个最主要的原因就是习惯势力的影响。

人们在长期的反复购买过程中，逐渐养成了一定的购买习惯，这种习惯对顾客来讲是有好处的。第一，减少了很多麻烦，不用花心思去研究产品的质量问题，甚至于连讨价还价都免了；第二，避免了因某种改变而带来的风险，因为顾客对老产品的方方面面都很了解，不愿轻易放弃已经习惯了的东西，因此，也就成为新产品推向市场的严重障碍。

如何推销新产品？推销员应该遵循这样一条原则：必须把新产品描绘成符合人们使用习惯的简易化产品或者是改进的产品，而不是超越人们使用习惯、难以掌握的东西。这几乎适用于所有的新产品。但有一点除外，即赶时髦的产品不适用。

应该认识到，习惯是日积月累的结果，改变起来自然也不容易，但并非完全不可以改变。相反，如果能够培养起用户对新产品的使用习惯，那么新产品的推销便会变得轻而易举。

作为一个推销员，在推销新产品时，有以下几点值得注意：

（1）应该让顾客认识到新产品直接或间接地适合于他现在的习惯；

（2）应该让顾客相信你并没有把他当作试验品；

（3）应该拿出充分的证据来说明新产品是切实可行的；

（4）不应该让顾客感到你对他以前的购买有批评；

（5）不应该让顾客感到购买新产品会有很大的风险；

（6）不要操之过急。

第三节 推销员自我准备

一、心理准备

1. 相信自己

相信自己会成功，这一点至关重要，只有推销员充满自信，顾客才会对你有信心。如果在推销中优柔寡断，缩手缩脚，必然与成功无缘。有这样一个例子可以说明信心对于成功的重要性：过去很长一个时期，人们一直相信要在 4 分钟内跑完 1 英里是不可能的。传说古希腊人曾设法让狮子在奔跑者的后面追逐，并给奔跑者喝真正的老虎奶，但都没有成功。而当罗杰·班尼斯特率先打破 4 分钟 1 英里这一极限后，奇迹出现了，在其之后一年内竟然有 300 位运动员闯过了这一关。怎么来解释这一现象？可以说，训练技术并没有多大突破，人体的生理结构也不会在短期内有多大改变，所改变的只是人们的态度。班尼斯特不相信固有说法而相信自己，他成功了，更为重要的是他让更多的人有勇气去超越自我。由此可见，自信实在是一种不可思议的力量。

2. 树立目标

一个推销员应该有一个目标，没有目标，就永远不可能达到胜利的彼岸。这个目标应当是可行的，不要过高，也不要过低。过高的目标距现实太远，长期努力仍实现不了，会影响信心和勇气。过低的目标无异于自甘落后，当然也不可取。另外，作为目标来讲，只是为努力指明了一个方向，不必太详细，因为现实中会有许多变化的因素影响到目标的实现。太详细的目标是不可行的。

3. 全力以赴

有了必胜的信心，又有了明确的目标，接下来就是要为实现目标全身心地投入到工作中去。一个推销员应该时常提醒自己，是不是已经尽了最大努力。无论是身处顺境还是逆境，推销员都应该全力以赴，这样才能创造出优秀的业绩。

4. 能承受压力

推销不同于其他工作，它的成功率是比较低的，在有些行业，推销成功的百分率能达到两位数也属不易，也就是说在多数情况下，推销员的努力没有回报。如果一再遭遇挫折，是否还有足够的信心继续工作，对于推销员来讲确实是一个考验。能承受压力，这对于一个推销员来讲是必须具有的品质。

二、外在形象

1. 仪表端庄、整洁

推销员留给顾客的第一印象十分重要，一个蓬头垢面的推销员，不论他所携带的商品多么诱人，也难以给顾客带来好感。推销员的外形不一定要美丽迷人或英俊潇洒，但却一定要让人感觉舒服。因此，准备一套干净得体的服装是必需的，而且服装的款式最好与目标顾客比较接近，行为举止要大方得体，给人一种蓬勃向上的良好印象。

2. 语言清晰，富有感召力

语言是推销人员说服顾客的主要手段，无论是介绍产品还是解答顾客的疑问，都需要很好的语言技巧，因此，推销员应该具有较强的语言表达能力。但也要注意，话并非讲得越多越好，顾客对那些油腔滑调的推销员其实是很反感的，一个推销员只要能够清楚地表达自己的意思就够了，要重视的应该是语言的技巧而并非语言的数量。

3. 态度真诚、热情

推销人员在向顾客推销产品时要热情、周到，使顾客感到推销人员确实是在为自己的利益着想，使顾客感受到推销人员的诚意。

4. 爱好广泛

共同的兴趣爱好往往是缩短推销员与顾客之间距离的有效手段，可达到事半功倍的效果，因此，推销员应尽量扩大自己的知识面，培养多方面的兴趣和爱好，有效地同各种各样的顾客打交道。

5. 健康的体魄

推销工作对推销员的体能要求也很高，推销员应该经常注意锻炼身体，恰当安排工作与休息，保持充沛的体力。

三、物质准备

1. 与产品有关的物质准备

包括产品的样品、样本、图片、图样、产品说明书、价目表、产品检验合格证等。

2. 与企业有关的物质准备

包括企业法人营业执照、产品生产许可证、卫生许可证、购销合同书等。

3. 与推销员个人有关的物质准备

包括个人的身份证明、企业法人的授权委托证明、工作证、名片簿、笔、纸及必要的生活用品等。

随着计算机技术的普及，推销员通过计算机演示来展示商品的特性越来越普遍，如果条件许可，准备一台笔记本电脑随身携带，会给推销员的工作增加许多便利。

第四节　推 销 计 划

推销工作是一项具有很强的灵活性和复杂性的工作，要想在这纷杂的工作中高效率地完成推销任务，就必须制订一套完整、周密而又灵活的推销计划。这样才有利于对推销工作进行有效的安排和管理，以实现推销的目标。

一、推销目标

推销目标是指在一定时期内，为完成推销任务而规定的推销活动的具体方向和总体要求，是推销活动的依据。按照推销目标的作用范围，可分为企业的推销目标和推销员的推销目标。

（一）企业的推销目标

企业的推销目标是为企业整个推销活动指示方向和明确要求的目标。它的实现有赖于企业所有营销人员的共同努力，既是共同奋斗的方向，也是推销人员制订个人推销目标和推销计划的基本依据。

企业的推销目标包括直接目标和间接目标两部分。

1. 直接目标

直接目标是企业在一定时期内，通过推销活动必须完成的主要任务及必须努力的方向。一般来说，企业的直接推销目标有三个：

（1）销售产品，获得利润。这是企业推销活动最基本的目标，无论采用什么样的推销方式，进行什么样的推销活动，其最基本的目的是让消费者接受并购买产品，从而获得利润。

（2）开拓新市场。企业不仅要保持同现有顾客之间的良好关系，而且要不断发掘和培养新顾客，开拓新市场。这样才能为企业的发展提供广阔的发展空间，才能有效地扩大企业的销售额。

（3）提高市场占有率。在激烈的市场竞争中，由于竞争的各方在实力、战略、战术等各方面不断变化。市场占有率也处在不断的变化当中，有升有降。企业推销活动的目标之一就是要通过努力避免市场占有率的下降，并能不断提高本企业产品的市场占有率。

2．间接目标

间接目标是为实现直接目标而开展其他活动的目标。主要有：

（1）提高企业信誉。企业信誉是企业的无形资产，良好的信誉对推销工作会产生巨大的促进作用。而信誉一旦受损，也将会给推销工作造成巨大的障碍。企业的推销活动与企业的信誉直接相关，推销活动所提供的各种服务项目、服务手段及服务态度等均会对企业信誉构成影响，因此，确立这种目标有利于约束和规范推销员的言行、仪表，把扩大销售额与维护企业形象有机结合起来，起到互相促进的作用。

（2）宣传介绍产品。宣传介绍产品是推销员的本分，无论顾客是否购买，只要他想了解，推销员都应给予介绍；不管消费者要了解的产品是否属于自己的推销范围，只要是本企业的产品，推销员都要满足顾客的要求。对本企业的新产品、新服务项目，更应该利用一切机会主动宣传，提高产品的知名度。

（3）收集反馈市场信息。推销员在进行推销产品活动的同时，要注意收集与本企业有关的市场需求信息、市场供应信息、市场行情信息、新产品开发信息等，并将这些信息及时反馈给企业的有关部门，为企业的经营决策提供依据。

（二）推销员的推销目标

推销员的推销目标分为推销活动目标和推销效益目标两种。推销活动目标是由推销员自己确定的、一定时期内的推销活动范围、推销活动对象及推销活动时间的目标；推销效益目标是指能够反映推销活动带来利益的各项指标。二者之间有密切联系，效益目标是活动目标的综合反映；活动目标是效益目标的基本保证。

1．推销活动目标

（1）推销活动的区域目标。一个推销员，一般具体负责某一个地区、某一类产品或某一类用户的销售业务，区域目标就是推销员计划在未来一个时期内所达到的市场范围。例如，一个推销员原来在某一个中等城市从事推销业务，其活动范围基本不超出这个城市，根据市场的发展情况，计划在未来一年中，除巩固现有市场外，还打算将推销业务扩展到邻近的另一座城市，从而扩大自己的市场区域。

（2）推销活动的对象目标。推销活动的对象目标包括三个方面：一是确定推销区域内的现有顾客和潜在顾客；二是确定重点顾客；三是确定对每个顾客的推销行动。对不同的顾客，行动目标也各不相同。对现有顾客来说，推销行动目标一般有实现新的销售、处理抱怨、了解用户意见和建议、加强业务沟通、了解顾客购买动向、推荐新产品等。对潜在顾客来说，推销行动目标有了解顾客基本情况、介绍产品、建立感情、实现销售等。

（3）推销活动的时间目标。有调查表明，推销员真正用在推销洽谈上的有效时间不足整个工作时间的30%，其余均被交通、等待、整理、杂用等耗费。其中又以交通耗费的时间比例为最多，因此，推销员安排合理的访问路线和洽谈时间就很重要，对此也可以有一个目标要求来提高有效时间所占的比例。

2．推销效益目标

（1）销售额。这是推销目标中最基本的指标，是从量的角度考察推销人员工作业绩的主要指标，也可用销售量表示。

（2）销售目标达成率。这是实际销售额与目标销售额之比，可以用来衡量推销人员销售目标的完成程度。

（3）折扣率。这是推销员对顾客所让出的折扣额占销售总额的比例。如果折扣率增加的幅度超过了销售额增长的幅度说明利润下降；如果折扣率增加的幅度小于销售额的增长幅度说明企业的盈利有增加。折扣率反映了推销效率的高低。

（4）毛利率。销售总额减去产品成本即为毛利额。毛利额与销售金额的比就是毛利率。毛利率的高低，反映了产品的盈利水平。

（5）货款回收率。这是收回货款金额与销售金额之间的比例，回收率越高越有利于企业资金周转。回收率低则会造成资金周转困难，而且具有一定的风险。

（6）推销费用。推销费用是为完成推销任务而耗费的各项支出。费用的增加必然造成销售成本的增加，利润下降，因此费用应当有所控制。一般来说，推销费用与推销次数有关，而推销次数又与推销成果成正比，要提高推销成果就应当增加推销次数，而次数的增加也意味着费用的增加，这是一个矛盾。推销人员对推销费用的控制目标不在于推销费用的绝对数额，而是保证费用的增长率不超过销售的增长率。

二、推销计划的制订与实施

推销计划是推销目标的具体化，是为实现目标所采取的一系列行动步骤和方案，推销员个人的推销计划一般包括推销效益计划、顾客发展计划和推销活动日程表等。

（一）推销效益计划

推销效益计划是推销员在一定时期内要完成的效益指标计划，一般根据企业市场营销计划中规定的具体任务、各项推销目标、推销品的市场特征和推销员的实力等因素来综合确定。推销效益计划的参考格式如表 2-1 所示。

表 2-1　推销效益计划表

200×年

时间进度 计划指标	全　年	月　份											
		1	2	3	4	5	6	7	8	9	10	11	12
销售额													
目标达成率													
折扣率													
毛利率													
货款回收率													
推销费用													

推销效益计划一般按年制订，既要满足企业推销计划的要求，又要具有很好的可行性，这样才能起到指导的作用。

（二）顾客发展计划

顾客发展计划主要依据推销活动的对象目标来制定，也是推销活动对象目标的具体化，其参考格式如表 2-2 所示。

表 2-2　顾客发展计划表

200×年×月

现 有 顾 客					潜 在 顾 客				
序号	名称或单位	顾客类型	重点顾客	行动目标	序号	名称或单位	顾客类型	重点顾客	行动目标
1 2 3 ⋮	××公司 ××局 ××公司	批发公司 集团用户 终端用户	√	扩大销售 保持联系 防止侵害	1 2 3 ⋮	××公司 ××制造厂	批发公司 终端用户	√	建立感情 实现销售

顾客发展计划可按月制订，计划期过长，会有许多潜在顾客因难以预测而不能列入计划；计划期过短又会有因情况变化而使计划难以实现的情形。对于多年的老客户应以维持业务量为主，对于新客户应尽量扩大销售，对于尚未购买的潜在客户则应尽力实现销售。

（三）推销活动日程表

推销活动日程表是针对每天的推销活动而作的一种计划安排，因此，要周密、详细，具有很强的针对性和可操作性。推销活动日程表的参考样式如表 2-3 所示。

表 2-3　推销活动日程表

×月第×周

日　期	拜访对象	顾客类型	访问时间	拜访目的	乘车路线
×月×日	1. 张×× 2. 李×× 3. 赵××	批发商 批发商 生产厂	9:00～10:00（已约） 10:30～11:30（待约） 14:30～　（已约）	签合同 销　售 介绍产品	203 路电机厂下 由张×处走 10 分钟可达 203 路东关转 12 路体育场下
×月×日	1. 2. 3.	……	……	……	……
×月×日	1. 2.				
×月×日					
×月×日					

推销活动日程表可按周（五日）进行安排，计划期过长会因许多因素不能确定而难以做出具体的安排。在进行安排时，可先将已经预约确定的事项进行安排，未约定的插空安排，且要留出必要的缓冲时间，以免因编排过紧，情况临时有变化而造成计划的整体改动。

除此之外，推销员还可根据要拜访客户的具体情况制订出每次的拜访计划，对推销要点、话题、示范工具、演示方法等进行事先设计；也可以不列书面计划，但在出发拜访之前一定要将有关内容回顾检查一下，以做到心中有数。

（四）推销计划的实施、检查与控制

1. 推销计划的实施

推销计划在实施之前要作详细的检查确认，对推销效益计划和顾客发展计划应上报有关领导批准，在计划执行过程中，要注意根据情况的变化及时对计划进行调整，如顾客名单的变动、洽谈时间的调整等，切忌死板、教条。对不确定的顾客要制订相应的应急计划，每次执行过后，要及时做好记录，并定期进行对比分析。

2. 推销计划的检查与控制

推销人员要随时将计划的执行结果与计划目标进行比较，发现偏差要尽快查明原因，及时采取调整、补救措施，以确保计划目标的实现。检查的内容主要有：

（1）每次推销活动计划的完成程度和效果；

（2）每月推销活动计划的检查；

（3）每月效益计划、顾客发展计划的检查；

（4）年效益计划的检查。

检查中如发现有偏差，要及时做出调整或采取补救措施，对于推销活动日程安排中出现的偏差，应随时做出调整；对于月计划、季计划、年计划可实行滚动式调整，即根据上一月的完成情况调整下一月的计划，根据上一季度的完成情况来调整下一季度的计划等。

本章小结

1．开展推销活动离不开一定的市场环境，销售人员对自己所负责区域的市场环境进行分析，目的就是要从中找出市场机会，规避市场风险。可从两个方面进行分析：一是直接因素，包括企业的推销素质、企业的准顾客、相关企业、竞争者和推销公众；二是间接因素，包括政策环境、供求关系、人口状况、收入水平、地理条件和社会文化环境等。

2．推销员必须充分了解并相信自己所推销的产品。产品的价格对推销有重要影响，应尽量给人以价格低的印象，但价格并不是决定推销成败的唯一因素。产品的质量也不是推销成败的决定性因素，产品只有符合用户的实用性要求，才有可能被推销出去。新产品推销应把握的原则是：必须将新产品描绘成符合人们使用习惯的简易化产品或改进的产品。

3．推销员自我准备主要包括三个方面，即心理准备、外在形象准备和物质准备。

4．推销目标分为两个层次，一是企业的推销目标，二是推销员的推销目标。推销计划是推销目标的具体化，个人的推销计划一般包括推销效益计划、顾客发

展计划和推销活动日程表。

作业与训练

一、复习思考题

1. 为什么要分析市场环境？推销员应从哪些方面来分析市场环境？
2. 什么是销售机会？如何把握销售机会？
3. 什么是销售威胁？如何避免销售威胁？
4. 如何给顾客一种价格低的印象？
5. 质量与实用性有什么区别？顾客是如何看待产品质量的？
6. 如何进行新产品的推销？
7. 推销员自我准备包括哪几个方面？
8. 如何制订推销效益计划、顾客发展计划和推销活动日程表？

二、选择题

1. 供求关系对于企业来讲属于（　　）。
   A. 可控因素　　B. 不可控因素
   C. 直接因素　　D. 间接因素
2. 下列说法中正确的是（　　）。
   A. 人们购买商品是因为产品的价格低
   B. 人们购买商品是因为产品的质量好
   C. 人们购买商品是因为产品质量好，而且价格低
   D. 人们购买商品是因为一种潜在的需要未能得到满足
3. 下列说法不正确的是（　　）。
   A. 质量是一种客观事实，可以对它进行权衡和检验
   B. 质量是一种主观认识，无法衡量且因人而异
   C. 质量与实用性是两个不同的概念
   D. 质量与实用性是同一概念，只是说法不同
4. 推销活动的对象目标不包括（　　）。
   A. 确定推销区域内的现有顾客和潜在顾客
   B. 确定重点顾客
   C. 确定对每个顾客的推销行动
   D. 确定对每个顾客的推销计划
5. 属于与产品有关的物质准备是（　　）。
   A. 产品说明书、产品检验合格证、产品生产许可证

B. 产品说明书、产品检验合格证、产品价目表

C. 产品说明书、产品价目表、购销合同书

D. 产品说明书、产品生产许可证、卫生许可证

三、实训项目

1. 收集资料，分析我国今后一个时期内钢材（或其他产品）市场的价格走势。

2. 留心观察当地商家采用了什么方法来使自己出售的商品价格不显高，可组织同学们在班内作一次公开交流。

第三章

认知顾客

学习目标

- 掌握寻找准顾客的程序和方法。
- 掌握顾客资格审查的方法。
- 了解推销方格理论与顾客的不同性格。
- 能够应用正确方法与顾客约见。

案例导读

林志强是江苏一家电气设备生产商的业务代表，主要负责上海地区的销售业务。在上海众多的建设项目中，林志强瞄上了时代大厦建设工程。时代大厦是某政府部门的一项工程，资金有保证，拖欠货款的风险小，同时建筑面积达6万多平方米，一次性需求大，预计在300万元左右；而且林志强刚好有一位熟人在该工程管理处工作，不过不是直接主管工程建设的。

当林志强到该工程处推销时，已经有二十多家企业的业务代表来过，都留下了产品资料。林志强在拜见工程处的主管时，刚好碰到有一位其他企业代表在与主管聊天，相互之间似乎非常随便，很明显，一些业务代表已经和这里的主管人员建立了良好的关系。虽然林志强也递上了产品资料，并热心介绍自己产品的优越性，但该工程主管心不在焉，没说几句话就送客了。因为很多公司的产品都差不多，光介绍产品本身很难引起他们的兴趣，同时工程建设也已经到了一定的阶段，设备招标迫在眉睫，只有加快取得进展，否则很有可能在第一轮的竞争中就被刷下来。

林志强凭以往推销的经验知道，工程建设管理人员之间的关系复杂，找出其中的关键人物是成功的基础。他首先想到了那位熟人，了解到的情况是，设备招标的决定权在工程总指挥，但其中直接主管的意见非常重要，因为时代大厦是一个政府工程，大家首先是“但求无过”，然后才考虑其他因素。因此没有直接主管的同意，工程总指挥也不敢擅自拍板。林志强由此认为，关键环节还在于工程的直接主管。

林志强通过熟人又进一步了解到，该项目的直接主管是两人组合，其中一位是刚毕业不久的助理工程师，另一位是即将退休的高级工程师，但这位熟人与两位主管都不很熟悉，所能提供的帮助仅此而已。

两位主管中谁更重要？一般可能会认为是高级工程师了，但林志强还是决定去探一探虚实。到工程处后，恰好这位高工比较悠闲，于是林志强便递上香烟，试探着与高工说话，没想到这位高工兴致很高，大谈自己的家庭和爱好。这期间，年轻的助理工程师也过来了，林志强照例恭敬地递上香烟，结果却碰了个软钉子，助工只是问了他几个技术问题然后就走了，显然助工已经看过他们的资料了。

初次会面之后，林志强总结了几点：一是高工即将退休，尽管对技术熟悉，但对产品本身并不特别关注。而助工刚工作不久，责任心强，对产品质量、售后服务都很关心；二是高工以前做过不少工程，习惯于享受甲方的特权，而助工相对正直，对推销人员的殷勤比较敏感；三是上级领导仿佛更看重助工的能力，助工在两人组合中很有发言权。

根据以上分析，林志强认为两人都很重要，但要同时邀请两个人肯定会顾此失彼，于是决定各个击破。

邀请高工比较顺利，林志强直接打电话约他晚上方便的话一起吃个饭，同时讨教一些技术问题，高工爽快地答应了。但约助工却颇费了一番周折，对于林志强的晚餐邀请，助工差不多是一口回绝。所幸的是林志强从高工那里了解到助工喜欢运动，特别是保龄球，还经常去某一个球馆。既然吃饭不成，林志强便抓紧时间请自己的几个朋友去该保龄球馆打球，很快就积了十几张赠票。终于在随后的一次拜访中，林志强与助工聊起了保龄球，林志强表示想和助工切磋球技，并说自己刚好有一些赠票，并一再强调只是不要钱的赠票而已，终于得到了助工的同意。在球馆中与助工的交流就比较充分了，林志强了解到助工希望订购的设备能够物美价廉，因为他的路还长，做好本职工作才有助于将来发展。林志强借机向助工详细介绍了自己产品的特点，并强调他们已成为朋友，一定会做好各种服务工作，决不让朋友失面子。

不久后，林志强接到了招标的通知。林志强代表公司报价305万元，并且很顺利地通过了第一轮招标，正式进入第二轮谈判阶段。通过精心的准备，特别是在价格、保修期限和产品优势方面，进行了认真比较和分析，最终取得了项目订单。

第一节　寻找准顾客

所谓准顾客，也称可能的顾客，表示一个既可以获益于所推销的商品，又具有购买能力的个人或团体。寻找准顾客，就是推销人员采取各种方法去寻找既具有购买需求又具有购买能力与购买决策权的个人或法人的过程。推销人员只有向这些最有可能成为买主的准顾客开展推销活动，才能有效提高推销的效益。因此，

在开始实际推销洽谈之前，必须先进行寻找准顾客的工作。

一、寻找准顾客的程序及必要性

（一）寻找准顾客的程序

1．根据商品特点，提出成为准顾客的条件

推销员在寻找准顾客时，不能像大海里捞针一样盲目地寻找，首先应该确定一个大致的范围，即具备什么样的条件才能成为准顾客。这个条件一般由两方面的因素所决定。一是商品的特点；二是推销主体的特性。比如家用洗衣粉，从一般意义上说，所有的家庭都是潜在的顾客，但这些家庭是否都可以成为推销的准顾客却不一定，就一个生产厂家的推销员来讲，既要考虑到顾客的需求，同时还要考虑企业的供货条件。家庭购买数量是极其有限的，如果是异地供货将十分不便也不合算，因此只有那些一次购买量较大的批发企业、大型超市或集团用户才有可能作为推销的对象，这就为推销对象划定了一个大致的范围。只有符合这些条件的才能成为推销的准顾客。

2．按照条件拟出准顾客的名单

在确定了成为准顾客的条件之后，即可以按照所确定的条件通过各种线索和渠道，运用恰当的方法来拟出一份准顾客的名单，当然，这份名单并非是一成不变的，应该随着寻访工作的深入不断补充和调整。

3．进行资格审查，确定入选顾客并建立顾客档案

在初步拟出的名单中，不一定所有的顾客都具备购买条件，有的因为各种各样的原因暂时还不能成为推销对象。因此需要对顾客的购买资格进行审查，将那些暂时还不具备条件的顾客从名单中剔除掉，确定最终的入选名单。然后据此建立顾客档案，将入选顾客的有关信息资料载入其中，以便推销员在适当的时候进行拜访。关于顾客资格审查的问题将在本章第二节中作详细阐述。

（二）寻找准顾客的必要性

推销员如何在众多的顾客群中找出最好的销售机会与选择最有希望的推销对象，对推销的成功至关重要。其必要性主要体现在两个方面：

1．可保证基本顾客队伍的稳定和发展

实践表明，推销员的业绩中，有很大一部分是依靠与老客户的交易完成的。现有的客户群构成了推销员的基本顾客队伍，但是这支队伍的情况是不断变化的，如停产、转产、退休、转行等，导致基本顾客队伍不断流失，即便是保持现有的业务状况，推销员也需要不断地去寻找补充新的客户。如果要想使推销业务有进一步发展，则更需要去不断发掘和培养客户。对于一个新推销员来讲，更是如此。

2. 有利于明确推销活动目标，提高推销效率

寻找准顾客的过程实际上也是一个顾客的筛选过程。由于剔除了那些不符合推销条件的个人和组织，从而使推销活动目标相对明确和集中，从而使推销员可以节约大量的时间和精力，免除许多无效劳动，大大提高推销的工作效率。

二、寻找准顾客的方法

1. 个人观察法

个人观察法是指推销人员通过自己对周围环境的分析和判断来寻找顾客的方法。这种方法具有成本低的优点，但由于受推销员个人见闻有限的影响而具有局限性。个人观察法对推销人员的观察能力和分析判断能力有较高要求，要求推销人员要善于从平常的事物中找出事物的细微差别，经分析判断和逻辑推理，判明事物的性质，这种方法对于培养推销人员的职业敏感性有很大帮助。

小案例

一位房地产推销员去访问一家顾客。顾客对他说："我先生忙于事业，无暇顾及家务，让我做主购买一套别墅。"推销员一听非常高兴，便三番五次到她家拜访。有一次，他们正在谈话，有人敲门要收购废品，这位太太马上搬出一堆空酒瓶与收购者讨价还价，推销员留心一看，这些酒多是一些低档酒，很少有超过 10 元钱的，推销员立即起身告辞，从此便不再登门。

2. 地毯式访问法

地毯式访问法也称"全户走访法"或"普访寻找法"，是指推销人员对预定的可能成为顾客的个人和组织进行逐一走访，从中寻找准顾客的方法。

采用地毯式访问法寻找顾客，关键是要挑选一条比较合适的"地毯"，也就是确定一个适当的访问范围。推销人员需根据自己所推销商品的特性和用途，确定一个比较可行的推销地区和推销对象范围，这样可以减小盲目性。比如到医院去推销药品，到中小学去推销新年贺卡等。

地毯式访问法的优点是访问范围广，并且推销人员可借机进行市场调查，了解顾客的需求情况，扩大产品的影响和提高产品的知名度。它的缺点是有较大的盲目性，而且由于缺少事前与顾客的沟通，容易受到顾客的抵触，推销阻力较大。

3. 连锁介绍法

连锁介绍法是指推销人员请现有顾客介绍未来准顾客的方法。推销人员如果能从每位现有的顾客那里得到两三名准顾客的信息，然后去访问这些准顾客，又从他们那里再各找两三名可能的顾客，这样连锁介绍下去，就会找到越来越多的准顾客。

连锁介绍法被认为是最有实效的寻找准顾客的方法，它可以避免推销人员的盲目性，使推销人员个人单枪匹马的推销活动变成调动广大顾客共同参与的活动，

产生倍增效果。连锁介绍法的关键是要赢得现有顾客的好感和信任，使现有顾客乐于为之介绍新顾客。因此，推销员首先应该取信于现有顾客，通过诚实的交往、热情周到的服务来赢得现有顾客的信任。此外还要尽可能多地从现有顾客处了解关于新顾客的情况，做好见面前的准备工作，有可能的话，可请现有顾客从中帮助约见，这样可避免推销中的一般阻力，提高推销的效果。

4. 中心开花法

中心开花法也称“名人介绍法”，是指推销人员在某一特定的范围内，寻找一些具有影响力的中心人物，使其成为自己的顾客，然后利用中心人物的影响或帮助把该范围内的个人或组织变成推销人员准顾客的方法。中心开花法实际上是连锁介绍法的一种特例。这种特殊就表现在选择的顾客比较特殊，他必须是在一定范围内有较大影响，能形成示范作用和先导效应的人。例如歌星、影星、球星等，他们都有大批的追随者，这些明星的着装、爱好往往成为追随者效仿的对象，如果产品能得到这些明星的认可，则会带动一大批追随者紧跟其后。再如老师向学生推荐某本参考书，那么附近书店这本书一定好销。

中心开花法避免了推销人员重复单调的寻访工作，节省了大量的时间和精力，可以集中精力向少数中心人物做细致的说服工作，只要中心人物愿意购买或帮助，利用他们的示范效应，就可以扩大商品的销路。但是这种方法过多地把希望寄托在中心人物身上，而且寻访中心人物又有相当的难度，从而增加了推销的风险。

小案例

山田先生是日本一家肉店的老板，一次出席朋友举办的一个宴会，当服务员来问喝什么酒时，素不相识的同座中，有位提议“喝啤酒”，结果大家都没意见，一致同意喝啤酒。这一偶然事件使山田先生受到启发，于是他开始在顾客中物色中心人物，有意拉拢那些交际广、知识丰富又爱讲话的人，给他们以各种优惠和周到的服务，使他们对肉店产生好感。很快，这些人就成了山田肉店的义务宣传员，逢人就讲山田肉店的肉新鲜、斤两足、价钱公道、态度好，带动了一大批顾客到店里来买肉，山田先生用这种方法使周围的一大批居民成了自己的顾客。

5. 广告搜寻法

广告搜寻法是指推销人员利用各种广告媒介来寻找准顾客的方法。这种方法是利用大众宣传媒介，把有关商品推销的信息传递给广大消费者或最终购买者，吸引有兴趣的顾客与推销方联系，由推销人员对这些顾客进行推销。

广告搜寻法一般适用于推销对象不太明确，一一寻访又不可能的情况下使用。例如某教学仪器厂新推出一种实验仪器，使用对象是大、中专学校，但全国的大、中专学校数量很多，一一寻访不大可能，因此，就向所有这些学校寄发一封推销信函，详细介绍产品的情况，如有回函再派推销员前去拜访或接洽。

由于现代广告媒体种类很多，因此正确选择广告媒介就成为广告搜寻法的关键，要因时因地，针对商品的特点、顾客的特点来恰当地选择媒介。例如，在某一区域范围内销售的产品，就不必到中央电视台去做广告；推销给青年人的产品，就不应在老年杂志上做广告；推销给某一专业领域的产品，就不应在大众化的媒体上做广告等。

广告搜寻法的优点是传播速度快，传播范围广，比较节约人力、物力和财力。缺点是推销对象的选择性不易把握，而且广告费用越来越高，如果媒介选择失误，也会造成极大的浪费。

6. 资料查阅法

资料查阅法是推销人员通过查阅各种有关的情报资料来寻找准顾客的方法。这种方法是利用他人或其他机构已有的可供查阅的资料或出版物，较快地了解到大致的市场容量和准顾客的情况，为寻找准顾客提供方向和依据。

可供查阅的资料主要有：工商企业名录、产品目录、商标公告与专利公告、统计资料、团体会员名册、电话号码簿等。近年来，随着计算机的应用和普及，相当多的企业建立了自己的网站并在互联网上发布信息。企业通过网上查寻来获知顾客的信息也是一种非常便捷的方法。

运用资料查阅法寻找准顾客的优点是：成本低、比较可靠，减少了寻找的盲目性；缺点是：其中有些资料为经过整理后公开发布的资料，时效性较差，内容简略，信息容量小。

7. 市场咨询法

市场咨询法是指推销人员利用社会上各种专门的市场信息咨询机构所提供的信息来寻找准顾客的方法。这些机构大体上分为两类：一类是专门的市场信息咨询服务公司，这些咨询公司专门从事市场调查和市场预测工作，搜集各方面的市场供求信息，为社会提供咨询服务。由于市场咨询者专门从事市场研究工作，拥有丰富的经验和知识，因此，能够解决推销人员遇到的实际问题，能提供比较可靠的准顾客名单，推销人员只需花少量的信息费，即可获得所需的信息资料。另一类是政府机构，这些机构拥有管理经济的职能，掌握了大量的经济信息，虽然不具有咨询的职能，但还是可以通过这些机构了解到大量的有用信息。如工商行政管理部门，所有从事生产经营活动的个人和组织都必须在此注册，而且日常的经营活动也要受到工商管理部门的监控。因此，工商行政管理部门既是政府的管理机构，也是一个巨大的信息资源库，从中可以了解到许多有关准顾客的情况，为推销员寻找准顾客提供帮助。

市场咨询法的优点是：可以节省时间和费用，充分调动有关人员的积极性，发挥专家的一技之长，效果较好；缺点是：所得到的信息具有间接性，不可避免地带有主观倾向和片面性，这就需要推销人员根据具体情况酌情选择，不要过度依赖。

8. 委托助手法

委托助手法是指由企业或推销人员自己出资聘请一些有志于推销工作的人士做助手，帮助寻找与推荐准顾客的方法。这些助手帮助推销员在可能推销的区域发起地毯式访问，一旦发现可能的顾客，再安排推销员与之洽谈，以便让推销人员集中精力从事具体的推销活动。

委托助手法的关键在于确定助手的人选，既要热心推销工作又需具有相关的知识，而且费用不能太高。比如可以委托参加社会实践与推销实习工作的大专院校学生做助手，在推销区域内帮助寻找顾客，一旦找到可能的顾客，再由推销人员去正式洽谈，或者一般的顾客由助手处理，主要的顾客由推销人员接洽。这样推销人员就可以集中精力来做主要客户的工作，大大提高了工作的效率。

这种方法的优点是可以节省推销人员的时间，减轻其工作量，节约费用。缺点是助手的人选不易确定，如果所选择的助手还同时兼任其他同类公司的工作，往往容易泄露商业机密，给市场竞争带来不利影响。

除以上寻找准顾客的方法外，还有许多方法，如会议寻找法、电话寻找法、代理寻找法、竞争插足法、行业突击法等，无论何种方法都有其长处和特点，但也有其不足。在实践中，推销人员应注意各种方法之间的有机联系，可将多种方法结合起来，取长补短，相互补充，灵活运用。

第二节 顾客资格审查

推销员在通过对潜在顾客的寻找后，可以获得一些用户的名单，但这些用户是否都可以成为推销的对象还不一定。因为这些名单只是列出了一个大致的范围，其中有的暂时还不具备购买的条件，有的可能还存在一些未知的因素不能确定，因此，需要对初拟的名单进行一次筛选，将其中最有可能成为顾客的个人或组织挑选出来，被选定的这一部分顾客，才是推销员将来进行推销活动的对象。所谓顾客资格审查，就是指推销人员对初步拟出的准顾客名单，按照一定的标准进行评审，以确定适当的目标顾客的行动过程。

顾客的资格审查一般从四个方面进行，即顾客需求评价、顾客购买能力评价、顾客购买权力评价和顾客购买信用评价。

一、顾客需求评价

顾客需求评价的目的在于确定顾客名单上的具体对象是否真正需要推销人员所推销的商品。如果一个推销员向一位不需要自己产品的顾客进行推销，无论如何是难以成功的。因此，需求评价是进行顾客资格审查的首要内容，此项如果不能成立，其他方面的评价则无必要进行。

对顾客的需求评价一般从两方面进行：

1．估计顾客需求的可能性

顾客是否需要推销员所推销的商品，这一问题如何估计？应该说主要取决于推销员的判断，如果顾客明确表示他需要所推销的商品，这一问题当然简单，毫无疑问他就是目标顾客。但现实中情况并非如此，推销员所接触的顾客中多数会表示他不需要所推销的商品，是否真是这样，就需要推销员作出判断。一般来说顾客表示不需要的原因有以下几个方面：

（1）顾客确实不需要推销员所推销的商品。对这样的顾客自然应该从准顾客名单中划掉。

（2）顾客尚未认识到他对推销品有需求。比如在一个案例中曾经讲到，两个推销员同到一个岛上去推销鞋子，发现这个岛上的人从来就不穿鞋。其中一个推销员认为岛上的人对鞋子无需求，另一个推销员则认为需求量很大，且最终推销成功。可以说，在推销员到来之前，岛上的人也未意识到自己有这种需求，推销员凭自己的判断并经过努力使这种待发掘的需求变成了现实。在推销过程中也有许多类似的情况，有的商家会告诉推销员："本店从来不卖你所推销的商品。"但过去不卖，不等于将来永远不卖，如果推销员认为只是顾客尚未认识到他对推销品有需求，则不要轻易将其划掉。

（3）顾客因某种原因暂时不需要。如顾客刚刚购进一批同样商品，或因资金周转困难暂时无力购买等，这种情况只是暂时的，自然应该在名单中予以保留其准顾客资格。

（4）顾客因传统习惯的影响表示不需要。如顾客表示只使用某某牌号的产品，"我们有固定的进货渠道，其他产品一概不进"等，对这样的顾客不仅不能将其从名单中划掉，而且要作为重点顾客来对待。

小案例

一位年轻的图书推销员向一位大学教授推销教材，开口就问："喂，你贵姓？"教授做了回答。他又问："喂，你教什么课？"教授回答："我教推销学。"于是推销员便开始介绍自己所在的出版社新出版的一本推销学著作如何如何好，最后又问教授："你现在用的什么教材？"教授答："你卖的这本书正是敝人所著并为敝人所用。"小伙子再也无法待下去了，慌忙收拾东西走人。

2．估计顾客的需求量

在确定了顾客有需求之后，还要对其需求量作出评价，因为有些顾客虽有需求，但数量很少，对其推销是不合算的。推销的重点应该是那些需求量较大，又长期需要的顾客。

在进行顾客需求量估计时，一方面要看顾客现实的需求量，另一方面还要看顾客将来的发展情况，尤其对后者不应忽视。有的小公司尽管目前需求量不大，但未必将来不会发展，有许多大公司就是由小公司发展起来的，慢待小公司只会堵了推销员的后路。

二、顾客购买能力评价

顾客购买能力评价的目的，在于选择具有推销价值的目标顾客，那些不具有购买能力的顾客，对其推销毫无意义。如果说顾客的需求欲望和需求量还有一些弹性的话，而购买能力则是实实在在的，没钱就是没钱，丝毫虚假不了，推销人员的一切努力都无济于事。购买能力评价可以有效防止呆坏账的损失，降低商业风险，从而提高推销工作的实际效果。

对购买能力的评价也主要从两个方面进行：

1. 现有购买能力的评价

对顾客现有购买能力的评价主要是通过对顾客现有收入水平、经营状况等进行调查研究，在此基础上作出估计和判断。这种调查可以从内部和外部两方面进行。内部调查是推销人员深入客户内部了解客户的财务状况，或通过各种关系和途径摸清客户的支付能力；外部调查则是推销人员通过对顾客表面现象的观察判断，然后作出估计。两种方法中，内部调查比较困难，顾客的财务状况一般不向外披露；外部观察相对较易，但对推销员的观察判断能力有较高要求，要能够于细微之处判断出客户的经济状况。例如某推销员在与客户接触中“顺便”问起客户有什么业余爱好，客户回答喜欢打高尔夫球，昨天刚请朋友去某地玩了一场。推销员由此判断，顾客的经济状况应属不错。顾客的经济状况，或多或少会通过其行为表现出来，只要用心观察还是可以发现的。

2. 潜在购买能力的评价

在现实的推销活动中，有些顾客因处于发展过程之中，或因货款未及时收回等原因，出现暂时支付困难，经过一段时间后仍然可以支付的，称之为潜在购买能力。对于具有潜在购买能力的顾客应保留其准顾客的资格，推销员如果认为不存在什么风险，可以主动帮助解决支付困难的问题，如分期付款或延期付款；如果认为还不保险，可以适当延缓一下推销行动，待顾客经济状况好转后再行推销，但要注意与顾客保持必要的联系。

三、顾客购买权力评价

无论准顾客是一个人还是一个单位，最终与推销员洽谈购买的必定是一个具体的人，这个人必须拥有购买决定权。与一个没有购买权力的人谈判，无论怎样拉关系、讲交情都无助于推销。对顾客购买权力评价的目的就在于缩小推销对象的范围，避免盲目性，进一步提高推销的效率。

顾客的购买权力因个人消费与集团消费而有所不同，评价时应区别对待。对于一个家庭来说，究竟谁是购买的决定者，一般来说是夫妻共商，有时是妻子作主，有时是丈夫作主，有时候是丈夫出面谈判，妻子幕后指挥，但也有时候奇兵难料，公公、婆婆、小叔、小姑也都可能是幕后人物，所以要准确判断谁是购买决策的核心人物也不是一件容易的事。因此，在面对家庭顾客推销时，最好对任何人都客气礼貌，礼节周全终归不是坏事，这一做法对于集团消费者也同样适用。

对于集团消费者来讲，购买权力评价相对容易一些，一般来讲职位越高，权力越大，加上部门分工明确，弄清购买的决策权一般不会很困难。但在一些比较大的单位里，多实行分权管理，有些购买决策权会分散在中层或基层，这样的话就给评价带来一定的困难，对此可以采取两个办法：第一是问，即询问单位里的内部职工或知情者，此事由谁负责，一般会得到一个满意的答案；第二是碰，如果经询问仍不能确定，可以径直去找单位的最高领导人，即便此事领导人不具体负责，也会指给你一个负责的地方，领导人是不会讲出“不知道”或“不清楚”之类的话来的。当然有些购买决策需要多人共同研究决定，有的还需要上级部门批准，这些情况都需要在评价时一一搞清，以便在推销时明确目标，避免白白浪费时间。

四、顾客购买信用评价

顾客购买信用与顾客购买能力有密切关系，都涉及推销后货款能否安全收回的问题，如果顾客缺乏足够的支付能力，即便是主观上愿意支付，也会因缺少购买能力而无法支付；如果顾客有支付能力，而主观上有意拖欠，也会给货款回收造成障碍。顾客信用评价主要是对顾客的主观态度作出评价，确认顾客是否诚信，以保证货款的安全。

对顾客信用评价不仅要调查了解新顾客的信用状况，而且也要注意老顾客信用状况的变化。

首先，要慎重选择新客户。对于新顾客，推销人员一定要持谨慎态度，既不能轻信对方的表白，也不能轻信外界的传言。有的人虽然口袋里没钱，但却吹得天花乱坠，装出一副有钱的样子，对推销员的商品极力称赞，要货数量多多益善，生怕你不卖给他，对这样的人一定要特别警惕，很可能就是不讲信用的人。而真正有支付能力的人往往并不张扬，表面上也很难看出具有多大的实力，可谓“真人不露相，露相不真人”。如果确实难以把握顾客的信用情况，那么在最初的交易中还是应该坚持钱货两清的原则，待有了深入的了解之后再逐渐放宽，起码要把风险控制在可承受的范围之内。

其次，对老顾客要随时观察其信用变化情况。老顾客已有过多次甚至多年的交往，彼此有一定的了解，但难保不会发生变化，商场变幻莫测，昨天还是红红火火，也许明天就是夕阳西下。尽管顾客主观上没有改变，但因缺乏足够的货币支撑，想支付也兑现不了，何况人的主观态度也会随着客观条件的变化而改变。因此，对于老顾客的信用评价主要还是通过对支付能力的分析来进行判断，推销员尤其应该注意坚持原则，不要认为交往时间长，了解深，就将条件放得越来越宽，将付款时间一延再延，数额越积越大，最终使企业蒙受损失。值得注意的是，有些诈骗分子也利用了推销员的懈怠心理来进行诈骗，开始很讲信用，以后便开始寻找各种借口拖延兑现，到后来等一大批货物到手便会溜之大吉。对此，推销人员应时刻保持警惕，当顾客承诺不能按期兑现时，要及时查清原因——是暂时的，还是情况有了变化，以便及早采取对策，确保货款的安全。

第三节　了解顾客类型

推销人员在进行推销洽谈之前，先要了解各种不同类型顾客的特点，以做到知己知彼，这样才能在推销中有针对性地采取对策和策略，取得推销的主动。

一、推销方格理论

20 世纪 70 年代，美国管理学家罗伯特·R·布莱克教授和 J·S 蒙顿教授将行为科学理论中的方格理论引入推销学研究之中，形成了推销方格理论。这一理论从推销主体与推销对象之间在交易和交往两方面的心态出发，揭示出推销的成功与否取决于推销员与顾客之间心态的最佳协调的原理。

（一）推销方格

布莱克与蒙顿教授根据推销员在推销过程中对买卖成败及与顾客沟通的重视程度的差异，将推销员在推销过程中对顾客和对销售活动的关心程度划分为不同类型，将这种划分表现在平面直角坐标系中，就形成了推销方格，如图 3-1 所示。

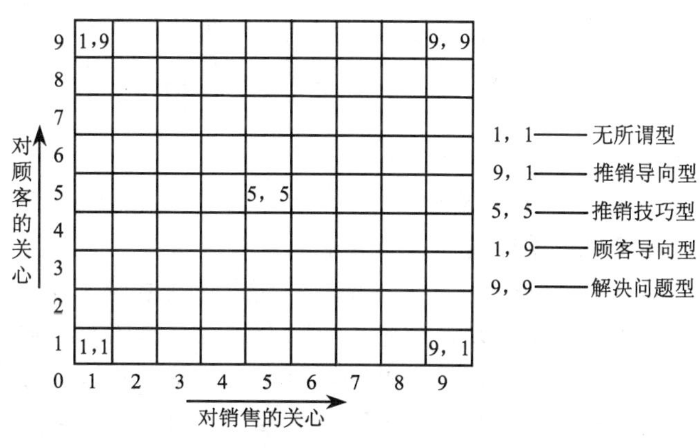

图 3-1　推销方格

推销方格中横坐标表明推销人员对销售的关心程度，纵坐标表示对顾客的关心程度，坐标值越大，表示关心程度越高。图中各个交点代表着不同的推销心态，在这里重点标明五种具有代表性的典型心态。

1．无所谓型（1，1 型）

这种心态的推销员既不关心顾客，也不关心推销任务，“有买就卖，不买拉倒”。具有这种心态的推销人员不是合格的推销员，这样的推销员毫无敬业精神，其推销业绩也必然是最差的。

2．顾客导向型（1，9 型）

具有这种心态的推销员非常重视与顾客之间的人际关系，对顾客以诚相待，极易成为顾客的参谋甚至朋友，但他们忘了推销活动并不只是单纯的人际交流，而应取得实实在在的推销成果。这类推销员不关心或羞于谈起货币与商品的交换，重视买卖不成仁义在，虽然能与顾客建立良好的人际关系，却很难实现现实的推销成果，也不是良好的推销心态。

3．推销导向型（9，1 型）

这种推销心态与顾客导向型恰好相反，推销员只重视完成销售任务和达成交易，完全忽视与顾客保持良好的人际关系，从而走向重买卖、轻人情的另一个极端，为了达到推销目的，不惜欺骗顾客，不择手段推销商品，很少了解顾客的需要，忽视顾客的利益，应该说，这种心态是非常不可取的。

4．推销技巧型（5，5 型）

这种心态较为折中：既关心销售，又不是非常重视推销；既关心与顾客的沟通，又不全心全意为顾客服务。他们注意两者在一定条件下的结合。这种心态对推销不求甚解，可能成为成功的推销员，但却难以创新，很难有大的突破。

5．解决问题型（9，9 型）

这种心态是理想的推销心态，持这种心态的推销员既能全力研究推销技巧，关心推销成果，又能最大限度地解决顾客困难，注重开拓顾客的潜在需求和满足顾客的现实需求，使商品交换关系与人际关系有机地融为一体。

小案例

A 公司是一家生产化学锚固剂的企业，其推销人员在向某隧道工程推销产品时，客户对使用化学锚固方案提出了两方面的担心：① 锚固方案中的钻孔对隧道管壁的破坏影响；② 隧道的潮湿环境是否会影响到化学锚固剂的力学性能。针对客户提出的问题，销售人员与公司的技术人员一起研究制定了详细的解决方案，对各种可能出现的问题提出了解决的办法。在产品演示会上，A 公司的销售人员向客户重点介绍了 A 公司化学锚固产品浅埋深和耐潮湿环境的特点和优势，并用大量的实验数据进行了论证。隧道工程的总包方最终接纳了 A 公司的建议，并将浅埋深和耐潮湿环境等技术要求作为一项标准写进了招标书中，这对于 A 公司来讲是十分有利的。在多家竞标的情况下，A 公司最终大获全胜。

（二）顾客方格

不同的顾客对待推销和商品购买也有着不同的心态，在推销方格理论中，依据顾客对待推销人员和购买商品的重视程度将其划分为不同的类型。在顾客接受推销时，至少也存在两种想法：一是希望购买到称心如意的商品；二是希望得到推销人员热情周到的服务。但不同的顾客对这两方面的重视程度是不同的。有的顾客可能更注重商品本身，而有的顾客可能更注重推销员的态度和服务。依据顾客对这两方面关心程度的不同，建立了顾客方格，如图 3-2 所示。

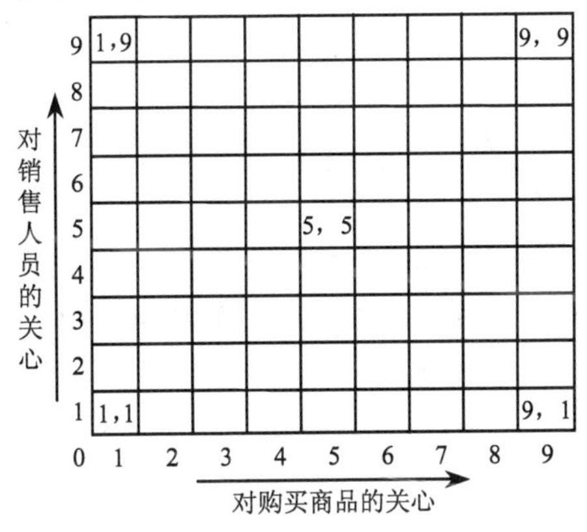

1，1——漠不关心型
9，1——防卫型
5，5——干练型
1，9——软心肠型
9，9——寻求答案型

图 3-2 顾客方格

顾客方格中的横坐标表示顾客对自己完成购买任务的关心程度，纵坐标表示顾客对推销人员的关心程度，坐标值越大，表示关心程度越高。在这里也重点标明五种具有代表性的典型心态。

1. 漠不关心型（1，1 型）

这种顾客既不关心推销人员，也不关心购买商品本身，往往是受人之托而购买，且不愿意承担责任。他们对待推销员的态度是尽量躲避，或是敷衍了事。

2. 软心肠型（1，9 型）

这种心态表明顾客非常重视与推销人员良好的人际关系，不大关心购买商品本身，推销人员热情的态度，往往使其感到盛情难却，即便是一时还不太需要的商品，也有可能购买，这种顾客较容易被说服。

3. 防卫型（9，1 型）

这种心态与软心肠型恰好相反，他们对所购买的商品本身非常重视，百般挑剔，但对推销员却极不信任，甚至怀有较强的防范心理，生怕上当受骗，这种顾客非常固执，一般不易被说服。

4．干练型（5，5 型）

这种顾客既重视被推销的商品本身，又重视推销员的态度和服务。他们往往凭借自己的知识和经验来选择商品，对购买决策深思熟虑，但也愿意听取推销人员的介绍。这种顾客一般较为理智，又兼重感情，但对推销员缺乏全面合作的诚意，比较自信，在作出购买决策时，既考虑商品实用性，又考虑人际关系的保持。

5．寻求答案型（9，9 型）

这种顾客注重推销与商品的完美结合，既关心购买的商品，又能与推销人员保持良好的关系并与之合作。他们非常明确自己的购买数量和购买标准，又愿意接受推销人员的帮助，并主动与推销员合作，寻求解决困难的途径，一般不会提出无理要求。

（三）推销方格与顾客方格的关系

推销过程中推销员与顾客双方心态的有效组合是推销工作顺利进行的重要条件。但即便是一名“解决问题型”的推销员也不能保证每次推销都能成功，因为所面对的顾客心态是不同的。布莱克和蒙顿教授设计了一个简明的有效组合表（见表 3-1），初步揭示了推销人员与顾客两种心态的组合与推销能否顺利完成的关系及基本规律。

表 3-1　推销有效组合表

推销方格 / 顾客方格	（1，1）	（1，9）	（5，5）	（9，1）	（9，9）
（1，1）	－	－	0	0	＋
（1，9）	－	＋	＋	＋	＋
（5，5）	－	0	＋	＋	＋
（9，1）	－	－	－	0	＋
（9，9）	－	0	0	0	＋

表中“＋”表示可完成销售任务；“－”表示无法完成销售任务；“0”表示无法确定，既有可能成交，也有可能达不成任何交易。需要注意的是，由于外部和内部多种条件的影响，上表中所列的各种组合也是复杂多变的，没有绝对精确的划分，推销方格理论只是大致上概括了两种心态的组合，仅供在分析时参考，还需结合实际不断充实和完善；但总体来说，推销员的心态越好，推销效果也越好。

二、顾客的性格与心理特征

不同的顾客具有不同的性格和心理特征，俗话讲“百人百性”，对待不同性格的顾客自然也不能采用同一种推销方法，需要根据不同类型的性格特点采用不同的方法，因人施计，才能取得较好的推销效果。

1. 内向型

这类顾客生活比较封闭，对外界事物表现冷淡，与陌生人保持距离，对自己生活圈中的变化异常敏感。这类顾客对产品比较挑剔，对推销员的行为举止敏感，他们大多讨厌推销员过分热情，因为这与他们的性格格格不入。对于这一类顾客，推销员留给他们的第一印象十分重要，因此，推销员要注意投其所好，留给顾客一个好的最初印象。

2. 随和型

这类顾客性格比较开朗，容易相处，没有很强的戒备心理，一般不会当面拒绝别人，比较容易被说服。对于性格随和的顾客，推销员要有耐心和他们周旋，推销员幽默风趣的语言往往能发挥出意想不到的作用。如果能得到这类顾客的赏识，他（她）会主动帮你推销，但这类顾客往往不太守信用，容易忘记自己的诺言。

3. 刚强型

这类顾客性格坚毅，个性正直，对工作严肃认真、决策谨慎、思维缜密，时间观念很强，不喜欢推销员过于随便，最初见面往往难以接近，但如果深入交往，其率直的个性对推销大有益处。在这类顾客面前，应表现出守纪律、讲信用的工作作风，时间观念尤其要强。

4. 虚荣型

这类顾客喜欢表现自己，不喜欢听别人劝说，任性且嫉妒心较重。对待这类顾客要注意寻找对方感兴趣的话题，为其提供表现的机会，满足他的虚荣心，在整个推销过程中推销员不能表现太突出，不能过多地直接劝说，应顺着对方的话题逐渐引向要推销的商品，在不知不觉中完成商品的交易。这类顾客一般好要面子，即便是作出了一些不太恰当的承诺，只要不是有很大影响，一般不会反悔。

5. 神经质型

这类顾客对外界事物反应异常敏感，情绪不稳定，易激动，对自己所作的决策容易反悔。购买决策受情绪变化的影响很大，心情好的时候很随和，说什么都可以，心情差的时候很难接近。对待这类顾客一定要有耐心，不能急躁，言语要谨慎，避免对其刺激，把握对方情绪的变化，在合适的时机提出自己的观点，这样，成功的可能性还是很大的。

6. 好斗型

这类顾客好胜、顽固，同时对事物的判断比较专横，又喜欢将自己的想法强加给别人，征服欲很强，他们有事必躬亲的习惯，尤其喜欢在细节上与人争个明白。对待这类顾客一定要有心理准备，必要时丢点面子也许会是好事，一定不要去和对方争论，以免图得一时嘴巴痛快而使推销陷于困境。对方的好胜心理如果不能得到满足，他是不会接受你所推销的商品的。

7. 沉默型

这类顾客在推销中表现消极，态度冷淡。但需要说明的是，沉默不一定是一种性格特征，多数是由于各种各样的原因造成了顾客的暂时沉默，如：因推销员的不善言辞而造成冷场；顾客对产品缺乏专业知识并且兴趣不高；顾客因考虑问题过多而陷于沉默；顾客因讨厌推销员而不愿交流，等等。面对沉默的顾客，推销员最好及时反省一下自己，找出问题的根源，如果能当时解决则迅速进行调整，如果不能解决，可先行告退，以备再访。

8. 顽固型

这类顾客在消费上具有特别的偏好，这种偏好多是由于长期的购买习惯形成的，他们一般不愿意轻易改变原有的习惯，对新产品反应不敏感，对推销员的态度多半不友好。推销员要想在短时间内改变这类顾客很不容易，因此一定要有耐心，要充分运用有说服力的资料、数据和事实来逐渐改变对方的态度，一旦对方表示可以试一试，那么推销的机会就来了，如果能培养其形成新的使用习惯，这类顾客将会成为忠实的顾客。

9. 怀疑型

这类顾客疑心较重，对推销员和所推销的商品都不信任。对于这类顾客，推销员的自信心就显得格外重要，一定要对产品充满信心，同时证据也很重要，不要打算以口才取胜，因为你的话顾客同样不会全信。另外在价格上不要轻易让步，轻易做出让步会使这类顾客对你的产品质量或价格组成产生怀疑，从而适得其反。当然，从根本上来讲，还是应建立起相互间的信任关系，即便是一个小小的口头承诺也一定要予以兑现，端庄严肃的外表与谨慎的态度也会有助于成功。

如何在短暂的接触中迅速判明顾客的性格特征，对推销员的判断能力也是一个考验，这种能力只有在不断的实践中才会得到提高。

第四节 约见顾客

约见是推销人员征求顾客同意接近洽谈的过程。它既是准备工作的继续，也是接近顾客的开始。约见虽然只是求得与顾客见面，但也不是一件容易的事，推销人员要想全部取得约见成功几乎是不可能的。约会遭到拒绝，如同家常便饭。倘若连顾客的面都见不到，推销自是无从谈起，因此，约见顾客也是一项很有技巧性的工作，是推销过程中的一个重要环节。

一、约见的意义

1. 约见有助于推销人员成功地接近顾客

在许多情况下，由于种种原因，顾客都不愿意接见突然来访的推销人员，以免干扰自己的日常工作，打乱工作计划。如果能事先征得顾客同意，顾客会在接见之前对原来的计划做出调整，以安排专门的时间与推销员会面洽谈。因此，约见可以消除由于意外来访而使顾客产生的不满，取得顾客的信任和支持，为推销成功创造条件。

2. 约见有助于推销人员顺利开展推销洽谈

要使推销洽谈能够顺利进行，洽谈的双方应事先做好充分的准备，对洽谈事项所涉及的条件都有所考虑。为此，推销人员应在事先征得顾客的同意，这样，一方面显得比较慎重，另一方面，也便于顾客在会面之前有所准备，使会谈在一定的轨道和范围内进行。

3. 约见有助于推销人员客观地进行推销预测

有经验的推销人员，能够根据约见时的情况及顾客的初步反应，对顾客的个性、爱好以及顾客的需求特征等做出初步的判断，对推销中可能发生的情况做出大致的预测，据此来修改、补充、完善原来的洽谈计划，使洽谈计划更加符合特定顾客的实际情况。

4. 约见有助于推销人员合理利用推销时间

推销人员如果事先未征得顾客同意就上门拜访，很可能见不到访问对象，或者见到了，顾客也因忙于其他事务无暇接待，使推销人员空跑一趟，白白浪费许多时间。如果事先与顾客进行约定，依约前去拜访，基本上可以避免这种情况，从而使推销时间得到合理利用，提高推销的效率。

二、约见的内容

（一）确定约见的对象

到一家公司去进行推销应该找谁？是总经理还是采购部主任，是采购员还是使用推销品的工人？这是首先应该明确的问题。如果约见的对象不明确，推销就是盲目的。从前面购买权力评价的分析中我们知道，约见的对象应该是拥有购买决策权的人；但是，拥有购买决策权的人往往是公司的高层领导，直接约见有一定难度，这些领导人通常会委派秘书类的接待人员来对付推销员。如果事情比较重要，则由秘书安排会面。一般的推销多会被秘书挡驾。如遇这种情况，推销员首先须通过秘书这一关口，在与接待人员打交道时，一定要对其表现出足够的尊重，恰当地恭维几句，送一点企业的小礼品也许会有不错的效果。如果仍不能如愿，也可先绕过这一关，先与其他能够对购买行为产生影响的人约定会见，因为这些人也是相关人物，虽然不能最终决定购买与否，但会对购买的行为产生影响，何况这些人大都是公司的内部职员，如果能够说服他们，由他们出面帮助安排与领导人见面，事情就会容易得多。

（二）约见事由

推销人员在确定了约见的对象后，要向对方说明约见的事由，虽然推销人员约见顾客的最终目的是为了推销商品，但每次约见的事由却不尽相同。一般来说，约见的事由有以下几种：

1. 推销商品

多数情况下，推销人员访问顾客的目的都是为了直接向顾客推销商品，但以此为由约见顾客往往会遭到拒绝，因此，推销人员在语言上要作精心的设计。约见毕竟不是洽谈，时间是极短暂的，推销人员必须在极短的时间内使顾客对推销品产生兴趣，对你的推销重视，这样才可以达到约见的目的。

2. 市场调查

市场调查是推销人员的重要职责之一。一般来说，推销人员以市场调查的名义约见顾客比较容易为顾客接受，因此市场调查常常成为约见顾客的一种借口。推销人员通过与顾客面谈，可以了解到顾客的一些真实情况，为以后的推销做准备，还可以为企业的经营决策提供参考，优秀的推销人员往往会在调查的过程中，不知不觉将顾客引向正式的推销，从而一举两得。

小案例

刘某到一家运输公司去推销汽车，一进办公楼就看到电梯口立着一块告示：不准推销人员入内。但他还是上了楼，径直来到了车队长的办公室，他这样介绍自己：我是受厂方委托前来贵单位了解解放牌汽车的使用情况和对我们维修方面有何看法的，边说边拿出笔记本。车队长一听，觉得这事可能会对自己有帮助，就把自己单位有什么车型、车辆的维修使用情况等一一向刘某作了介绍。刘某也都认真做了记录，之后，刘某又询问了车辆更新的情况，最后才拿出推销车型的宣传材料，向队长介绍新近出厂的车型，并表示，如有兴趣可以随时联系，同时会将今天所了解的情况向厂方反映，以便搞好服务。刘某以市场调查为由，不仅顺利约见了客户，还详细了解了客户的使用情况，同时也对新产品进行了推介，真是一举多得。

3. 提供服务

为顾客提供服务也是推销人员的重要职责，以提供服务为由约见顾客，往往会受到顾客的欢迎，如技术指导、安装、调试维修等。如果这些服务工作推销人员自己就可以承担，自然为约见顾客增加了机会，也为今后的推销工作创造了条

件，甚至在服务的同时就可以开展新的推销活动。

4．签订合同

一般情况下，推销人员在与顾客谈妥交易条件之后，应当即签订合同。如果因某种原因当时未签，也可在事后约定时间专门签订。以此为由约见顾客一般比较容易，但要注意一定要抓紧时间，不可拖得太久，以免顾客反悔。

5．收取货款

在交易中因某种原因形成顾客拖欠货款也是常有的事，欠债还钱本是天经地义，以收取货款为由约见顾客自然也是理直气壮，顾客一般不好回绝；但如果顾客资金紧张或主观上不愿支付也会寻找各种借口来进行推托，避而不见，对此，推销人员要特别讲究约见的技巧，不给顾客找借口的机会。

6．走访用户

走访用户是与老顾客保持业务关系的重要方法。在顾客购买商品之后，定期或不定期走访用户，征求一下顾客的意见，可以增进顾客对推销企业和推销人员的信任感，以此为由约见顾客，也往往会受到欢迎，推销人员在征求意见的同时也可顺便了解顾客的需求情况，为再次推销创造条件。

7．寻找借口

推销人员以某种借口约见顾客，比如慕名求见、节日赠送、祝贺喜庆、代转口信等，这种约见往往人情味较浓，顾客一般也容易接受。

总之，不论以何种理由约见顾客，一个总的原则是，要让顾客感觉到约见会对他有帮助，而不是增加麻烦。

（三）确定访问时间

约定访问时间，是约见的一项重要内容。在这一问题上，推销人员往往没有主动权，一般应是客随主便，尊重顾客的意见，但有几点需要注意：

1．要考虑顾客的特点

尽量避开顾客忙碌的时候、节假日和休息时间，还要考虑到顾客的情绪和身体状况，不要选择顾客心绪不佳时或生病时前去拜访，当然，以探病为由联络一下感情还是可以的。

2．要考虑访问的目的

如果是为了推销商品，应选择在有利于达成交易的时间约见，如季节前推销季节性商品，节日前推销节日礼品等；如果是进行市场调查，应选择在市场行情变化较大，客户面临多种选择时约见；如果是提供服务，应在顾客需要服务时约见；如果是签订合同，应在掌握了充分的信息时约见；如果是收取货款，则最好在顾客资金周转良好、账户上有余额时约见。只有这样，才能较好地实现约见的目的。

3. 要考虑访问的地点和路线

如果约定在顾客家中会面，则时间选择应当在顾客的工作之余；如果是办公室会面，则应在工作时间；如果是在其他的公众场合，则要考虑顾客的出行方便和出行路线来恰当选择时间，使双方都感觉到方便。

4. 要尊重顾客的意愿

在约定访问时间时，推销人员应首先听取对方的意见，让顾客确认一个他（她）认为方便的时间会面，客随主便。如果顾客提出的时间与推销员的时间安排有冲突，推销人员应礼貌地与对方协商，以取得一致意见。同时时间约定不要过死，避免因意外原因导致不能按时赴约，可确定一个时间范围，留有适当余地。如果推销人员确因重要事情不能赴约，要提早通知对方，并另约时间，以免顾客久等。

（四）访问地点

在确定访问地点时，也要视具体情况而定，一般有两点需要注意：一是方便顾客；二是尽量避免干扰。一般来说，有以下一些地点可供选择：

1. 工作地点

对于集团消费的顾客或是推销生产资料类商品，可选择在顾客的工作地点。这对于顾客来说会非常方便，但由于办公地点人员来往较多，极易受到干扰，于洽谈不利。如果顾客有专门的洽谈室或者会议室，选在这些地方将最合适，可使双方都能静下心来进行洽谈，有利于洽谈的深入进行。

2. 家庭住所

如果推销员推销的是个人生活用品，选择顾客的家庭住所作为访问地点是比较合适的。但由于种种原因，许多顾客不愿意推销人员到自己家里来推销产品，以免生活受到干扰。因此，只有在顾客主动提出将访问地点选在自己家里才比较恰当，推销人员一般不要主动建议，如果顾客不情愿，更不可强求。

3. 公众场合

饭店、球场、展销会、娱乐场所等公众场合也可作为会谈的地点。选择这些场合有利于拉近双方的距离，感情上更加靠近，但环境嘈杂，难以静下心来进行洽谈。所以，选择社交场合作为访问地点，对于联络双方的感情是一种不错的选择，但对于正式的推销洽谈则未必合适。

4. 己方场所

选择推销员所在的工作单位或下榻的饭店进行会谈，对推销方是有利的。推销员占有地利之便，可以很好地安排会谈的环境，而且占有心理上的优势，但会给顾客带来一些不便。因此，不是所有的顾客都可以约在己方场所进行洽谈，只有确认顾客对推销品有兴趣或是老顾客才比较合适。如果约在己方场所进行洽谈，推销员一定要作好接待工作，礼节周全，使顾客感到舒心。

三、约见顾客的方法

约见顾客的方法一般有以下几种：

1. 当面约见

当面约见是指推销人员和顾客面对面约定访问的具体事宜。这种情况在实际中是比较多的，如双方在途中不期而遇，当时没有机会细谈，故另约时间、地点再谈；推销员未经约定，直接去找顾客洽谈，因顾客忙于其他事务或未作准备而未能谈成，故约定时间再谈；等等。

当面约见有许多优点：首先，当面约见可以缩短双方的距离，利于双向沟通、交流感情、消除隔阂；其次，当面约见可使推销人员近距离地观察了解顾客，准确地做出推销预测，做好接近顾客的准备；再次，当面约见可以把其他方式约定不易说清楚的问题讲清楚，避免造成误会。

当面约见也存在一定的局限性：其一，由于受地区限制，不可能和所有顾客当面约见；其二，推销人员和顾客不认识时，当面约见易遭顾客拒绝；其三，某些场合下，约见对象可能会敷衍了事，随口答应，过后就抛到脑后。

2. 电话约见

电话约见就是推销人员以打电话的方式约见顾客。一般对老顾客，电话约见方便、快捷、效率高，但对新顾客，用电话约见难度较大，需要推销人员掌握一定的约见技巧。以下一些方法可供参考：

（1）强调利益法。即强调推销品能为顾客带来的利益，以此来吸引顾客。例如："张经理，您好，我是大洋公司的业务员，我们公司最近有一批商品准备降价促销，价格比平时低许多，我想您肯定有兴趣，您看什么时候方便，我去拜访您一下，明天可以吗？"

（2）信件预寄法。信件预寄法是推销人员先将产品说明等有关资料寄给顾客，再打电话询问顾客的想法，以达到约见顾客的目的。例如："王经理，您好，上星期我给您寄去的资料收到了吗？您感觉我们的新产品怎么样？"这一方法显示了对顾客的尊重，易博得顾客好感，被拒绝的可能性较小。

（3）心情感激法。这种方法一般用于已有业务联系的顾客。推销人员首先对顾客前一次的购买表示感谢，然后借机约见顾客推销新的产品。例如："李经理，您好，我是银河电脑公司的业务员，您 4 月底寄来的订单已经收到了，非常感谢您的支持。我们公司最近又推出了一批新产品，性能、价格都不错，想尽早介绍给您，您看什么时候比较方便……"

电话约见迅速及时，在电话已经非常普及的情况下显得更加方便、灵活，而且避免了当面拒绝所遭遇的尴尬，是广泛应用的方法之一。

3．信函约见

信函约见是指推销人员通过信函的方式来约见顾客，如约见信函、请帖、会议通知、产品介绍等。

信函约见的优点是：① 目的容易达到。信函可以不受限制地送达特定顾客的手中，只要内容能使顾客感兴趣就会引起顾客的积极回应。② 费用省。信函约见是所有约见方法中成本最低廉的。③ 体裁自由。推销人员可以不受时间的限制，对约见信函进行精心的设计，仔细推敲所使用的语言，避免各种失误和不当之处。

信函约见也有一些缺点：① 时间长。不适用于紧急约见。② 反馈率低。有的顾客对约见信函不重视，或不拆看就丢在一边，不了了之。③ 无法解答顾客的疑问。信函只是一种单向信息传递，对顾客的疑问不能当面解答。

为了提高信函约见的实际效果，推销人员在使用本方法时应注意：① 信函内容要真实可信，文笔生动流畅，文字工整，措词恳切，信函内容不可太长；② 与其他方法结合使用，如在信函发出半个月左右，再以电话与顾客联系，一般效果较好，如果单纯使用信函约见的方法，往往会得不到回音，因为顾客在非急用情况下一般很少回信。

4．委托他人约见

委托他人约见是指推销人员委托第三者来约见顾客。受委托的第三者必须与约见对象有一定的社会联系和交往，同时也与推销员有某种联系，这样的第三者才能从中牵线搭桥。

这种方法常在实际中被采用，其优点在于：① 能顺利接近顾客。由于受委托人与顾客的特殊关系，往往使约见变得容易、顺利，拉近了与顾客的距离。② 节省时间，提高推销效率。③ 有利于促成交易，顾客出于照顾介绍人的面子等原因，只要商品与价格接近顾客需要，就有可能成交。

这种方法的缺点在于：① 使用范围受到限制，如果没有合适的介绍人，这种方法便难以使用。② 容易使顾客产生非正式洽谈的感觉，不会给予足够的重视。③ 如果双方洽谈中可能涉及的商业机密不便为他人所知，委托他人介绍会增加顾客的担心，反而为成交造成障碍。

5．广告约见

广告约见是指推销人员利用广告媒体把约见的内容广而告之，以达到约见顾客目的的方法。这种方法一般在约见对象不明确或约见对象很多时使用。优点是覆盖面广，效率高；缺点是针对性差，费用大。

除了上述方法外，还有其他方法。推销人员在运用各种约见方法时，应注意以下一些问题：

（1）推销人员应根据具体情况确定具体的约见方法。对于经常见面的顾客或距离较近的顾客可以当面约见，也可以电话约见；对于电话联系不便的顾客可以信函约见；对于难以接近的顾客可委托他人约见；对于约见对象不明的可以广告约见；等等。

（2）各种方法结合使用，互相补充。

（3）不断创新，增强约见的效果。

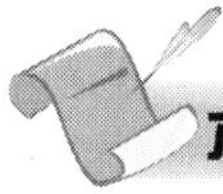

本章小结

1．准顾客是指一个既可以获益于所推销的商品，又具有购买能力的个人或团体。寻找准顾客的程序是：根据商品特点，提出成为准顾客的条件；按照条件拟出准顾客的名单；进行资格审查，确定入选顾客并建立顾客档案。方法有：个人观察法、地毯式访问法、连锁介绍法、中心开花法、广告搜寻法、资料查阅法、市场咨询法、委托助手法等。

2．顾客的资格审查一般从四个方面进行，即顾客需求评价、顾客购买能力评价、顾客购买权力评价和顾客购买信用评价。

3．推销方格理论将推销员分为五种类型，即无所谓型、顾客导向型、推销导向型、推销技巧型和解决问题型。顾客也可分为五种类型，分别是漠不关心型、软心肠型、防卫型、干练型和寻求答案型。顾客还可按性格和心理特征分为九种类型，即内向型、随和型、刚强型、虚荣型、神经质型、好斗型、沉默型、顽固型和怀疑型。

4．约见顾客是推销过程中的一个重要环节，内容包括确定约见对象、约见事由、确定访问时间和访问地点。方法有当面约见、电话约见、信函约见、委托他人约见及广告约见等。

作业与训练

一、复习思考题

1. 寻找准顾客的程序是什么？方法有哪些？
2. 何谓顾客资格审查？推销人员应从哪些方面对顾客资格进行审查？
3. 什么是推销方格？它的主要类型有哪些？
4. 什么是顾客方格？它的主要类型有哪些？
5. 推销方格与顾客方格的关系如何？
6. 顾客的性格可分为哪几种类型？各有什么特点？

二、选择题

1. 当推销对象不太明确或数量很多时，可采用（　　）。
   A. 地毯式访问法　　B. 广告搜寻法
   C. 资料查阅法　　D. 委托助手法
2. 岛上的人从来不穿鞋，是因为（　　）。
   A. 他们不需要穿鞋
   B. 岛上不适宜穿鞋
   C. 他们未意识到自己有穿鞋的需要
   D. 没有人卖给他们鞋
3. 下列说法中正确的是（　　）。
   A. 顾客信用评价主要是针对新顾客，因为老顾客的情况已很了解
   B. 顾客信用评价主要是针对老顾客，因为对老顾客的销量最大
   C. 顾客信用评价不仅要了解新顾客的信用情况，而且也要注意老顾客信用状况的变化
   D. 对顾客的信用状况很难评价，因为顾客的情况随时都在变化

4. 顾客对外界事物反应异常敏感，情绪不稳定，易激动，对自己所作的决策容易反悔。这类顾客属于（　　）。
   A. 内向型　　B. 虚荣型
   C. 神经质型　　D. 怀疑型
5. 容易受到顾客欢迎的约见事由是（　　）。
   A. 推销商品　　B. 提供服务
   C. 签订合同　　D. 寻找借口

三、实训项目

1. 小李是山西杏花村汾酒厂股份有限公司派驻某地级市的销售代表。厂家在省会城市设有周转仓库并配备送货车辆。依据这种情况，拟定小李推销的准顾客所应具备的条件。

2. 观察、统计学校周边商店的客流量情况，对各商店的经营状况做出判断，并做简单的原因分析。

第四章

推销过程

学习目标

- 了解接近顾客的目的。
- 掌握接近顾客的方法。
- 能够应用推销模式向顾客介绍产品、示范产品、讨价还价、处理异议、识别购买信号并促成交易。

案例导读

小张刚进公司不久，就听到同伴们谈论起本地有一家赫赫有名的A公司，仅一个月的需求量就在40万元以上，公司曾有几名业务员过去接触，结果都悻悻而归。

小张得知此信，便向经理请求希望能给自己个机会。经理听了当然高兴，但还是不太放心，对小张交代："既然你对自己那样自信，我就给你一次机会。但有一点必须事先向你强调，这个单位如果做下来当然是好事，如果做不下来，所有的业务招待费要由你个人负担。"随后给了小张一些有关A公司的资料。

小张通过了解，得知A公司是当地的一家大型企业，公司的采购经理姓王，今年已经68岁，退休前曾在一所中学当校长，退休后被A公司聘为采购经理。这个王经理是一名老党员，不抽烟、不喝酒，也没有其他爱好，原来公司的几个业务员想请他吃饭都被严厉地拒绝了，更不要说送礼了。

A公司的电子原料一直由甲公司供货，这家甲公司的产品质量稳定，名气也比较大。但小张所在的公司也有自己的优势，经营方式灵活，在供货和产品开发方面占有一定优势。

准备停当之后，小张前往A公司进行拜访。

"王老师，您好！"

"你好，你是？"

"我是××公司的张××，我在您公司门口，我可否进来拜访您一下？"

"今天上午我很忙，没时间，你请回吧。"

"哦，这样呀，那行，王老师，我在门口等您，您什么时候有时间，我什么时候再进去。”

“不用了，你回吧。”说完就挂了电话。

第一次就吃了闭门羹，连大门都没进去。小张正想离去，但转念一想，现在离去不就等于放弃吗？不能就此罢休。

好不容易在寒风中熬到 12 点，王经理终于下班了。

“王老师，您好，我是××公司的张××。”小张赶忙递上名片。

王经理显得有点吃惊，没想到会有人在寒风中等他三个多小时。“哦，不好意思，张小姐，冻坏了吧？你赶紧去吃饭，吃完饭在接待室等我，我一点半上班，我尽量早点来。”

这位王经理果然守信，一点刚过就赶到了公司，在小张简单作过介绍之后，王经理讲：“以前你们公司也来联系过，你们的产品没有特别之处，价格也没有优势。我们与甲公司合作已十来年了，暂时没有考虑其他供应商。不过，刚才看你在门外冻了几个小时，我真的是于心不忍，这样吧，你先回去准备几个样品，我需要先测试一下。”

第二天，小张便把样品送到了 A 公司，经测试顺利通过。但王经理并没有进一步谈供货的意思。恰在此时，有其手下进来汇报，说客户有一个订单，所需的材料甲公司没有，问该怎么办。小张心里明白，这种材料自己公司也没有，也就没说什么。

这件事在小张心里一直琢磨，第二天，还是给王经理打了个电话：“王老师，您好，听说贵公司急需一种材料，我在这个行业认识一些人，不知能否帮上忙？”王经理在电话那边犹豫了一会，显然是不信任小张，但最后还是说了一句“也行，你就帮着问问吧。”

作为刚入此道的小张，当然不会有太多的关系，但既然说了大话，就得守信。于是小张便利用网络一家一家找，一家一家打电话询问，在网上发布求购信息……功夫不负有心人，三天后还真的在邻市的一个工厂找到了这种产品。于是，小张赶忙乘车去这家工厂取回了样品，交到了王经理手上。当王经理接过小张送来的样品时，不免还是有点吃惊，想不到一个小姑娘竟然还真的能够找来急需的材料，真有点令人刮目相看。

以后又有过多次接触，也帮助王经理解决过一些小的问题，在不断深入的交往中，小张所表现出来的专业知识和真诚态度逐渐使王经理改变了看法。

一天，小张正在公司上班，突然接到王经理打来的电话：“小张，你去看一下那个合同清晰不？如果有不清楚的地方再给我来电话。”

什么合同？小张纳闷。这时经理喊她。小张赶忙跑到经理办公室，只见经理递过来一张传真，小张飞快一扫，啊？不会吧！一笔订单，而且连下个月的单都下了。

第一节 接近顾客

接近顾客就是推销人员为顺利开展推销洽谈而与推销对象正式接触的过程。这一过程从时间上来讲是很短暂的，在整个推销中所占的比例很小，但这一环节却非常重要，它决定着推销能否顺利进入实质性的洽谈阶段。如果推销员在最初的接触中就遭到顾客的拒绝，后续的说服购买自然无从谈起。因此，接近顾客是保证洽谈顺利进行的重要前提，没有成功的接近，也就没有成功的推销，接近顾客是直接关系到推销目标实现的一个重要环节。

一、接近顾客的目的

接近顾客的目的概括来讲，就是推销人员通过介绍自己，介绍自己所代表的企业，介绍推销品的特点和利益等来引起顾客的注意和兴趣，使顾客愿意同推销员交谈下去。具体包括三个方面。

1. 吸引顾客的注意

推销过程中，尽管顾客已事先答应推销员的约见，但在见面时，常常会遇到顾客正忙于其他事务，注意力分散，或在推销人员向顾客介绍商品时，中间有外来干扰，如接听电话、请示工作、办公室内人来人往等，使顾客难以集中精力来倾听推销员的介绍。因此，接近顾客的首要目的就是要引起顾客对推销品的注意，尽快把顾客的注意力集中到推销话题上来。

2. 激发顾客的兴趣

顾客注意力的产生是由外界影响而引起的，而注意力的保持，则是由对该项事物的兴趣所决定的。因此，推销员在接近顾客时，应当根据事先了解的顾客的兴趣和爱好，提出顾客感兴趣的话题，诱发其兴趣的产生。尽管顾客的兴趣爱好各不相同，但都关心推销员会给他们带来什么利益。推销员要善于创造条件并提供充足的理由，促使顾客倾听推销员的建议，让顾客知道能为他解决什么问题，能使他获得哪些利益，这样顾客才会有兴趣。

3. 引导顾客转入洽谈

接近与洽谈是有一定区别的，接近阶段通常选择有利于让对方了解自己，有利于沟通双方感情，有利于创造良好气氛的话题，以引起顾客的注意和兴趣。洽谈阶段的话题往往集中在推销产品、建立和发展双方业务关系上。推销员应当知道只有接近工作顺利完成，洽谈工作才能顺利展开。推销员应当明确接近与洽谈的区别和联系，在引起顾客注意并使其产生兴趣后，要巧妙地转移话题，轻轻松松地由接近转入洽谈。

二、接近顾客的方法

为了在较短的时间内达到接近顾客的预期目的，必须要有适当的接近方法。根据顾客及推销品的具体情况，接近顾客的方法主要有以下几种：

1. 介绍接近法

介绍接近法是指推销人员通过自我介绍或经第三者介绍而接近顾客的方法。具体又分为两种：

（1）自我介绍法。这是推销人员最常使用的方法，就是推销员通过口头自我介绍让顾客了解自己的身份、背景及其来访目的，然后主动提供能证明自己身份的证件，如工作证、名片、推销介绍信等，进一步加深顾客的印象。由于介绍信和有关证件需要重复使用，不可能交给顾客留存，所以，赠送本人或公司的名片是现代推销接近时常用的做法。接近时适时递上一张名片，可以让顾客尽快了解推销员和所推销产品的概貌，迅速缩短与顾客的距离。

许多事实也表明，推销员在开始接近顾客时单纯的自我介绍大多毫无意义，只有在推销品或推销员的建议令顾客感兴趣后，才会重新询问推销员的尊姓大名或查看名片。所以，推销员进行自我介绍也要和其他方法配合使用。

（2）他人介绍法。推销员可以通过顾客社交圈里的人介绍而接近顾客。在接近顾客时，推销员交给顾客一张便条、一封信、一个电话或一张介绍人的名片等，就可以轻松地接近顾客，如能由介绍人亲自引见则效果更好。介绍人所起作用的大小，要看推销员、顾客与介绍人关系的密切程度。推销员应努力扩大自己的社交范围，争取有关人员的帮助和推荐，但应注意尊重介绍人员的意愿，不可勉为其难。

2. 商品接近法

商品接近法也称实物接近法，是指推销人员直接利用所推销的产品引起顾客的注意和兴趣，从而顺利进入推销洽谈的接近方法。顾客购买商品时，最为关注的不是推销员的说服能力，而是推销品的使用价值。通常顾客在决定购买之前总是希望彻底了解商品及其各种特征，如商品的用途、性能、品质、造型、色泽、味道等。有的顾客还喜欢亲自触摸、检查、操作商品。推销员采用商品接近法，直接把产品、样本、模型放在顾客面前，以商品自身的魅力引起顾客的注意和兴趣，满足了顾客深入了解商品的要求。

这种方法最适合于具有新颖特色的商品，颜色鲜艳、功能独特、造型别致，容易吸引顾客的注意并诱发顾客的询问。采用这种方法需要具备一定的条件：

（1）推销品必须具有一定的知名度或吸引力。

（2）推销品应精美轻巧，便于携带。

（3）推销品必须是有形实体。

（4）推销品必须品质优良，操作简便，使用效果明显。

小案例

一位空气净化器的推销员在拜访客户时，总不忘在兜里揣上一盒香烟，在介绍产品时便把香烟掏出来请用户嗅一下烟盒的味道，然后打开空气净化器，把烟盒放到净化器上，几分钟之后，拿下烟盒，让客户再来闻一下烟盒，结果什么味道也没有了。于是客户对这种空气净化器一下子产生了浓厚的兴趣。

3. 利益接近法

利益接近法是推销员抓住顾客追求利益的心理，利用所推销的产品或服务能给顾客带来利益，来引起顾客的注意和兴趣，从而接近顾客的方法。这是一种最常用的方法。它不仅符合顾客的求利心理，而且符合商业交易互利互惠的基本原则。顾客购买商品的目的是通过商品使用价值的实现从中获得某种利益，而工商企业的购买更是直接以盈利为目的。因此，求利是顾客普遍追求的一个目标，也是消费者维护和争取自身利益的一个重要手段。

推销人员采用利益接近法，直接陈述顾客购买商品所能获得的利益，帮助顾客正确认识商品，可以迅速达到接近的目的。但是要注意两点：一是对产品利益的陈述要能打动顾客的求利心理；二是实事求是，不可夸大其词。这样，顾客才比较容易接受。

4. 好奇接近法

好奇接近法是指推销员利用顾客的好奇心理而接近顾客的方法。它把心理学的研究成果具体运用于推销理论，即利用人们的好奇心，引起顾客对推销人员和推销品的注意和兴趣，然后说明购买推销品可能得到的利益，从而接近顾客并转入实际洽谈阶段。

运用好奇接近法要注意，推销员无论是采用语言、动作、实物或者其他方式唤起顾客的好奇心，都应该与推销活动有关，否则将难以转入推销洽谈；唤起顾客好奇心的事物应当符合客观规律，合情合理，奇妙而不荒唐，不故弄玄虚；还应当考虑到顾客的文化素养和生活环境，要避免推销员自以为奇特而顾客却觉得平淡无奇，结果弄巧成拙，反而妨碍了接近顾客。例如，一位人寿保险推销员见到顾客后问道：“一磅软木，你打算给多少钱？”顾客回答：“我不需要软木。”推销员又问：“如果你正坐在江中一艘快要沉没的小船上，你愿意花多少钱来买软木？”顾客感到这个问题很有意思，鼓励推销员说下去，推销员则顺着这个问题很自然地将话题引入到人寿保险上来，说明人们必须在实际需要出现之前就购买人寿保险。

5. 问答接近法

问答接近法是指推销人员利用提问的方式或与顾客讨论问题的方式接近顾客的方法。在实际推销工作中，问答接近法通常与其他方法配合使用。例如，好奇接近法、利益接近法等都可以用提问作为开头。当然，问答接近法也可以单独使用。推销员可以首先提出一个问题，然后根据顾客的回答再提出其他一些问题，或提出事先设计好的一组问题，引起顾客的注意和兴趣，引起顾客思考，环环相扣，一步步逼近目的。

采用问答接近法，可以迅速抓住顾客的注意力并使之参与讨论，从而顺利转入推销洽谈。在具体运用时，推销员应当注意以下几点：

（1）问题必须突出重点，有的放矢。如所提问题漫无边际，只会使顾客产生抵触情绪，不能引起顾客的注意和兴趣。

（2）问题表述必须简明扼要，抓住顾客的关注点，最好能形象化、量化、直观生动。

（3）问题应当具有针对性，耐人寻味，应当是顾客乐意回答和容易回答的，要避免有争议、伤感情和顾客不愿意回答的问题，以免引起顾客的反感。

6. 表演接近法

表演接近法是指推销员利用各种戏剧性的表演手法来展示产品的特点，从而引起顾客的注意和兴趣。这是一种古老的推销术，旧时常有一些街头艺人耍杂技、玩把戏，在表演中推销商品。在现代推销中，这种方法仍有重要的利用价值。例如：一位保温水杯的推销员见到顾客后，手中盛满水的杯子突然落到了水泥地上，当推销员拾起水杯看时，杯子完好无损。这一戏剧性的表演，使推销员不费多少口舌，就使顾客产生了兴趣。表演接近法实际上是把商品示范过程戏剧化，利用顾客求新求奇的心理，将顾客自然带入购买的情景之中。在具体运用时应注意：表演所用的道具应当是推销品或者是与推销活动有关的物品，表演内容应当与推销密切相关，表演所展示的特性应是顾客所关注的，应既能打动顾客，又不露表演的痕迹；最好能让顾客也参与其中，使之成为重要的角色，以激发顾客的兴趣，并增加真实感。

7. 陈述接近法

陈述接近法是指推销人员利用直接陈述来引起顾客的注意和兴趣，进而转入洽谈的方法。推销员直接陈述的内容，可以是商品的新特点，也可以是价格、服务等方面的优惠条件，还可以是有关企业情况的介绍。但是，所陈述的内容必须与顾客有密切的利害关系，这样才能引起顾客的注意和兴趣。例如：“这个商品比同类价格便宜10%。”

在采用陈述接近法时应当注意：陈述应当有理有据，杜绝无稽之谈和不实之词；陈述的语言必须高度概括，简单明了，不可面面俱到；陈述的内容应富有新意，避免陈词滥调；陈述应针对顾客主要的购买动机，富有感染力。

8．赞美接近法

赞美接近法也叫恭维接近法，是指推销人员利用顾客的虚荣心，以称赞的语言博得顾客的好感，来接近顾客的方法。心理学研究认为，人们所取得的荣誉和成就，衣着打扮，无不希望得到他人的认可和称赞。推销员便可利用这一心理来接近顾客。例如：一位推销员对女顾客说："呀！你穿的这身衣服实在是太漂亮了，一看就知道您是个内行，很懂得颜色的搭配，如果配上我们公司的新式皮鞋，那简直就是完美无缺了。"推销员在采用这一方法时，要注意发现顾客的优点，称赞其值得称赞的东西，不要仅仅为了讨好顾客随便什么都说好，这样顾客在心理上并不接受；另外在赞美时态度一定要诚恳，词语要恰到好处，切忌虚情假意，引起顾客反感；不要触及顾客的隐私。

9．馈赠接近法

馈赠接近法是推销人员通过送礼物来接近顾客的方法。馈赠礼物比较容易博得顾客的欢心，获得顾客的好感，从而拉近推销员与顾客的距离。比如一个人问路，首先送一支香烟，然后才提出问题，这样便很容易得到对方的指点。推销人员在采用这一方法时，有几点需要注意：① 所赠礼品最好符合顾客的爱好；② 如果赠品就是所要推销的产品则效果更好；③ 所赠礼品必须质地优良，外观精美，包装考究；④ 所赠送礼品不要过于贵重，不能将一般的礼尚往来变成贿赂，要符合国家的有关法规。

小案例

某电冰箱厂的销售人员小李在S市开发销售网点，相中了天大家电商场，可是该商场的老板邱总是个心高气傲的客户，根本看不上该品牌。数次拜访都遭到冷遇，小李还是心有不甘，通过侧面了解，知道邱总的最大爱好是汽车，尤其对车模的收藏情有独钟。

这天，小李带着朋友从上海快递过来的两款新型赛车模型，走进邱总办公室，说："邱总，听说您一向喜欢汽车，我托朋友给您带来了两款车模，不知您喜欢不。"邱总接过车模一看，如获至宝，连声说好，一改往日那种"不食人间烟火"的模样。结果，两人仿佛是相见恨晚一般，大侃特侃各类轿车的优劣和各种赛车的故事。没出十天，邱总就在商场里专门腾出一块位置给小李，而且作为主推品牌进行操作。

10．求教接近法

求教接近法是指推销人员通过请顾客帮助解答问题，从而接近顾客的方法。例如："王经理，您是咱们机电行业的专家，您看我们公司的新产品对解决原来的漏油问题是不是有帮助？”一般来说，顾客是不会拒绝虚心求教的推销员的。用求教的方法接近顾客，满足了顾客自尊心理的需要，容易被顾客接受。但也不是所有的推销都可以使用这种方法，只有在确认顾客对所求教的问题内行，求教接近法才会有效。如果明知顾客对所求教的问题并不了解，采用此方法只会使顾客感到难堪，效果适得其反。在运用求教接近法时，有几点需要注意：① 态度要诚恳，让顾客多说多讲，推销员洗耳恭听，多听多记；② 赞美在先，求教在后；③ 求教在前，推销在后；④ 注意分析顾客的讲话内容，确定推销重点，在引起顾客注意与兴趣之后，适时诱导顾客转入推销洽谈。

除了上述介绍的十种方法，还有调查接近法、讨论接近法、聊天接近法等。推销人员应当在推销实践中灵活运用各种方法，并根据实际情况创造一些新的行之有效的接近顾客的方法，以取得推销成功。

第二节　推 销 洽 谈

推销洽谈是推销人员运用各种方式、方法和手段，向顾客讲解、示范并说服顾客购买的过程，是推销过程中最重要的一个阶段。

推销洽谈的目的在于激发顾客的购买欲望，引导顾客采取购买行为。推销洽谈的内容则是涉及商品交易的各项条件。为了实现推销洽谈的目的，推销人员需要运用多种方法和手段，采用不同的技巧与策略来对顾客做说服劝导工作，使之接受推销品并采取相应的购买行为。

一、介绍产品

产品是一个统称，泛指能为顾客带来有形或无形利益，满足消费者需求的物体及服务。把产品的种种特性介绍给顾客，是推销过程中必不可少的一个步骤。

如何向顾客介绍产品，方法有许多种，这里着重介绍 FABE 介绍法。

FABE 介绍法又称为费比介绍法，是由美国奥克拉荷大学企业管理博士郭昆谟总结并提出的，其中 F 代表产品的特征（Feature），A 代表产品的优点（Advantage），B 代表顾客利益（Benefit），E 代表证据（Evidence）。这种方法要求推销人员事先按 FABE 法做好详细的介绍准备工作，把产品按性能、外形、质料、耐用性、方便程度、用途、效率等分解成若干部分，然后填写 FABE 分析表（如表 4-1 所示），在推销洽谈过程中，按照这个表格提示的内容，有条不紊地介绍商品。

表 4-1　FABE 分析表

	特　征	优　点	利　益	证　据
性　能				
外　型				
用　途				
质　料				
耐用性				
方便程度				
效　率				

采用 FABE 介绍法有以下优点：

（1）方便推销人员进行商品说明。由于推销员事先做了充分准备，因此在介绍中可以按照自己的意图，采用适当的语气，充满自信地介绍商品，起到先声夺人的效应。

（2）容易被顾客接受。FABE 分析表是按照一般的认知规律设计的，它以事实为依据，有很强的逻辑性，所以介绍起来容易为顾客所理解，具有很强的说服力。

FABE 介绍法也有缺点，由于 FABE 分析表不分重点地将商品的所有特性均作了分解与分析，如果将所有内容都一一向顾客进行介绍，不但浪费时间，还会因推销员的“狂轰滥炸”而使顾客不得要领，影响推销的效果。因此，推销人员在应用 FABE 介绍法向顾客介绍产品时，应注意根据不同顾客的不同情况，有重点地推出其中的一到两项，以给顾客留下一个较为深刻的印象。

FABE 介绍法对推销人员的产品知识有较高要求，要求推销人员了解与产品有关的多方面知识，具体包括：

（1）了解企业的历史，便于与顾客进行交流。

（2）了解产品的生产工艺和制作方法，以便向顾客介绍产品的性能和质量。

（3）熟悉产品的性能，以便向用户提供适当的“证据”。

（4）熟练掌握产品的使用方法，以便向顾客进行示范。

（5）熟悉竞争者及其产品，以便进行比较，从而突出自身的优势。

（6）熟悉售后服务情况，以便让顾客放心购买，无后顾之忧。

小案例

下面是推销员对电冰箱的一段介绍：

“您好，这款冰箱最大的特点是省电，它每天的耗电量只有 0.35 度，也就是说 3 天才用一度电。”（Feature，特征）

"一般的冰箱每天耗电量差不多都在 1 度以上，质量差一点的能达到 2 度电，您一比较就知道，这样可以省多少钱。"（Advantage，优点）

"假如 1 度电是 0.8 元，一天可以省 0.5 元，一个月就是 15 元，这基本相当于您的电话月租费了。"（Benefit，利益）

"这款冰箱为什么那么省电呢？您看（利用产品说明书），它的输入功率是 70 瓦，只相当于一个电灯的功率。这款冰箱用了最好的压缩机和最好的制冷剂，虽然功率小，但制冷效果却很好。这款冰箱的销量非常好，您可以看看我们的销售记录（利用销售记录），感觉合适的话，我帮您试一台。"（Evidence，证据）

二、示范

示范是推销员向顾客提供的一种证据，也是推销员借以说服顾客接受所推销产品的一种有效方法。让顾客亲手将一只玻璃水杯丢到水泥地上，看是否可以摔破，这比任何口头描述都更有说服力。可以说，示范是引起顾客购买兴趣，强化顾客购买欲望的重要手段，推销员一定要重视示范在推销中所起的作用，正确运用示范手段，来达到推销洽谈的目的。

正确发挥示范效应，应注意以下一些问题：

1. 任何产品都需要示范

无论推销何种产品，都要作示范。有的产品，顾客可能已经了解，即便如此，仍有示范的必要，而且示范得越早，效果会越好。有的产品可能无法随身携带，不能做实物示范，但可以利用模型、样品、照片和图片来做示范，可以用随身携带的纸和笔，通过写写画画向顾客介绍产品。越是复杂高级的产品，就越有必要通过示范使其具体化。通过示范，可以给顾客留下一个栩栩如生的感官印象。

2. 在使用中作示范

在条件允许的情况下，推销员应该向顾客介绍怎样使用产品，边操作边讲解产品的功能和特点，不能仅仅让顾客看一看产品的实物样品就算万事大吉了。

3. 戏剧性地示范

用一些戏剧性的手法进行示范，可以大大增强示范的效果。比如，一名推销强力胶水的推销员将一块金币粘在商场门厅的地板上，告知顾客，谁要能抠起来就将金币送给谁；一个起重机推销员，为了向顾客说明其产品操作简便，让一个小学生进行操作等。推销人员尽可以独出心裁，想出更多更好的方法。

4. 让顾客参加示范

让顾客参加示范要比推销员自己单独示范更能引起顾客的兴趣，尤其是对一些机电产品，顾客总想亲自试一试，推销员应满足顾客亲手操作的愿望，可以给予一些必要的指导，顾客操作的兴趣越浓厚，就越想占有它，推销员也就更容易得到顾客的订单。

5. 要有重点地示范

推销员在示范时无需将产品的特性一一展示给顾客，这样会使顾客感到厌倦。时间一长，顾客便会失去兴趣，推销员只需就顾客所关注的主要特性给予重点示范就可以了。

6. 注意示范的动作

推销员的示范动作会给顾客留下深刻的印象，并由此而联想到你的产品。如果推销员小心翼翼地摆弄产品，好像产品极易损坏似的，就会给顾客留下一个很不好的印象。假如推销员拿着遥控器总也找不到要搜寻的频道，顾客便会认为你的电视机难以操作。因此，熟练地操纵产品，干脆利落的示范动作是推销员应该掌握的基本功。

7. 检验示范效果

推销员在自己或引导顾客作完示范之后，要随时检验示范的效果，可以通过提问来观察顾客的反应。比如“你现在是否相信这种产品确实像我所说的那样？”顾客可能会讲“唔，不错，的确如此”，说明示范是成功的；也可能会说“不，这说明不了什么”，说明示范是失败的。对于失败的示范，推销员只能总结教训，重新设计示范方法，待有机会从头再来。

8. 不要强迫顾客下结论

通过示范，引起了顾客的兴趣，顾客也接受了推销员提出的一些观点，但并不等于问题已经全部解决，当顾客认为还需要对产品进行选择时，更不能让其感到有压力，推销员不能使用强迫性的语言迫使顾客下结论，应使推销成为一种自然流动的过程。

总之，示范是一种行之有效的方法，合理运用，会对推销的成功产生很好的促进作用。但如果运用不当，也会带来一些不利影响，有三点需引起注意：① 不要对产品的优点强调过多，使顾客产生“不过如此”的感觉；② 不要过高估计自己的表演才能，使顾客感到华而不实；③ 不要只顾自己操作，而忘记与顾客的交流。

三、讨价还价

推销中，顾客与推销员进行讨价还价几乎是一种必然。为什么顾客会讨价还价，其真正的动机是什么，弄清其中的缘由，对于推销员正确处理这一问题具有十分重要的意义。一般来讲，顾客讨价还价的动机有以下 12 个方面：

（1）顾客只想买到更便宜的产品。

（2）顾客想超过其他买主，以更低的价格购买你所推销的产品。

（3）顾客想在讨价还价中击败推销员，以此来显示他的谈判能力。

（4）顾客想利用讨价还价来达到其他目的。

（5）顾客想向他周围的人露一手，以证明他有才能。

（6）顾客怕吃亏。

（7）顾客把迫使推销员让步看做是提高自己的身份。

（8）顾客根据以往的经验，知道讨价还价有好处，而推销员一般都会作出让步。

（9）顾客不了解产品的价值。

（10）顾客了解产品的价格。

（11）顾客想从另一个供应商那里买到更便宜的产品，与推销员讨价还价是为了向第三者施加压力。

（12）顾客有价格以外的其他意见不便明示，因此以价格为借口。

推销员只有在真正弄清顾客讨价还价的原因之后，才能有针对性地来采取对策。比如在推销员报价之后，顾客提出："你们的价格太高了，××商场的价格只有××元。"显然，顾客了解产品的价格，在这种情况下，推销员如果不做出适当的让步，则很难达成交易。又比如，推销员报价之后，顾客提出："你们的价格太高了，50元如何？"顾客的还价远低于产品的成本，显然，顾客不了解产品的价值。这种情况下，推销员就未必需要作出让步，等等。无论顾客出于何种动机，总是可以通过其言谈举止表现出来，推销员只要注意观察总结，是不难得出结论的。当然，对于新参加工作的推销员来讲会有一定的难度，但只要用心总结，很快就可以掌握这一技巧。

四、迪伯达模式的应用

迪伯达模式是由世界著名的推销专家H·M·戈德曼根据自身推销经验总结出来的一种推销模式。它是现代市场营销在推销实践活动中的突破与发展，是以需求为核心的现代推销学在实践中的应用。"迪伯达"是6个英文单词第一个字母DIPADA的译音，它包含六个推销步骤：

（1）D（Definition，确定），准确地发现顾客的需要与愿望；

（2）I（Identification，结合），把所推销的产品与顾客的需要和愿望结合起来；

（3）P（Proof，证实），证实所推销的产品符合顾客的需要和愿望；

（4）A（Acceptance，接受），促使顾客接受所推销的产品；

（5）D（Desire，欲望），刺激顾客的购买欲望；

（6）A（Action，行动），促使顾客采取购买行动。

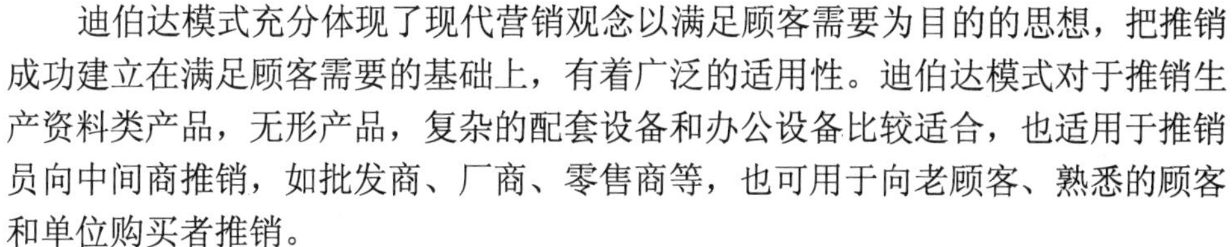

迪伯达模式充分体现了现代营销观念以满足顾客需要为目的的思想，把推销成功建立在满足顾客需要的基础上，有着广泛的适用性。迪伯达模式对于推销生产资料类产品，无形产品，复杂的配套设备和办公设备比较适合，也适用于推销员向中间商推销，如批发商、厂商、零售商等，也可用于向老顾客、熟悉的顾客和单位购买者推销。

迪伯达模式在推销洽谈中的运用步骤具体阐述如下：

1. 准确发现顾客的需要和愿望

需要是顾客采取购买行为的原动力，只有存在未满足的需要才会由此产生购买的动机并导致购买行为。因此，推销人员要善于了解顾客需求变化的信息，利用多种方法寻找与发现顾客的需要与愿望。在推销中，推销人员可以就需求问题与顾客进行交流探讨，但更主要的还是在推销洽谈之前就能探知顾客的需求和愿望。如果一定要等到与顾客见面之后才来发现，可能为时已晚。

2. 把所推销的产品与顾客的需要和愿望结合起来

这一步骤是由探讨需求向实质性推销的过渡，是迪伯达模式的关键环节。推销人员在明确顾客的需要后，要及时对顾客的主要需要和愿望进行总结提示，取得顾客确认，进而向顾客简明扼要地介绍所推销产品的性能和优点，使话题自然转向二者的结合。

3. 证实推销品符合顾客的需要和愿望

当推销人员把推销品和顾客的需要与愿望结合起来后，顾客会对推销品有一定的认识，但还不足以相信推销品就完全符合他的需要，还需要推销员以强有力的证据向顾客证明推销品是符合顾客需要的。其证实的方法主要有：

（1）人证法。即推销员通过提供其他人士的评价来进行证实的方法。这些人士可以是专业权威人士，也可以是对顾客购买决策有影响的人士，或是顾客所信赖的人士。

（2）物证法。即通过商品的使用演示，或通过质检测试报告、获奖证书、照片、报纸杂志的报道等有利证据进行证实的方法。

（3）例证法。即借助典型实例进行证实的方法。如用类似情况的其他顾客购买推销品后取得的较好效果来进行证实，尤其是推销员提供的例证为顾客所熟知，证实效果会更好。

4. 促使顾客接受所推销的产品

促使顾客接受推销品必须坚持顾客为主的原则，只有顾客“接受”才有意义。顾客接受推销品是指顾客真正了解与认识了推销品，达到了肯定与欣赏的程度。推销员在促使顾客接受推销品时，一定要避免强力推销，应该与第三个步骤结合起来，通过提供有力的证据，让顾客十分明朗地看到，推销品确能给他带来利益，从而在心理上接受推销品。

5. 刺激顾客的购买欲望

顾客认可推销品，承认推销品确有好处，但还不等于就一定会采取购买行为，顾客只有想买才有可能买。应该说购买欲望来源于情感，而不是来源于理智，刺激顾客的购买欲望不同于向他证实他对产品有某种需要。推销员在这一阶段应该提出一些有吸引力的建议，顾客也许会在你的建议中找到他要购买产品的理由。例如，推销员向顾客建议："张经理，您看我们的产品结实、耐用、使用和维修都很方便，价格也很便宜，颜色也好，放在您的办公室很协调，给您送一台来怎么样？"也许前边的产品特性都不重要，就是"颜色也好，放在办公室很协调"触动了顾客的情感，使之感到"是这样，是需要有一台"。推销员在这一阶段的工作就是要使顾客意识到，购买推销品会给他带来乐趣和效用，从而在心理上感到需要或迫切需要拥有推销品，让顾客相信，购买你所推销的产品是合理的，是符合他个人或组织的利益的。

6. 促使顾客做出购买决定

这是迪伯达模式的最后一个步骤，也是全部推销过程与推销努力的目的所在，它要求推销员运用一定的技巧来督促顾客采取购买行动。关于促成交易的技巧，将在本章第四节中进行详细讨论。

小资料

古老的"爱达模式"将推销过程分为 4 个步骤：第一个步骤为注意（Attention），第二个步骤为购买兴趣（Interest），第三个步骤为购买欲望（Desire），第四个步骤为购买行为（Action）。取其第一个字母缩写为 AIDA，音译为"爱达"。用一句话来概括，就是一个成功的推销员必须把顾客的注意力吸引或转移到你的产品上，使顾客对你所推销的产品产生兴趣，这样顾客的购买欲望也就随之而产生，尔后促使顾客做出购买行动。爱达模式四个步骤的完成时间是不固定的，可长可短，先后次序也不是一成不变的。在业务洽谈中，如果顾客表现为主动，就没有必要使用爱达模式来唤起顾客的兴趣，他自然会全神贯注地倾听你的谈话。

第三节　处理顾客异议

顾客异议是指顾客对推销品、推销人员及推销方式和交易条件发出的怀疑、抱怨或反对意见。正确处理顾客异议是推销过程中的一项重要工作，也是保证推销成功的重要前提。任何一个推销人员都必须随时做好心理准备和思想准备，善

于分析和处理各种顾客异议，努力促使顾客产生购买行为。

一、顾客异议的类型及产生的原因

（一）顾客异议的类型

一般来说，顾客异议主要表现为以下几种类型：

1. 价格异议

价格异议是顾客对商品价格与价值是否相称的反应。例如顾客提出：“这个商品价格太高了，别人的比你的便宜。”这是顾客受自身的购买习惯、购买经验、认识水平以及外界因素影响而产生的一种自认为推销品价格过高的异议，它包括价值异议、折扣异议、支付方式异议以及支付能力异议等。

2. 需求异议

需求异议是顾客提出自己不需要所推销的商品。例如顾客表示：“我们已经有了”、“这个东西没有什么用”等。顾客提出这类异议有几种可能：① 顾客确实不需要推销品；② 顾客的一种托词；③ 顾客可能对推销品还缺乏认识。推销人员对此要作具体分析，搞清异议究竟属于哪一种，然后才能正确处理。

3. 产品异议

产品异议是顾客对推销品的使用性能、质量、设计、结构、品牌、规格、包装等方面提出的异议。这是一种常见的顾客异议。顾客提出这方面的异议，有的可能是推销品本身确实存在某些缺陷；也有的只是顾客的一种主观看法，如偏见、借口等。对此也要作具体分析。

4. 货源异议

货源异议是顾客对推销品的来源提出的异议。如顾客认为推销员所代表的企业知名度不高、过于偏僻、运输不便或分销渠道层次太多等。

5. 购买时间异议

购买时间异议是指顾客认为现在不是最佳的购买时间或对推销人员提出的交货时间表示的异议。这种异议的提出也可能会有两种情况：一是时间确实欠佳；二是拖延或推脱购买的借口。对此也要作具体分析。

6. 权力异议

权力异议是顾客自认为无权做出购买决定。如果真的如此，说明推销员找错了对象，应予以及时纠正；如果只是一种托词，还需采取适当的方法进行化解。

7. 财力异议

财力异议是指顾客认为无钱购买而产生的异议。许多情况下，真正财力困难的顾客往往并不直接表示出来，而是通过其他方面，如质量、货源等间接表现出来；而财力并不困难的顾客却常常将无钱挂在嘴边。因此，要注意区分其

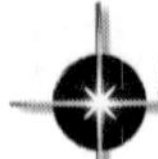

真假。

8. 服务异议

服务异议是顾客对购买前后一系列服务工作所提出的异议。如对服务项目的设置，服务的方式方法，服务的延续时间，服务的保证程度等多方面提出的意见。

9. 对推销员的异议

对推销员的异议是指顾客对推销人员的行为提出反对意见。这类异议多由推销员自身造成，如推销员说话浮夸，不讲礼仪，信誉不好等，引起顾客反感，导致顾客拒绝接受推销品。

以上是顾客异议的一些具体表现，这些异议中有的是真实的，有的是不真实的。按照异议的真实性区分，可分为三种：

（1）真实的意见。即顾客提出的异议是客观存在的。

（2）偏见。即顾客所提异议带有强烈的感情色彩，有些问题可能客观上存在，但远没有顾客描述的那样严重。

（3）借口。即顾客所提异议没有客观存在的依据，纯属主观想象。

（二）顾客异议产生的原因

顾客异议产生的原因是多种多样的，归纳起来，可大体分为四个方面：

1. 顾客方面的原因

（1）顾客的需要。由于需要本身是分层次的，按照马斯洛的需要理论，由低到高分为五个层次，顾客的需要会从低到高依次发展。处于不同层次的顾客面对同一商品自然会有不同的评价。一样的商品，有的人认为档次太高，而有的顾客则认为档次还不够，这显然是由顾客的需要引发的异议。

（2）顾客的认识。由于顾客的知识、阅历有限，难以对推销品做出全面准确的评价，有的可能尚未意识到自己对产品有需要，有的仅仅只了解推销品的某一个侧面，如果推销员不能详尽介绍产品，顾客便会提出异议。

（3）顾客的购买习惯与消费经验。习惯是人们认识和学习的结果，经验也是多次重复购买的积累，习惯和经验带给人们许多便利，当推销活动与顾客的习惯和经验不一致时，顾客就会提出异议。

（4）顾客的购买权力。无论是集体购买还是个人购买，都有一个购买权力的决策中心，如果推销对象没有足够的权力来做出决策，就可能借故对购买权力、购买条件、购买时间等提出异议。

（5）顾客的支付能力。支付能力是影响购买行为的关键因素，顾客支付能力不足，推销难以成交，顾客也会因此而提出各种理由来阻碍成交。由此而引发的异议多种多样。

（6）顾客的自尊心。成功的推销不仅使顾客的物质需要得到了满足，顾客的心理需要也同时得到了满足。如果只是其中一个方面，便很难达成交易，假如顾客在洽谈中只是俯首帖耳听推销员的训导，自尊心就受到了伤害，尽管推销员讲得很有道理，顾客也不买账。

2．产品方面的原因

洽谈中，顾客对产品本身提出异议最为常见，包括对产品的价值、功能、利益、质量、价格、造型、式样、规格、包装等诸多方面，顾客都有可能提出反对意见。这些异议中，有的的确是因为产品本身存在不足，有的则是由于顾客的主观认识不同。在前边的章节中，我们已经讨论过质量与实用性的问题，认为从来就不存在绝对客观地看待质量的问题。其实，其他因素也与质量问题相类似，顾客总是以是否适合自己的需要来作为判断的标准。因此，提出各种异议也就不足为怪。我们可以建立一个简单的划分标准，即如果大多数顾客都对某项因素提出异议，可以认为是产品方面的原因，如果只是少数顾客对某项因素提出异议，则可将其归为顾客的认识原因。当然也要注意具体问题具体分析，比如，有90%以上的顾客都会对产品的价格提出异议，这是否属于产品方面的原因则不一定。

3．推销员方面的原因

（1）推销员素质不高。如果推销员不具备职业本身所要求的条件，必然会引起顾客反感，从而导致推销障碍的产生。

（2）推销员形象欠佳。推销员的形象不仅指推销员的长相、身材，而且包括推销员的谈吐、气质、修养以及衣着打扮。如果推销员不能给顾客一个舒服的感觉，往往会遭到顾客的冷遇或排斥。

（3）推销方法不当。推销技巧的成功运用在于恰当的时间、恰当的地点、恰当的对象与恰当的方法的有机结合，只要其中有一项不够恰当，就会导致顾客反感。

4．其他方面的原因

除上述原因外，引起顾客异议的原因还可能有：① 推销服务的原因。顾客对所提供的服务不满意而提出异议。② 交货时间、交货地点的原因。顾客由于生产运输条件的限制，交货时间和交货地点不能完全达到顾客的要求而提出异议。③ 企业信誉的原因。因企业规模小，知名度低，或过去由于某种原因使企业信誉不佳等，使顾客对企业不信任而产生异议等。

总之，导致顾客异议的原因多种多样，有些原因还互相交织在一起，错综复杂。推销人员应认真分析，研究产生异议的真正根源，以便有针对性地处理顾客异议，排除推销中的障碍。

二、处理顾客异议的原则与方法

（一）处理顾客异议的原则

1. 尊重顾客异议

顾客产生疑问、抱怨和否定意见，总是有一定原因的，可能是对商品的性能、质量不尽满意，或者认为价格不够合理，或是认为交易条件过于苛刻，无论顾客异议有无道理和有无事实依据，推销员都应该认真倾听，温和对待，要表现出对顾客的重视和尊重，使顾客首先获得心理上的满足。这样在推销员作进一步的说服时，顾客才会采取比较合作的态度。推销员应创造气氛，让顾客畅所欲言，推销员通过认真倾听也可从顾客的谈话中察知顾客的真实意图，为解决问题寻找对策。

2. 永不争辩

在洽谈过程中，推销员应避免与顾客争论，更不允许争吵。导致推销失败的原因中，推销员与顾客发生争论高居第一位。推销员首先应当时刻牢记提出异议的顾客是合作伙伴，而不是与之抗争的敌人。其次，推销员应当树立“顾客总是有道理”的观念，要明确推销的目的不在于明辨是非，推销洽谈也不是澄清事实的讨论会，推销的目的在于达成交易，满足顾客的需要。

小案例

一位顾客就推销员所介绍的矿泉水提出异议：“听说你们的矿泉水都是灌的自来水。”这一问题显然不是事实。推销员顿感十分生气，立即进行反驳，要求顾客拿出证据来，否则就是凭空捏造。顾客也不示弱，双方为此而发生了激烈的争吵，最终推销员还是占了上风，顾客因为没有依据而不再争辩。但一场交易却因此不欢而散。

3. 维护顾客自尊

在推销过程中，如果异议被证实是一种不符合实际的偏见，也要注意给顾客留面子，保持友好的气氛。因为有时人的感情会重于理智，如果你让对方感觉“不给面子”，甚至羞辱他，无论你所推销的商品价值有多高，如何价廉物美，也难以成交。例如，顾客提出商品价格太贵，推销员就不能或明或暗地表示对方是买不起，轻视对方。

4. 强调顾客受益

处理顾客异议，应注意强调顾客是受益者。例如：对企业用户要从“降低成本”、“增加效益”的角度说服；对中间商用“进货价格低”、“商品质量优”进行说服；对消费者则以“便利”、“使用效果好”进行说服等。要注意克服顾客的风险顾虑，在比较利益的促进下完成推销任务。

（二）处理顾客异议的时机选择

1. 在顾客提出异议之前提前回答

如果觉察到顾客马上就会提出某种反对意见，最好是抢在顾客之前把问题首先提出来。这样推销员可以争取主动，先发制人，避免去纠正顾客的看法，或反驳顾客的反对意见，也避免与顾客发生争论，甚至可以大事化小，小事化了。比如，买卖双方就一套房屋进行交易，墙上有一片污渍，推销员对顾客说："我得当面告诉你，这个墙面有点脏，还需要你处理一下。"顾客可能会说："这要处理一下还是挺麻烦的。"说明可以商量，大事化小；也可能会说："无所谓，反正还要重新粉刷。"这说明小事化了了。但如果这个问题由顾客首先提出来就比较麻烦，说不定会小题大做，甚至吹毛求疵。推销员采取主动先提出异议，可以按照自己的思路与擅长的手法去进行处理，也会使顾客感到你诚恳直率，有利于赢得顾客的信任，还可以节约时间，提高推销的效率。

2. 对顾客的异议立即给予答复

一般情况下，推销员对顾客提出的异议都应立即给予回答，这样做，既表示对顾客意见的重视和尊重，也避免意见越积越多，使局面难以扭转。

3. 对顾客异议延迟回答

以下七种情况，推迟回答是正确的：

（1）如果你不能当即给顾客一个满意的回答，应当暂时搁下。

（2）如果马上答复会对你的推销要点产生不利影响，可以不马上回答。

（3）如果你不想反驳顾客的异议，可以不马上作答。

（4）如果你想避开顾客的反对意见而不进行任何反驳，可以不马上回答。

（5）如果顾客提出的反对意见有可能随着业务洽谈的进行而逐渐减少或消失，可以不马上回答。

（6）如果缺乏回答问题的专业知识，立即回答有可能出错，可以不马上回答。

（7）如果顾客的异议离题太远或者无关紧要，可以不马上回答。

4. 对顾客异议不予回答

对于顾客的一些借口及有意发难，自己对竞争对手的看法，企业的商业机密，或是与洽谈毫不相干的问题，推销员可以不予回答。

（三）处理顾客异议的方法

1. 直接否定法

这种方法是推销人员根据比较明显的事实与充分的理由直接否定顾客异议的方法。推销人员采用这种方法给顾客直接、明确、不容置疑的否定回答，迅速、有效地输出与顾客异议相悖的信息，可以加大说服力度和反馈速度，从而达到缩短推销时间，提高推销效率的目的。例如，顾客提出："你们的产品比别人的贵。”推销员回答：“不会吧，我这里有同类商品的报价单，我们的产品价格是最低的。”

直接否定法适用于处理由于顾客的误解、成见、信息不足等而导致的明显错误、漏洞、自相矛盾的异议，不适用于处理因个性、情感因素引起的顾客异议。

2. 间接否定法

这种方法是推销人员根据有关事实和理由间接否定顾客异议的方法。例如，顾客提出：“这个商品太贵了。”推销员回答：“这个商品价格是不低。但是，它比同类型商品的功能多了三项，它的使用价值提高了许多，这样来看还是便宜的。”采用这种方法时，推销人员首先应该承认顾客异议的合理成分，然后用“但是”、“不过”、“然而”等转折词将话锋一转，对顾客异议予以婉转否定。

在推销活动中，间接否定法较之直接否定法使用得更为广泛。这种方法适用于处理顾客因为有效信息不足而产生的片面经验、成见、主观意见，而且顾客能自圆其说的情况。

3. 转化法

转化法是推销人员直接利用顾客异议中有利于推销成功的一部分因素，并对此加工处理，转化为自己观点去消除顾客异议，说服其接受推销品。例如，顾客提出：“你们的产品又涨价了，我们买不起。”推销员回答：“您说得对，产品价格确实是涨了。不过它所用的原材料价格还在涨，现在不买，可能过一段时间还会涨”。推销员直接承认并肯定顾客的意见，消除了与顾客之间的对立情绪，这样可以保持良好的人际关系和洽谈气氛。

4. 补偿法

补偿法是推销员在坦率地承认顾客异议所提出的问题的确存在的同时，指出顾客可以从推销品及其购买条件中得到另外的实惠，使异议所提问题造成的损失得到充分补偿，从而使顾客得到心理平衡，增强购买的信心。例如，顾客提出：“这批毛料大衣要到10月份以后才销得出去，提前两个月进货，占用资金时间太长。”推销员回答：“现在进货可以享受八折优惠。您算算，还是很划算的。”推销员通过充分说理和实例证明说明产品虽然有缺点，但优点更多，使顾客相信产品的优点大于缺点，顾客还是会乐意购买的。

5. 询问法

询问法是推销人员利用顾客异议来反问顾客以化解异议的方法。比如顾客说：“你们商品价格倒不贵。但是，我们现在还不想买。”推销员问：“既然认为商品便宜，为什么现在不买呢？”如果推销人员无法确定产生顾客异议的真实原因，通过及时询问可以借以了解顾客的真实想法，把握异议的真实根源。

6. 冷处理法

冷处理法是指推销员对顾客所提出的异议避而不答。在推销活动中，有些顾客有异议是无效的、无关的甚至是虚假的，推销人员完全可以不予理会。例如，顾客说：“你们厂怎么建在这个地方，真不方便。”这样的问题显然无需作答。

处理顾客异议的方法还有很多种，如使用证据法、举证劝诱法、旁敲侧击法等。推销人员应根据顾客和顾客异议的特点来选择使用，也可以多种方法配合使用，以达到排除障碍、实现交易的目的。

第四节 促成交易

促成交易是完成推销全过程的最后阶段，其他阶段的推销活动都是在为最终成交准备条件，因此，成交也就成为推销工作的最后一道难关，一旦在此失利，所有努力都将前功尽弃。为此，抓住有利时机，促成顾客购买也就成为整个推销过程的一个关键环节。

一、识别和灵活运用购买信号

1. 识别购买信号

一般来讲，推销进入后期阶段，顾客会有意无意地发出购买信号，顾客的购买信号具有很大程度的可测性，常常会通过其行为、语言、表情等多种外在渠道泄露出来，推销员只要细心观察便可辨认。下面列举一些顾客的购买征兆：

把你和你的竞争对手的各项交易条件具体地加以比较。

询问交货日期。

商谈期间不再接待其他公司的推销员。

要求将产品留下试用。

以种种理由要求降低价格。

把你介绍给采购负责人或其他直接负责人员。

索取说明书或样品仔细研究。

要求详细说明使用时应注意的事项。

要求详细说明产品的养护方法及其费用。

询问以现金购买可以打多少折扣。

把你的产品与竞争产品的性能、质量加以比较。

询问产品的销售情况。

对于目前使用的产品表示不满意。

具体询问售后服务情况。

接待推销员的态度逐渐好转。

客户主动出示自己有关这种产品的情报和资料。

对以前购买其他公司的产品交易表示不满。

客户主动表示与推销员所在公司的干部和职工有私人交情。

要求详细展示商品。

客户表示已知道某同行企业正在使用所推销的产品，等等。

当这些信号一旦出现，推销员应停止正在进行的说服解释工作，迅速转入到促成交易阶段。

2. 购买信号的运用

推销员不仅要善于捕捉购买信号，而且要知道如何运用这些信号来促成交易。下边的案例，或许可以给我们提供一些启示。

如：顾客向推销员询问："你们什么时候可以交货？"对此，推销员可以有三种回答方法：① 告诉顾客一个准确的交货日期；② 不正面回答交货问题，而是反问："您看什么时候交货比较合适？"③ 同样是提出问题："你是不是现在就需要？"三种回答，哪一种更好一些呢？

应该说，第二种回答方式可能更好一些。顾客询问交货日期，显然是一种购买的信号，它至少表明顾客对产品有兴趣，很可能已打算购买而先衡量一下是否可以满足时间要求，如果没有兴趣，顾客一般是不会这样具体询问的。推销员询问顾客"什么时候交货比较合适"，这就把"买与不买"的问题在不知不觉中绕了过去。

换言之，无论顾客如何要求，都表明他已决定购买，这样推销员就可根据顾客要求的时间来协商具体的交货事宜，达成交易。如果推销员采用第一种方式回答，则顾客就要衡量一下，反应很可能是"让我考虑一下"。如果采用第三种方式，顾客就会感到有一种压力，也表明推销员根本还未意识到这是一种购买的信号，顾客的反应往往会是："不，只是随便问问。"或"不，现在还定不下来"。这种回答都是封闭式的，从而也就失去了良好的成交机会。

二、促成交易的方法

1. 请求成交法

请求成交法是在推销人员接到顾客的购买信号后，用明确的语言向顾客直接提出购买的建议，以求成交的方法。一般来说，推销人员和顾客经过深入的洽谈，双方就主要问题已达成一致，这时，推销员向顾客主动提出成交的请求，如："既然已没有什么问题，我看咱们现在就把合同订下来吧。"这种方法一般对于老顾客最为适宜，也适用于顾客购买意图已十分明显，只是由于某种原因不便主动开口的情况。这种方法运用的关键是"火候"的把握，推销人员对最后的成交很有把握，顾客也感到是顺理成章，这时，运用请求成交法才是最恰当的时机。

2. 假定成交法

假定成交法是指推销人员假定顾客已经接受推销建议，只需对某一具体问题做出答复，从而要求顾客购买的一种成交方法。这种方法回避了是否购买的问题，只就有关具体问题与顾客商议。例如，一位老顾客走进商品批发部，推销员基本可以断定他是来进货的，因此把前边的一系列工作都省略掉了，直接进入成交阶段，手持订货单向顾客发出一系列问题，但其中没有一个是“买与不买”的问题，“这次准备开点什么货？”“毛毯给您开了 30 条，您看可以吗？”“这里有新进的保暖内衣，要不要给您开 1 件？”“明天发货您看可以吗？”如果顾客没有异议，把上述问题填入订货单，生意也就做成了。

只要使用得当，假定成交法是一种很有效的方法，因为它是暗示成交，可以把推销提示转化为购买提示，可以把顾客的成交意向直接转化为购买行动，而且节省时间，提高了推销的效率。假定成交法适用于对老顾客、依赖型顾客、已明确发出购买信号的顾客以及重大异议已被排除的顾客进行推销。

3. 选择成交法

选择成交法是指推销人员向顾客提供几种可供选择的购买方案，并要求顾客立即做出抉择的成交方法。选择成交法是推销人员在假定成交的前提下，提供可供挑选的购买方案，先假定成交，后选择成交。顾客无论做出何种选择，导致的结果都是成交，是假定成交法的应用和发展。例如：一个水泥厂的推销员问建材公司的经理：“给您送 10 吨还是 20 吨？现在就发货还是下个月再发？”这种限定式的问话，很自然地将顾客的注意力吸引到是选 A 还是选 B 的问题上，而 A、B 之区别仅仅只是数量的多少或时间的远近，“买与不买”的问题自然被绕了过去。

4. 局部成交法

局部成交法也叫小点成交法，是推销人员利用局部成交来促成整体成交的一种方法。一般来说，顾客在做出重大购买决定时往往心理压力较大，唯恐有失误，因而特别慎重，迟迟下不了决心。而相对较小的购买，在决策时，心态比较轻松，容易决定。如果顾客作出完整的购买决定有困难，推销员可以试着诱导顾客做出部分决定。推销员有步骤地提出一些问题，让顾客就整个交易的各个组成部分一一做出决定，等各个部分都做出了决定，整个推销也就完成了。

例如：一位电脑公司的推销员与某公司经理进行洽谈。

推销员：共需要多少台电脑？

顾　客：一下子说不准，还是等等看吧。

推销员：您这个办公室需要装一台吧？

顾　客：是的。

推销员：那业务部呢？

顾　客：唔……得装三台。

推销员：那财务部是不是也需要装一台？

顾　客：是这样。

……

这样谈下去，用不了多久，总的订货数量就可以决定下来了。

5. 总结成交法

总结成交法是指推销人员就产品所具有的优势，在成交中以一种积极的方式集中加以概括，以得到顾客的认可并最终促成交易的一种方法。这种方法的用意是想重新引起顾客对推销产品的注意，并以有力的言词说明为什么该产品能满足他的需要，促使顾客下定购买的决心。例如，推销员讲："您看我们的产品，性能不错，价格又很低，外观很漂亮，买一台肯定不吃亏。"

6. 机会成交法

机会成交法是指通过及时向顾客提示最后的成交机会而促使顾客立即购买推销产品的成交方法。例如："如果现在订货，价格是可以优惠的，等展销期一过，价格会恢复到原来的水平，到时我不能保证你还可以享受到优惠价。"再比如一些商店的"存货有限，欲购从速"、"周年店庆，降价三天"等也都属此种方法。这种方法利用了人们"机不可失，时不再来"的心理，制造出有利于成交的环境氛围，而且这种方法确实给顾客带来了实际的好处，故会受到顾客的欢迎，有着较好的推销效果。

7. 从众成交法

从众成交法是指推销人员利用顾客的从众心理来促成顾客购买的一种方法。一般认为，顾客在购买商品时，不仅要考虑自己的需要，受自己购买动机的支配，还要顾及到社会规范，服从社会的某种压力，以大多数人的行为作为自己的参照。从众成交法正是利用了人们的这种心理，创造出一种争相购买的气氛，促使顾客做出购买决定。

例如："这是今年最流行的款式，您穿上一定漂亮，我们昨天刚进回十套，今天已经卖出了三套。"

又如："今年保暖内衣销得最好，各大商家都在上货，你可别错过这个机会。"

但是，这种方法对于喜欢标新立异的顾客来讲并不适用。而且推销员所列举的"众"一定要恰当，如果顾客对所提示的典型并无好感，采用这种方法就会适得其反。

8. 优惠成交法

优惠成交法是指推销人员利用优惠的交易条件来促成顾客购买的成交方法。这种方法利用了顾客的求利心理，以优惠的条件来吸引顾客，对于推销某些呆滞商品有其独到的作用。优惠条件的核心是价格折扣，也可以是交货期或付款方式等的优待。采用这种方法，有时也会有一些负面影响，有的顾客会误认为优惠产品肯定是存在缺陷而不予信任，尤其是优惠幅度较大时，这种疑虑还会增加。而价格降低也会伤及企业的利益，使企业收益下降。因此，在运用优惠成交法时，一定要注意把握一个合理的限度。

9. 保证成交法

保证成交法是指推销人员向顾客提供某种成交保证来促成交易的方法。顾客在购买商品时，往往害怕吃亏上当，提供某种保证，可以打消顾客的疑虑，使其感到没有风险或风险很小，从而增强购买的信心。例如："您放心好了，如果使用有问题，我们自己去把它拉回来，所造成的一切损失由我公司承担。"再如："您尽管放心，保证给您的价格是最低的，如果有哪家公司的产品价格低于我们的价格，我们将给您双倍退款"等。使用这种方法最应该注意的是，推销员所作的承诺一定要兑现，不要信口开河为了达成一笔交易而做出一些不能兑现的保证。尽管这种保证可能并未写成文字，但说了就一定要做到，否则就会失去信用。

以上只是介绍了一些常用的方法，实际情况千变万化，无论选用何种方法，均应依照具体情况而定。应该说，成交方法的选择在推销洽谈之前，是很难进行预先设计的，这就要求推销员察言观色，具有很好的应变能力。

三、成交后应注意的事项

1. 切勿露出兴奋的表情

达成一笔交易，推销员的内心自然十分高兴，但如果将这种兴奋之情溢于言表，很可能会招致顾客猜疑：是否吃亏上当了？正确的做法是，要让顾客感到购买产品是一项英明之举，推销方在某种程度上还吃了一点亏。

2. 祝贺合作成功

达成交易，对买卖双方来说，都是一件可喜可贺的事情。推销员应主动向顾客表示道谢，如果交易比较重要，还可以专门安排一些活动来表示庆贺，但无论是道谢还是其他活动，推销员都不可过分谄媚，这样只会增加顾客"上当"的感觉。要知道，顾客购买你的产品，是因为你的产品对他有利，他并没有施恩于你，你也不亏欠他什么。

3. 伺机告辞

在经过艰苦的讨价还价之后终于达成了交易，顾客在订单上签了字，意味着推销任务已经完成，此时，推销员不可匆忙离开，如果墨迹未干推销员就匆匆离去，会给顾客留下一种诈骗犯夺路而逃的印象，也许不等推销员回到单位，要求撤销订单的传真已在等着你。当然，也不能走向另一个极端，认为任务已经完成，这下可以放松了，同顾客闲扯没完，或许顾客又会突然想到某一点不妥，于是推销又回到了起点。恰当的做法是，成交后，向顾客诚恳地致谢，巧妙地祝贺顾客做了一笔好生意，然后指导顾客怎样正确保管和使用产品，重复交货条件的一些细节，之后就可以告辞了。

4. 信守诺言

言而无信，过河拆桥可谓是最愚蠢的推销员。不要认为已经签了订单，有法律的约束，不怕客户走掉，就将在洽谈中所作的承诺丢到脑后，顾客有过一回上当的经历，绝不会再有第二回。假如在履行中出现了推销方的某种失误，顾客必不会谅解，推销员必须时刻牢记诚信为本。

本章小结

1. 接近顾客的目的包括三个方面：吸引顾客的注意、激发顾客的兴趣、引导顾客转入正式洽谈。方法有：介绍接近法、商品接近法、利益接近法、好奇接近法、问答接近法、表演接近法、陈述接近法、赞美接近法、馈赠接近法、求教接近法等。

2. 推销洽谈的目的在于激发顾客的购买欲望，引导顾客采取购买行为。洽谈的内容则是涉及商品交易的各项条件。推销员在介绍产品时可采用 FABE 介绍法（意指产品的特征、优点、顾客利益和证据）。示范产品是推销员借以说服顾客的有效方法，示范时应注意：任何产品都需要示范，在使用中示范，戏剧性地示范，让顾客参加示范，要有重点地示范，注意示范的动作，检验示范效果，不要强迫顾客下结论。顾客与推销员讨价还价几乎是一种必然，推销员只有在弄清顾客讨价还价的原因之后，才能有针对性地采取对策。迪伯达推销模式包含六个步骤：即准确地发现顾客的需要与愿望、把所推销的产品与顾客的需要和愿望结合起来、证实推销品符合顾客的需要和愿望、促使顾客接受所推销的产品、刺激顾客的购买欲望、促使顾客采取购买行动。

3. 顾客异议可分为 9 种类型，即价格异议、需求异议、产品异议、货源异议、购买时间异议、权力异议、财力异议、服务异议和对推销员的异议。其原因有 4 个方面：顾客方面的原因、产品方面的原因、推销员方面的原因以及其他方面的原因。处理顾客异议的原则是：尊重顾客异议、永不争辩、维护顾客自尊、强调顾客受益。处理时机可选择：在顾客提出异议之前提前回答、对顾客的异议立即给予答复、对顾客异议延迟回答、对顾客异议不予回答。处理顾客异议的方法有：直接否定法、间接否定法、转化法、补偿法、询问法、冷处理法。

4. 促成交易是整个推销过程的关键环节，要注意识别和灵活运用购买信号，信号一旦出现，要迅速转入促成交易阶段。促成交易的方法有：请求成交法、假定成交法、选择成交法、局部成交法、总结成交法、机会成交法、从众成交法、优惠成交法、保证成交法等。成交后应注意，切勿露出兴奋的表情，祝贺合作成功，伺机告辞，信守诺言。

作业与训练

一、复习思考题

1. 接近顾客的目的是什么？方法有哪些？
2. 什么叫 FABE 分析法？
3. 为什么要进行产品示范？推销员在进行示范时应注意哪些问题？
4. 顾客为什么要讨价还价？推销员应如何对待顾客的讨价还价？
5. 什么是迪伯达推销模式？其适用条件是什么？
6. 顾客异议有哪些表现？其产生的原因是什么？
7. 如何处理顾客的异议？
8. 如何识别顾客的购买信号？
9. 促成交易的方法有哪些？

二、选择题

1. “这种商品比同类商品的价格低 10%” 使用的是（　　）。

A. 介绍接近法　　B. 商品接近法

C. 利益接近法　　D. 陈述接近法

2. 下列说法中不正确的是（　　）。

A. 任何产品都需要示范　　B. 应该在使用中进行示范

C. 任何产品都应该戏剧性地示范　　D. 要让顾客也参加示范

3. “你们的价格太高了，东南商场的价格只有 300 元” 表示（　　）。

A. 顾客只想买到更便宜的商品　　B. 顾客怕吃亏

C. 顾客不了解产品的价值　　D. 顾客了解产品的价格

4. 顾客说：“你介绍的产品的确很好，但我们厂规模小，不适合使用这种产品。” 这种异议属于（　　）。

A. 需求异议　　B. 产品异议

C. 财力异议　　D. 对推销员的异议

5. 在洽谈中，如果顾客要求推销员就竞争对手的产品作出评价，则推销员应当（　　）。

A. 在顾客提出之前提前回答　　B. 在顾客提出时立即给予回答

C. 在顾客提出后延迟回答　　D. 在顾客提出后托词不予回答

6. 推销员讲:“价格不能再降了，不过我们可以承担运输费用，你看这样可以吗?”这里使用的是(　　)。

A. 直接否定法　B. 转化法　C. 补偿法　D. 询问法

7. 当顾客询问“你们什么时候可以交货”，较好的一种回答是(　　)。

A. 告诉顾客一个准确的交货日期

B. 不正面回答，而是反问“您看什么时候交货比较合适”

C. 提出问题“您是不是现在就需要”

D. 告诉顾客“我需要请示一下厂里”

8. “您是要红的，还是要白的”采用的是(　　)。

A. 假定成交法　B. 选择成交法

C. 局部成交法　D. 保证成交法

三、实训项目

1. 组织一次模拟的产品介绍活动，要求学生选择自己熟悉的产品，按照费比介绍法的要求填写 FABE 分析表，并在班内做一次不超过 5 分钟的产品介绍和示范演示活动。

2. 根据自己推销或购买的经验，列举产品销售时一些常见的顾客异议，并针对这些异议设计恰当的回答方法。

第五章

客 户 管 理

学习目标

- 了解客户服务的内容和要求，掌握提高服务质量的方法和途径。
- 掌握客户分析的基本方法。
- 掌握窜货的管理策略。

案例导读

A 公司是一家知名的卫浴制造商，其产品在国内的销售实行区域总经销商管理模式，各地的经销商按地域进行划分，禁止跨区销售。2005 年，负责 A 公司湖北省销售业务的夏经理接到武汉经销商刘老板的一个电话。称其在湖北某地跟踪的一个五星级酒店工程拟采用 A 公司的卫浴产品，整个项目的标的超过 100 万元，请求公司方面给予支持，并以商业机密为由，拒绝透露工程项目的所在地点。夏经理考虑再三，觉得 100 多万元的工程项目实在难得，就同意了刘老板的发货要求。一周之后，湖北宜昌的经销商涂老板打来电话，说在宜昌某星级酒店工地发现了 A 公司的产品。涂老板说自己跟踪这个项目已经一年有余，在他的推荐下，投资方非常认可 A 公司的产品，现在不知突然从何处冒出了 A 公司的产品，希望公司方面立即清查货物来源并停止供货。夏经理闻言叫苦不迭。他当然清楚货是武汉经销商刘老板发的，而且是经过自己允许的。夏经理不敢怠慢，立即奔赴宜昌与涂老板进行沟通，但很不顺利。涂老板坚决反对向本辖区窜货，并要求赔偿全部经济损失。随后夏经理又向项目的总包方进行沟通，也未取得结果。总包方表示，供货合同已签，不能更改。如果不能从武汉刘老板处购买 A 公司的产品，则考虑采用其他公司的产品，而且供货方武汉经销商刘老板还必须承担撕毁合同的违约责任。夏经理与各方多次协商未果，权衡利弊最终同意刘老板继续发货。结果，三个月后，宜昌的经销商涂老板成了 A 公司的竞争对手 B 公司在宜昌地区的独家代理商。

第一节 客 户 服 务

有效的客户服务是保证客户满意的必要条件，推销人员不仅只是将产品卖给顾客就可以了，而应该以顾客满意为宗旨，向顾客提供全方位的一流服务。这不仅可以更好地满足顾客的需求，而且可以通过向顾客提供优质服务，为企业赢得良好的口碑，从而提高企业的竞争力，扩大销售。

一、客户服务的内容

客户服务的内容非常广泛，不同的企业、不同的产品、不同的推销对象，其服务内容会有很大差别。由于分工的关系，推销人员的工作还仅限于推销过程。因此，其服务内容主要可归结为三个方面，即售前、售中和售后服务。

（一）售前服务

售前服务是指商品出售之前为顾客提供的各项服务。企业之所以开展售前服务活动，其目的在于通过一系列的活动来吸引顾客的注意，并激发其购买兴趣和购买欲望，为以后的正式推销铺平道路。一般来讲，包括以下几个方面：

1. 广告宣传

广告已成为传达商品信息的一种主要手段，通过大规模的广告宣传，不仅可将商品信息带给千家万户，还可以通过宣传来树立美好的产品形象和企业形象，增加企业与产品的知名度和美誉度，引导顾客消费。因此，现代企业无不重视广告的效用，甚至不惜投入巨资来进行宣传，就是期待能有一个好的销售成果。

2. 推销环境创造

使顾客在购买商品时有一份好心情，对于顺利推销显然会有帮助。为了实现这个目的，几乎所有的商家都很注重自己的店堂布置，从环境卫生、招牌设计、铺面风格、通道设计、灯光色彩、营业设备、商品陈列等诸多方面竭尽所能，尽力创造出一个舒心的购物环境。可以说，良好的购物环境不仅改善了顾客的情绪，而且提高了产品的身价，同样的商品摆在地摊上并不显眼，摆进优雅的店堂则会光彩夺目。从生产企业来讲，其洽谈室、样品陈列室一般也都是最考究的地方，可见，推销环境创造也是售前服务的一项重要内容。

3. 开展技术培训

科学技术的发展，使商品的技术含量越来越高，有不少商品需要具有专门的知识，机电产品尤其如此。为顾客提供必要的指导和培训，对于促进商品的销售大有益处。例如：许多经营电脑的公司，在出售商品的同时也举办各种培训班，培训所使用的产品多为本公司经营的产品，这样从开始就培养了用户的一种使用习惯，等到用户需要购买时，首先想到的就是已经熟悉的产品。

4. 提供多种便利

顾客购买商品不只是看重商品本身，对购买的便利条件也很重视。例如，零售商店均选择建立在居民集中的地方。不仅如此，有的还在商店中设立问事处、试衣间、休息室、储蓄所，免费供应开水、照看幼儿、寄存物品，一些大型商场还设有免费停车场，等等。一些生产厂家为了方便向客户供货，在用户较为集中的地区设立周转仓库，一方面方便了顾客，另一方面也提高了推销的效率。

5. 开通业务电话与互联网业务

企业能直接触及的市场领域是有限的，许多地区鞭长莫及，由此也丧失了许多销售机会。开通业务电话，提供电话订货服务，可使企业的推销业务得到有效延伸，可以说，现代通信技术帮了企业的大忙，许多业务都是通过电话交谈达成的，尤其对于老顾客，电话更是一种主要的沟通方式。当然，互联网业务也是企业的重要服务方式。

6. 社会公关服务

企业开展公关活动，是扩大其自身影响、提高企业知名度的重要手段。通过协助举办体育比赛和文艺晚会，赞助希望工程，扶危济困，创办社会福利事业等，可以大大提高企业在社会公众心目中的地位，增强企业的吸引力。而通过举行新闻发布会、记者招待会、产品展销会等更是可以产生直接的影响。

除上述介绍的内容外，售前服务的形式还有很多，难以一一列举。作为企业或推销员来讲，也需要在实践中不断创新，创造自己的差别优势来吸引顾客，以达到促进商品推销的目的。

（二）售中服务

售中服务是指在推销过程中为顾客提供的服务。推销员在商品的销售过程中为顾客提供服务，不仅关系到成交与否，而且会影响整个企业的信誉，因此，必须给予重视。一般来说，售中服务主要包括以下一些内容：

1. 介绍商品

这是推销中必须要做的工作，推销员需将有关商品的性能、质量、用途、品名、规格以及使用商品所能为顾客带来的利益向顾客进行介绍，顾客也只有在充分了解商品的有关信息之后，才会做出购买的决定。因此，介绍商品是售中服务的一项主要工作。

2. 当好参谋

推销员不仅只是站在卖方的立场上来说服顾客，同时，也应站在顾客的立场上，设身处地为顾客着想。某些情况下，推销员可能比顾客更了解商品，更了解市场，这样就可以利用自身的这些优势来帮助顾客做出选择，当好顾客的参谋。也许在有些时候，顾客因为你的介绍对市场有了更全面的了解，暂时放弃了对你所推销商品的选择，但对于你所提供的真诚帮助，顾客是不会忘记的，一旦有了机会，顾客还是会给予回报的。而且这样做的结果，还会使双方的距离更加靠近，关系更加稳固，对长期稳定合作有很大好处。

3．满足顾客的特殊要求

如果条件许可，推销人员对于顾客提出来的一些特殊要求应尽量给予满足，如产品改装、拆零供应、代客包装、代办托运、代办邮寄、代购零配件等。这些服务为顾客提供了便利，自然也促进了商品的销售。

（三）售后服务

售后服务是指在商品销售之后所提供的服务。售后服务是商品推销的延伸，推销员与顾客达成了交易，签订了购销合同，或者一手交钱、一手交货完成了商品所有权的转移，并不意味着推销过程的完全终结，提供完善的售后服务仍是其重要的职责。随着市场经济的进一步发展，售后服务也愈加成为竞争的焦点，售后服务的内容也变得越来越广泛，就当前来看，其内容主要包括以下几个方面：

1．送货服务

对于购买体积庞大、笨重或一次购买数量过多，不易随身携带或有特殊困难的顾客有必要提供送货服务。这样做，极大地方便了顾客，对促进商品销售具有非常重要的作用。例如，有一家主食店数年如一日，每天为住在附近楼上的一位因患病而行动不便的独身老人送食品上门，周围居民看在眼里，记在心上，对这家主食店交口称赞，自然，这家主食店的生意也是最红火的。

小案例

刘红民足足用了三年时间，才从B集团争到了一份订单，为B集团提供一半的年终福利用品。双方商定，在腊月26日这天现场为员工发放福利。

发货这天，偏偏天公不作美，风雪交加，气温骤降。早晨5点，刘红民便与公司的其他员工一起备货装车，终于赶在9:00之前将足足4卡车的货物送到了B集团的发放现场。

这时B集团已有不少员工在现场等候，但提供另一半福利的C公司货还没有送到，工会的领导一边向工人们做着解释，一边不停地向C公司打电话催货，一脸的焦急与无奈。

刘红民将随车带来的太阳伞支在雪地里，使大家能够避一下雪。9:15过后，工人们开始大声抱怨，同时也在赞扬刘红民他们："你看人家A公司，不光信誉讲得好，还为我们考虑得这么细，比那个C公司好多了！"、"是啊，孙主席，全部发A公司的福利品算了，我们公司也是讲信誉的，就得跟A这样的公司合作，你看C公司就不行……"

吵吵嚷嚷，一直到11:00多，C公司的福利品才姗姗送到。但大家已没有任何喜悦，脸色阴沉，而刘红民他们则默默地帮着发完了福利，并且还抽出两个人来，专门帮助年老的员工将东西送回家，这一点，让 B 集团的领导和员工们再一次受到感动。

第二年，又到了年终时节，几乎没有费什么劲，B 集团的福利全部用了刘红民他们公司的产品。

2. “三包”服务

“三包”服务是指包修、包退、包换的服务，包修是指对顾客购买本企业的商品，在规定的保修期内实行免费维修；包退是指顾客对所购买商品不满意，或商品质量有问题，或者发现不需要所购买的商品，卖方在一定期限内保证给予退货；包换是指对顾客认为不合适的商品负责调换。“三包”服务消除了顾客购买的后顾之忧，降低了购买的风险，对于促进商品销售有极大的帮助。目前，我国有关政府部门对于许多商品都有强制性的“三包”规定，对此，企业和推销人员必须严格执行。有的商品虽然没有强制性的规定，但如果企业主动提供“三包”服务，这当然会受到欢迎。

3. 安装调试服务

顾客购买的商品，有的因技术原因，有的因工具设备的原因，自行安装调试有困难，对此推销方应给予必要的协助或帮助。如大型的机器设备，高精尖设备，部分家用电器或顾客认为有必要提供帮助的，企业都应尽力给予满足。

4. 包装服务

商品的包装具有两个特性：一是保护商品，方便搬运；二是促进商品销售。商品包装对于许多商品来说是不可缺少的项目。商品的销售包装要讲究精致、美观、引人注目，运输包装要讲究坚固、耐用、携带方便。

5. 咨询和指导服务

对于技术性较强的产品，用户对其使用方法和故障排除不熟悉，或有其他一些疑难问题需要卖方给予解答，企业和推销人员应该给予咨询和指导，必要时，还要帮助用户进行人员培训，帮助其掌握维修使用方法。

6. 处理客户投诉

由于种种原因，推销员很难使所有的顾客都满意，总还是会有一些顾客对企业，对推销品，对推销活动或推销员表示不满，招致客户投诉。对此一定要给予妥善处理，首先，要弄清楚顾客为什么会投诉；其次，应根据顾客的投诉提出解决问题的方案，并将方案及时答复顾客；再次，对方案实施跟踪，查到顾客满意为止。

7. 协助政府部门打击假冒伪劣商品

假冒伪劣商品扰乱了市场秩序，损害了顾客利益，也对正规经营的企业造成了严重伤害。无论是从企业自身的利益出发，还是为了社会利益的需要，都应该对假冒行为给予严厉打击。企业作为市场的主体，有责任也有义务协助政府部门打击假冒伪劣商品。

二、提高服务质量

（一）服务质量的评价

服务质量是指服务给顾客带来的效用及对顾客需要的满足程度的综合表现。如何评价服务质量的优劣，是一个比较难的问题。从理论上来讲，服务质量是顾客的预期与实际感知之间的对比，如果二者相等，表示服务恰好满足顾客的需要，顾客是满意的；如果顾客体验到的服务低于他们的预期，那么这种服务显然是比较差的，甚至是低劣的。但是顾客的感知往往是主观的，感觉如何只有顾客自己知道，而且因人而异。同样的事物，有的人认为很好，而有的人认为较差，这也是服务质量难以用一个固定的标准来进行评价的原因。

一般来说，顾客在评价服务质量时主要从以下五个方面进行考虑：

1. 可感知性

可感知性是指服务的有形部分，如服务人员的外表及服务现场的设施设备等。由于服务的本质是一种行为过程，因而具有不可感知的特征，但顾客在一定程度上可借助这些有形部分来把握服务的好坏。比如，顾客到商场购物，舒适优雅的购物环境、礼貌周到的销售人员、方便快捷的设施设备自然会使顾客在评估其服务质量时给予较高的评价。

2. 可靠性

可靠性是指企业准确无误地完成向顾客提供所承诺的服务。可靠性要求企业应该尽量避免在服务过程中出现差错，因为服务差错给企业带来的不仅是直接的经济损失，而且意味着会失去很多潜在的顾客。

3. 反应性

反应性是指企业随时准备为顾客提供快捷、有效的服务。比如，顾客的设备出了故障，要求生产企业提供维修服务，那么生产企业在接到通知之后能否迅速派出修理人员去完成维修工作，这对于顾客在评价其服务质量时有重要影响。应该说，反应性指的就是企业的快速反应能力，企业必须对此予以高度重视，尽量缩短顾客的等待时间。也许有的问题对于企业来讲司空见惯，而对于用户来讲则“火烧眉毛”；一台设备出现故障，对设备提供者来说也许是万分之一，而对用户来说可能意味着几百人停工等待；一台电视机出了毛病对于销售者来说算不得什么，而对于一个家庭来说可能意味着春节期间会看不上电视节目。企业千万不能忽视了这种快速反应的能力。

小案例

美国凯特皮纳勒公司是世界上生产推土机和铲车的大公司，它在广告中说："凡是买了我们产品的人，不管在世界哪一个地方，需要更换零配件，我们保证在 48 小时内送到你手中，如果送不到，我们的产品就白送给你。"他们说到做到，有时为了把一个价值只有 50 美元的零件送到边远地区，不惜动用直升机，费用要超过 2000 美元，有时无法按时在 48 小时内把零件送到用户手里，就真的将产品白送给用户。这样做虽然牺牲了公司的一些利益，却赢得了广大用户的信任。

4．保证性

保证性是指企业服务人员的知识技能、友好态度和胜任工作的能力，能使顾客对企业的服务质量产生安全感和信任感。服务人员良好的服务态度、高超的技术水平自然会影响顾客的主观感受，从而影响顾客对服务质量的评价。因此，对服务人员进行教育和培训以完善企业服务质量就显得非常必要。

5．移情性

移情性是指企业要真诚地关心顾客，了解顾客的实际需求并予以满足，无论服务人员还是管理人员都应该善于和顾客沟通，让顾客感到容易接近。这样将使整个服务过程更富人情味，顾客也会认为企业的服务是优质的。

（二）客户服务的要求

推销人员在为客户提供服务时，应满足以下一些基本要求：

1．服务要一视同仁

所谓一视同仁，就是不管顾客是谁都要同样热情接待。有些推销员在接待顾客时，对购买数额比较大的就热情接待，对购买数额小的就比较冷漠；对买货的比较热情，对退货的就相互推诿；或以貌取人，采取不同的态度。这样做实际上是很不恰当的。如果顾客受到了不平等待遇，心理就会对推销员产生一种成见，以后再向其推销就会遭到抗拒；相反，对顾客一视同仁，使顾客感到满意，产品的销路也就有了保证。

2．服务要符合顾客的愿望

服务的真正含义就是在顾客需要的时候，用顾客希望的方法提供顾客需要的服务。也就是说，服务是"雪中送炭"式的，应当恰到好处。比如，一些顾客到商场去，不一定全是为了购买商品，有的可能只是闲逛，遇到合适的东西也会购买，但在进商场之前是没有具体目标的。如果售货员看到有人进门，就跟在旁边不停地介绍商品如何如何，这其实算不上是热情服务，只能算是骚扰。因为顾客此时并无心了解商品的情况，只想随意看看，推销员的这种介绍显然是顾客所不需要的，纯属

“画蛇添足”。如果在顾客提出“这件商品的性能如何”时推销员再给予热情的介绍，这是符合顾客愿望的，也才能体现出服务的含义。还比如，有些商店的“买一送一”活动，所送商品基本上是没什么用处的，有的借降价优惠之名推销一些残次积压商品，这其实是在为自己服务，并非为顾客服务，这样的服务是违背服务宗旨的。

小案例

美国一家著名的连锁店创办人山姆白手起家，用打工挣来的钱买下一所汽车服务店。头几年，尽管每天工作 14 个小时，但生意仍不好。一天，有人来买一块钱的汽油，山姆说：“先生，我顺便帮你清理一下车厢吧。”那位顾客大为感动，让他把汽油全部加满。从此，山姆的名声一传十，十传百，生意因此越做越好。

3．服务要热情、周到、细致

许多情况下，企业为顾客提供的服务都是免费的，但不能因为提供了免费服务就要求顾客也要给予回报。比如，推销员为顾客修理产品，就要求顾客给予烟茶招待；旅店的服务员为顾客整理房间，就可以让顾客站到走廊里等着。如此给顾客造成新的不便，也同样有违服务的初衷。海尔集团在这方面就做得比较好，上门服务人员不仅态度热情，而且处处为顾客着想，不给顾客增加麻烦。如自带矿泉水，不使用顾客的卫生间，备有专用的抹布、鞋套，为了防止在安装空调时从墙上打洞给顾客产生灰尘，还专门设计了密封套，真正做到了为用户着想，周到、细致的服务也赢得了顾客的好评。

（三）提高服务质量

如前所述，服务质量取决于顾客对服务的预期与其实际感知之间的差别。要提高服务质量，实际上就是平衡顾客对服务的期望和实际感受，使二者之间的距离缩短。

1．缩短管理者的认知差距

作为企业的高层主管，并不一定能够完全理解顾客需要什么样的服务，以及应该在什么时候通过何种方法来为用户提供服务。这种认知上的差距，造成企业的服务行为与顾客的实际需要产生差距，要缩短这种认知差距，需要注意以下两点：

（1）了解顾客的需要。企业可通过深入的市场调查、走访用户、对客户投诉的分析以及客户座谈会等了解顾客的需要。

（2）注意上下沟通。企业的高层主管往往难以直接面对顾客，有关信息主要通过推销员的汇报来了解，但如果这种沟通不及时、不顺畅，则也会产生差距。因此，要注意企业内部的这种沟通关系，尽量减少中间层次，提供有效的沟通手

段，使顾客的有关需求信息能及时、真实地反映给高层主管。

2. 缩短服务标准存在的差距

企业为了提高服务质量，规范服务行为，往往要制定相应的服务标准。而这种标准是否符合顾客的愿望则不一定。比如，曾有某超市规定，顾客购物，售货员必须为顾客提供包装袋，如不按规定提供，则要对售货员进行处罚。而一位环保者则希望用自己所携带的菜篮子盛装物品，以减少塑料袋造成的白色污染。卖方一定要给，买方不愿接受，这实际上是服务标准与顾客期望之间的一种差距。当然，更多的情况是，企业制定的标准低于顾客的期望，顾客自然更不满意，要缩短此类差距，应注意以下几个方面：

（1）最高管理层应不断努力从顾客的观点去定义服务质量。

（2）管理者要为服务的实施者设计出以顾客为导向的服务规范。

（3）将重复性较高的服务标准化、程序化。

（4）进行绩效评估并定期反馈。

3. 缩短传递服务中存在的差距

企业制定的服务质量标准与实际传递到顾客的服务结果往往会有差距，企业虽有一个好的制度，但执行结果并不好，这种差距在实际中往往存在，而且是一个主要问题。比如，企业规定，接到用户的求修通知必须在 24 小时之内上门服务，但维修人员过了两天才去，这并非标准有问题，而是在具体执行中产生了偏差。要缩短这种传递中存在的差距，应当注意以下几个方面：

（1）加强员工的团队合作精神。服务工作往往牵涉许多部门，只有部门之间密切配合、团结协作，工作才会卓有成效。如果相互推卸责任，推诿扯皮，必然影响工作的效率。

（2）明确责任。要明确规定服务人员在工作中所应担负的具体责任和具体要求，要使服务人员明白他们的工作将被如何评估，以及劳动报酬如何计算等。

（3）对服务人员进行培训，使之能够胜任所担负的服务工作。

（4）配备精良的服务工具，减少服务差错。

（5）赋予员工必要的权限。只要有利于服务目标的实现，可以临场灵活决策处理。

（6）建立监督控制体系。这个监督控制体系应以顾客的反馈意见为主，依据对顾客的调查结果，给服务人员评定分数，并支付报酬。

（7）使员工参与服务标准的制定，减少角色矛盾。吸收一线工作的员工参与服务标准的制定，可以很好地反映顾客的要求，有效化解标准与期望之间的矛盾，大大降低员工对标准的抵触情绪，使之在向顾客传递服务中与服务标准保持较高的一致性。

4. 缩短顾客感受的差距

顾客感受到的服务与员工实际提供的服务并不等同，二者之间往往存在差距。企业推销服务人员在提供服务时，是以企业的服务质量标准为依据，而顾客感受到的服务是与其原来抱有的期望作对比，二者衡量的尺度不一致，因此造成了顾客感受的差距。顾客期望的形成主要是受企业宣传的影响，往往是由于企业的夸大宣传使顾客产生了过高的期望。因此要缩短顾客这种感受的差距，还应当从顾客的期望做起，使顾客对企业的服务有一种合理的期望。要做到这一点，有两方面的问题需要注意：

（1）加强水平沟通。一是加强服务人员与宣传人员之间的沟通，使广告宣传能使顾客产生合理的期望，服务人员也应了解企业的广告宣传计划，为顾客提供宣传中所规定的服务；二是加强销售人员与执行人员的沟通，销售人员不盲目许诺，执行人员努力践诺，这样，顾客的满意度就会提高。

（2）不要盲目攀比，夸大宣传。

通过以上分析可以看出，要提高企业的服务质量，不只是推销人员或专职服务人员的事，它与企业各部门都有关系，需要企业全体员工共同参与，密切配合。

第二节　客 户 分 析

为了有效提高推销活动的成果，推销人员有必要对客户的状况进行仔细分析，以确定工作的重点和一些基本对策。

一、建立客户档案

客户档案是用来反映顾客基本情况的基础性文件，建立客户档案就是将客户的有关信息资料用文字的形式记载下来，经整理、分类、编目、造册，进行集中存放和管理，以备在需要时进行查寻和调阅。

1. 客户档案的内容

如同客户本身是复杂多变的一样，客户档案的内容也是丰富多彩的，归纳起来，主要有以下几个方面：

（1）基础资料，即客户最基本的原始资料。主要包括客户的名称、地址、电话；所有者、经营管理者、法人代表及其个人性格、兴趣、爱好、家庭、学历、年龄、能力；创业时间、与本企业交易时间；企业组织形式、业种、资产等。

（2）客户特征。主要包括服务区域、销售能力、发展潜力、经营观念、经营方向、经营政策、企业规模、经营特点等。

（3）财务状况。主要包括销售实绩、经营管理者和业务人员的素质、与其他竞争者的关系、与本企业的业务关系及合作态度等。

（4）交易现状。主要包括客户的销售活动现状、存在的问题、保持的优势、未来的对策、企业形象、声誉、信用状况、交易条件以及出现的信用问题等。

上述四个方面是客户档案的主要内容，建立客户档案基本上应围绕这四个方面进行。为了管理和使用上的方便，可将这些信息资料设计成统一的表式，按内容的不同进行分类管理，这样无论是填写还是查阅都会十分方便。

2．管理客户档案的原则

客户档案建立以后，重要的是要发挥它的作用，使之为企业的经营决策和市场拓展发挥效用。因此，在管理上应注意以下一些原则：

（1）动态管理。客户档案应紧随推销活动情况的变化及时进行补充和修正。特别是在客户信息的收集上，要及时剔除过时的资料，不断补充新的资料，对客户的变化情况进行跟踪了解，保持客户档案的动态性。

（2）突出重点。客户档案管理工作中，不同类型的客户资料很多，应有针对性地对这些资料进行分类管理，特别是要找出重点客户（不仅包括现有的客户，还包括未来或潜在的客户），以对其进行重点管理。

（3）灵活运用。对客户资料的收集整理，是为了能够更好地把握客户状况，进行推销活动。所以，要保证能以灵活的方式将客户资料及时、全面地提供给推销人员及其他有关人员，使他们能够进行更详细的分析，从而提高客户档案管理的使用效果。

（4）专人负责。客户档案是企业用以提高推销活动成果的重要资料，属企业机密，只能供内部使用。因此，企业应建立健全相应的规章制度，指定专人负责客户档案的管理，严格客户情报资料的借阅和使用。

小案例

日本S商社的小野先生当年在西德的一家机械工厂做访问时，其总务科长——一位年轻的西德人，不仅热情地招待了小野先生，而且对小野先生的家庭、兴趣、爱好、生日、所属的社会团体、宗教信仰等都很了解。小野先生对他的敬业精神大为感动，尽力促成了S商社与这家机械厂的合作，从这家机械厂购买了大量的设备。在此后的十多年时间里，双方始终保持着密切的交易关系。为什么会有这样的结果？原来，西德的这家机械厂对每一个交往过的客户都建立了详细的客户档案，随时可以调用，因而才有了这样一种情形。

二、客户分析

1．收集整理资料

收集整理资料是客户分析的基础，推销员可将一个时期内对客户的销售情况进行归集整理，如表 5-1 所示。

表 5-1　销售情况统计表

序　　号	客户代号	销　售　额	累　　计	访问次数	累　　计
1					
2					
3					
4					
5					
⋮					
n					

2．销售业绩分析

将推销员的推销实绩画出比例图，以观察客户销售的排列情况。

例如，某推销员在某时期内的销售总额为 6000 千元，通过对客户销售业绩资料的整理，并按销售额的多少从高到低依次排序，得到如表 5-2 所示的一组数据。

表 5-2　客户销售业绩资料

编号：　　　　时期：　　　　制表：

客　户　名	销售额/千元	累计销售额/千元	构成比（%）	累计构成比（%）
I	1970	1970	32.8	32.8
II	1210	3180	20.2	53
III	900	4080	15	68
IV	710	4790	11.8	79.8
V	400	5190	6.7	86.5
VI	330	5520	5.5	92
VII	170	5690	2.8	94.8
VIII	120	5810	2	96.8
IX	100	5910	1.7	98.5
X	90	6000	1.5	100

备考：

按表中所列数据做柱形图，如图 5-1 所示。这样就可以很直观地看到客户销售的排列情况。

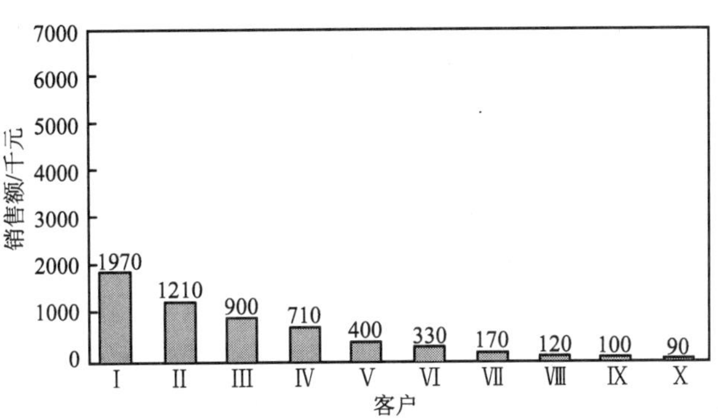

图 5-1　销售业绩分析柱形图

3．划分客户等级

（1）在对有关客户销售业绩的资料进行整理和分析时，可以看出在大多数情况下，总有相对数量较少的一些客户在总销售额中占有较大的比重。通常，将这些客户确认为重点客户。在确定重点管理的客户时，ABC 分析法可以说是一种简单而有效的方法。仍以上述资料为例，其分析过程如下：

1）在图 5-1 的基础上，将客户的累计销售额制成曲线图，如图 5-2 所示。

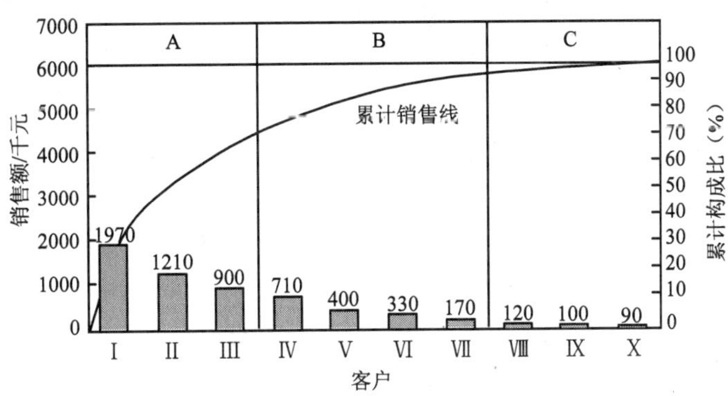

图 5-2　ABC 展示分析图

2）根据图 5-2 的展示，可将客户划分为 A、B、C 三个等级，划分标准为：

A 等级：累计销售金额的累计构成比例达到 70%的客户群，如客户 I、II 及 III；

B 等级：累计销售金额的累计构成比例在 70%～95%的客户群，如客户 IV、V、VI、VII；

C 等级：剩余的客户群。

在划分客户等级时，要注意把握 A、B、C 各等级客户占总客户数的构成比例。通常，当 A 等级客户为 20%，B 等级客户为 40%，C 等级客户为 40%时较为理想。我们称这种比例为 ABC 比例。根据业种和业态的不同，在具体运用中也会有所区别。

属于 A 等级的客户，占有现在销售额的中心地位，企业要把这些客户群作为最重要的客户来管理，谋求销售额的保持，并进一步提高销售额。但这其中可能包括一些销售额发生急速增长而被划分为 A 等级的客户，对此应给予特别的关注，要分析其发生异常的原因，有针对性的区别对待。例如，某客户是在某一时期因本企业相对较大幅度的降价而有了很大的销售量，那么该客户虽然从销售业绩方面被列为 A 等级客户，但从本企业利润的角度来分析，对其评价可能就会产生很大的差别。

属于 B 等级的客户，其重要程度相对次之，但是也有必要对这些客户进行充分研究。这其中可能包括刚刚开始建立贸易关系的客户，如果将他们列为今后推销活动的重点，他们很可能成为 A 等级客户；可能也包括以前曾有很高的销售额，但现在已逐渐变少的客户。除此之外，还应结合其他因素做进一步的分析。这些因素包括企业与客户的贸易关系、本企业的市场占有情况、每次成交的平均访问次数等。

属于 C 等级的客户，在本企业销售额中所占比例很小，但也是有效推销活动中不可缺少的部分。特别是那些购买总量很大，只是本企业在其购买总量中占有的比例很小的客户群，必须对他们进行强化管理。而那些同我们刚开始建立贸易关系的客户，也有必要将他们培养成上一等级序列的客户。

（2）除 ABC 分析法外，还可以通过设定“等级销售额”对客户进行分级。具体做法是：

1）将每一客户连续三个月（或四至六个月）的每月销售额累计，求出每一客户的月平均销售额，如表 5-3 所示。

表 5-3　某一客户月平均销售额　（单位：元）

月　份	销　售　额	累　计	月平均销售额
9	40000		
10	60000	100000	150000÷3 = 50000
11	50000	150000	

2）将全部客户按其月平均销售额的多少从高到低进行顺序排列，如表 5-4 所示。

表 5-4 客户月平均销售额

序　号	客户代码	月平均销售额/元	备注（由多到少排列）
1			
2			
3			
4			
5			
6			
7			
8			
9			
10			
⋮			
n			

3）设定“等级销售额”分级标准。将客户归入相应级别。例如，将月平均销售额在 10 万元以上的定为 A 级客户，1～10 万元的定为 B 级客户，1 万元以下的定为 C 级客户等。

需要注意的是，以上所讲的分析方法，主要是依据客户销售额进行的。应该说，这种方法是有一定片面性的。为了弥补这种方法存在的不足，可以在定量分析的基础上结合客户的规模、资信、接触频率等一些其他因素对计算结果进行必要的修正，使分析结果更加符合实际。

4. 客户名册登记

将全部客户分级以后，应分列成册，以便于对其进行分类管理。客户等级分类表如表 5-5 所示。

表 5-5 客户等级分类表

年　月　日

A 级	业种				
	客户				
	代码				
	备注				
B 级	业种				
	客户				
	代码				
	备注				
C 级	业种				
	客户				
	代码				
	备注				

三、大客户管理

大客户也是企业的重点客户，这些客户是企业产品的主要购买者，企业的销售业绩有很大一部分要靠他们来完成，将其比作企业的衣食父母也不为过。对这些客户，企业应该另眼相看，在推销中给予一些倾斜政策或是予以特别的关照，以保持与大客户之间的关系能稳定发展。

1. 优先保证大客户的货源充足

大客户的销售量较大，优先保证大客户的货源供应，是大客户管理的首要任务。推销人员要随时了解大客户的存销情况，防止脱销断档，尤其是在货源较为紧张时，要对大客户的供应优先做出安排。

2. 帮助大客户提高销售能力

要想使大客户购买更多的产品，推销人员不仅是把产品卖给客户，还要帮助客户进行销售。例如，给客户的一线销售人员传授商品的知识，帮助其进行员工培训等，使客户的所有员工都愿意销售你所提供的产品；不要仅把眼光停留在客户的中高层领导身上。

小案例

小王是一家涂料生产企业的销售部经理，一次到四川某地去拜访一个客户，见这家客户不仅经营面积小，而且产品陈列杂乱，卫生状况极差，销售人员也只有一个所谓的导购。见到这种情况，小王没有立即与客户探讨产品的销路，第一件事是拿起扫帚给客户清扫店面，然后一件件地陈列商品，用了足足半天时间，终于使店面焕然一新。当时导购的脸红得发紫，老板也不好意思。之后，小王又邀请客户去观摩了几家当时在本地销售最好的品牌，并对老板说："如果以后店面不能保持清洁，首先是我们的工作没尽职，其次是您和导购工作不尽责。"老板频频点头认可。随后，双方又从细节上进行了探讨，从人员建设、内部管理、网络开拓、店面形象、品牌推广、促销策划等进行了详细的研究，并立即着手行动。在随后的 3 年里，双方共同努力，仅店面装修和改进就做了 7 次。该客户也从一间不足 20 平方米的小店发展到 100 多平方米的形象功能店，销量从 60 万元发展到近 500 万元，市场占有率稳居该地区第一名。

3. 新产品的试销应首先在大客户之间进行

一般来说，大客户在当地都有较强的商业影响，新产品首先在大客户之间进行试销，对于收集客户和消费者的意见，尽快树立新产品的形象都有良好的效果。

4. 对大客户的商业活动给予支持和协助

在大客户举办重大商业活动时给予支持和协助，对于加强双方之间的感情联系，促进双方的关系发展是一个很好的机会。如客户的周年庆典、节日促销、获

得某种荣誉等，推销人员应将有关信息及时上报企业主管，及时给予支持和协助。

5．安排企业高层主管对大客户的拜访

安排企业高层主管对大客户进行拜访，一方面表示企业对大客户的重视，另一方面也显示了双方关系的特殊性，令客户心理上感到满足，有被尊重的感觉。尽管有时这种拜访只是礼节性的，但对于促进销售会有很大的作用。

6．经常征求大客户的意见

推销人员经常征求大客户的意见，了解客户在供货的品种、数量、质量、交货期等方面有哪些要求，还有哪些地方令客户感到不满意，以便及时进行纠正。此外，企业的营销主管也要注意经常了解大客户对企业推销人员的意见，对于工作不力的推销人员要及时进行调换，以保证渠道的畅通。

7．对大客户制定适当的奖励政策

企业对客户采取适当的激励措施，如各种折扣、让利、返利等，可以有效刺激客户的销售积极性，对大客户的作用尤其明显。企业在制定奖励政策时也要优先保证大客户的利益。

8．组织召开大客户座谈会

企业可每年组织召开一次大客户座谈会，向客户通报企业的生产经营情况，市场开发计划，听取客户对企业产品、服务、营销、产品开发等方面的意见和建议，共同探讨未来的市场发展等。这样的座谈会不仅可以加深与客户之间的感情联系，对企业的有关决策也非常有利。

大客户管理工作的成功与否，对整个企业的推销业绩具有决定性的作用，一定要抓紧、抓好，只要大客户销售能够保持稳定，企业的发展也就有了一个稳定的基础。

第三节　窜货的管理

为了最大限度地占有市场份额，企业的推销人员往往通过中间商进行产品的分销。这种渠道设计在充分利用销售网络资源的同时，也产生了一个新的问题——窜货。窜货，也称倒货或冲货，是指产品超越规定区域进行销售，是渠道冲突的一种典型表现形式。对窜货现象进行管理，对于企业稳定市场秩序，调动中间商的积极性，扩大市场占有率均具有重要意义。

一、窜货的表现形式

1．自然性窜货

自然性窜货是指中间商在正常经营过程中，无意中向自己辖区以外的市场销售产品的行为。它主要表现为相邻辖区的边界附近互相窜货，或是在流通型市场上，产品随物流走向而销售到其他地区。这种窜货现象在市场上是难以避免的，只要有市场的分割就会有此类窜货。但如果窜货的量大，就有可能引发地区之间中间商的价格竞争，使该区域的价格体系受到影响，从而导致经销商的经营积极性下降，严重时可发展为恶性窜货。

2. 良性窜货

良性窜货是指推销员在市场开发初期，有意或无意地选择流通性较强的中间商，使其产品向非重点经营区域或空白市场流动的现象。此类窜货对企业的市场开发是有好处的，推销方无需投入，就扩大了市场区域，增加了产品的销量，并提高了企业产品的知名度。但同时也要注意，由于因此而形成的空白市场上的产品价格体系处于自然状态，如果企业今后要对此区域进行重点经营，则有必要对其再进行重新整合。

3. 恶性窜货

恶性窜货是指为获取非正常利润，中间商蓄意向自己辖区以外的市场倾销产品的行为。由于受厂商返利、折扣等激励因素的影响，中间商为了提高自己的销售额，可能以低价向非辖区冲货。恶性窜货给企业造成的危害是巨大的，它破坏了企业整个经销网络的价格体系，造成价格的恶性竞争，使经销商的总体利润水平大幅度下降，对继续经营产品失去信心，最终导致经销商放弃经销本企业的产品。

由此可见，不是所有的窜货都有危害，适度的窜货还有助于形成一种热烈的销售局面，有利于提高产品的知名度和市场占有率，需要严加控制和打击的主要是恶性窜货。

二、窜货的成因分析

形成窜货现象的原因很多，既有厂家的原因，也有经销商的原因，但主要还是厂家的原因，是由于厂家的销售政策有误或对销售过程的各个环节缺乏有效控制，才导致市场上秩序混乱、窜货流行，从而导致中间商有空可钻。具体分析，大体有以下几方面的原因：

1. 销售政策有误

销售政策关系到企业未来市场的发展，一些企业在市场开发的初期，往往对未来市场的发展缺乏有效的规划，为了打开市场销路，对中间批发商不加选择，来者不拒，在一个地区多家重复设点，这必然导致批发商之间的价格竞争，相互窜货在所难免。当市场规模初步形成时，又不能及时加以整合，使恶性窜货愈演愈烈，最终导致中间商放弃经营，这种现象在一些小企业表现得尤为突出。

2. 管理制度有漏洞

有些企业根本没有窜货方面的管理制度或虽有制度但执行不力，对代理商、经销商以及推销员没有严格的制度限制，缺少必要的奖罚措施。当出现窜货行为

时，无规可依，只能警告一下、批评一下，或象征性地罚款了事，这种态度无异于鼓励窜货。例如，某企业的产品在全国市场都有销售，企业为了保持产品的竞争力，在全国市场执行统一的终端零售价格，但由于距离远近不同，因此给予各驻外办事处的运费补贴是不一样的。一些派驻各地的销售代表为了谋取自身的利益，相互串通，就地倒货，将本应发往边远地区的商品向周边地区窜货，谋取差价。这不仅损害了企业的利益，而且造成市场信号失真，使得企业误以为边远地区的销售状况也一样红火。

3. 激励措施不当

企业对中间商的激励一般是以中间商完成一定额度的销售量为基准的，完成程度越高，则获得的奖励越多。但问题是这种激励措施是否能将中间商的行为控制在一个合理的范围之内。有的企业在执行奖励政策时往往只看数字，而不问来源，对经销商恶意窜货、低价倾销的行为不闻不问，甚至于还会变相鼓励，这只能刺激中间商更加恶意窜货。

4. 销售服务工作不到位

有些企业为了眼前利益，对滞销积压商品不予退货，或商品变价时对中间商的库存不予清理，让经销商自行处理。这样做的结果，虽然回避了暂时的经营损失，但却带来了长久的危害。要知道，因有其独立的经济利益，中间商绝不希望积压商品最终砸在自己手里，既然企业不予合作，那就只能自己处理，他会不顾一切地将这些商品抛售出去，根本不去理会企业的价格体系和区域限制。

三、窜货的管理策略

窜货并非不治之症，企业可从以下几方面着手，对恶性窜货进行治理。

1. 设计合理的销售政策和管理制度

设计制定一套合理的销售政策和管理制度是治理窜货乱价现象的根本措施。根据以往的经验，在一个特定的区域市场内部，独家代理较之多家代理更易控制，奖罚措施的力度和严格程度往往起着至关重要的作用。政策制度的设计既要有利于调动中间商的积极性，又要使中间商不敢轻易越出雷池一步。

2. 签订不窜货乱价协议

制造商与经销商之间是平等的企业法人之间的关系，双方的权利和义务需要通过代理合同或经销协议来加以规范。推销人员在代表企业与经销商签订有关代理协议时，应将不窜货乱价的有关规定明确写入代理协议中，并就有关奖罚措施作出具体的规定，一旦有违反协议的情况发生，即可照规定进行处理。对于企业来讲，中间商的选定大多依靠推销员的举荐，而不少推销员更愿意选择同乡、同学或亲戚朋友作为合作对象，这虽然对初期开展工作是有利的，但却会使以后的管理增加难度。当中间商出现越轨行为时，碍于情面，便不能够严格按规定进行处理，隐而不报或避重就轻也是有的，久而久之，问题就会积累得越来越严重。因此，推销人员一定要严格按照企业的规定慎重选择中间商，一旦签订协议，就要严格按规定执行，决不可听之任之。

3．外包装区域差异化

对窜货现象的认定是解决窜货问题的首要条件。对此，可采用外包装区域差异化的策略来加以解决。主要措施有：

（1）商品编码。对发往不同地区的商品采用不同的编码管理。一些大件商品如汽车、摩托车、家用电器等，每件商品都有编号，区分起来比较容易。而对于一些小件商品或日常用品则可采用批次编号，对发往不同地区的商品给予不同的批次编号。

（2）利用条码。对销往不同地区的产品外包装上印刷不同的条码。

（3）文字标志。在商品的外包装或销售包装上加印“专供××地区销售”的字样，以便区分。

4．加强销售队伍的管理

一线工作的销售人员往往同时担负着市场监管的责任，其自身素质如何，与窜货有直接关系。因此，加强销售队伍的管理也是治理窜货现象的一项主要措施。

（1）建立推销员综合评价体系。对推销员的考核，不能一概以完成销售额的多少论英雄，应该将能够反映推销员努力程度以及工作水平的相关指标统一纳入考核评价体系，如销售量、毛利额、访问率、销售费用、新增客户数、货款回收率等，以免推销员为了片面追求销售额而发生窜货。

（2）严格奖罚措施。对于做出优异成绩的销售人员要适时给予奖励，既可以是颁发奖金、奖品或提级等物质鼓励，也要给予精神激励，如表扬、记功、授予荣誉称号等。而对于其职责范围内发生的窜货乱价行为，要及时进行处罚。尤其对于发生在营销队伍内部的相互窜货或推销员参与中间商窜货的行为要从严查处，绝不姑息迁就，要知道，内部人员参与窜货的危害性更大。

本章小结

1．客户服务可归结为三个方面，售前、售中和售后服务。售前服务的内容包括广告宣传、推销环境创造、开展技术培训、提供多种便利、开通业务电话与互联网业务和社会公关服务；售中服务包括介绍商品、当好参谋、满足顾客的特殊要求；售后服务包括送货服务、“三包”服务、安装调试服务、包装服务、咨询和指导服务、处理客户投诉以及协助政府部门打击假冒伪劣商品。客户服务的质量一般可从五个方面进行评价，即可感知性、可靠性、反应性、保证性和移情性。客户服务的要求是：服务要一视同仁，服务要符合顾客的愿望，服务要热情、周到、细致。提高服务质量可从四个方面考虑：一是缩短管理者的认知差距；二是缩短服务标准存在的差距；三是缩短传递服务中存在的差距；四是缩短顾客感受的差距。

2．客户分析的目的是为了确定推销工作的重点和基本对策。客户档案是反映顾客基本情况的基础性文件，内容包括客户的基础资料、客户特征、财务状况和交易现状。原则是动态管理、突出重点、灵活运用和专人负责。客户分析的基本方法是收集整理资料、销售业绩分析、划分客户等级和客户名册登记。对大客户的管理应注意：优先保证大客户的货源充足，帮助大客户提高销售能力，新产品的试销应首先在大客户之间进行，对大客户的商业活动给予支持和协助，安排企业高层主管对大客户的拜访，经常征求大客户的意见，对大客户选定适当的奖励政策，组织召开大客户座谈会。

3．窜货是指产品超越规定区域进行销售，有三种表现形式：自然性窜货、良性窜货和恶性窜货。形成的原因主要有：销售政策有误、管理制度有漏洞、激励措施不当及销售服务工作不到位。窜货的管理策略有：设计合理的销售政策和管理制度，签订不窜货乱价协议，外包装区域差异化以及加强销售队伍的管理。

一、复习思考题

1. 什么叫售前、售中、售后服务？各包括哪些内容？
2. 推销服务的基本要求是什么？
3. 如何提高企业的服务质量？
4. 客户档案的内容主要包括哪几个方面？
5. 客户分析包括哪些内容？
6. 如何对大客户进行管理？
7. 窜货的形式有哪几种？其形成的原因是什么？
8. 窜货的管理策略有哪几项？

二、选择题

1. 下列不属于“三包”服务的是（　　）。
   A. 包送　　B. 包修　　C. 包换　　D. 包退
2. 下列说法中正确的是（　　）。
   A. 优质服务就是高级服务
   B. 优质服务就是推销方提供的服务超过了顾客的预期
   C. 优质服务就是在顾客需要的时候，用顾客希望的方法，提供顾客需要的服务

D. 优质服务就是要热情接待顾客

3. 商场规定，顾客购物必须为其免费提供购物袋，而有的顾客却不愿接受，这种情况说明（　　）。

A. 顾客不识抬举

B. 企业的服务标准与顾客的愿望存在差距

C. 企业的服务标准与实际传递结果存在差距

D. 企业的高层主管不了解顾客需要什么样的服务

4. 甲公司是一家大型机械设备制造企业，对标准件的需求量每年可达上千万元。由于本企业与之刚刚开始建立贸易关系，2008 年的销售额尚不足 50 万元，只占本企业销售总额的 1%左右，对甲公司这样的客户应将其划分为（　　）的客户。

A. A 等级　　B. B 等级　　C. C 等级　　D. 特殊等级

5. 企业规定对中间商的激励以完成销售量的多少为基准，完成程度越高，则获得的奖励越多。某中间商为了获得高额奖励，有意向自己的辖区以外窜货，造成这种窜货的原因属于（　　）。

A. 销售政策有误　　B. 管理制度有漏洞

C. 激励措施不当　　D. 销售服务工作不到位

6. 为了治理窜货现象，企业对生产的每件商品都实行编码管理，这种方法属于（　　）策略。

A. 设计合理的销售政策和管理制度　　B. 签订不窜货乱价协议

C. 外包装区域差异化　　D. 加强销售队伍管理

三、实训项目

1. 根据自己的购物体验，分析经常光顾的一家商店在销售服务方面存在的问题，并提出改进意见。

2. 某推销员 2008 年的销售情况如表 5-6 所示，根据表中资料作 ABC 展示分析图并划分客户等级。

表 5-6　客户销售业绩资料

序　号	客户代号	销售额/元	序　号	客户代号	销售额/元
1	A	465 000	6	F	6 400
2	B	10 300	7	G	114 300
3	C	24 600	8	H	223 200
4	D	93 500	9	I	12 300
5	E	57 680	10	J	4 000

第六章

货款回收

学习目标

- 了解客户的信用标准、信用条件和信用额度。
- 能够正确绘制应收账款管理图。
- 掌握讨债的基本策略和技巧。

案例导读

李某从部队退伍后，开始为别人打工，后来自己创办鞋厂，一向做事谨慎。随着生产规模的扩大，仅靠本地市场已不能满足要求，急需向外扩展，但由于产品知名度低，皮鞋市场又竞争激烈，一直未能有大的突破。

就在李某为市场拓展伤脑筋的时候，一个姓刘的湖南人找到他，要做他的经销商。刘某看上去挺憨厚，自称也当过兵，且和李在同一个部队，算得上是战友了。李某很高兴，专门包了一桌酒席款待刘某，还当即与他签订了经销协议。

刘每次提货都是一手交钱、一手交货，从不拖欠货款，并说："经商必须诚信为本，只有取信于人，生意才能长久。"这一点深得李某的欣赏。

刘的生意似乎做得很顺利，提货量由几十双迅速增加到几百双。2005 年初，刘还特意宴请李，感谢李对他的支持，酒桌上，二人称兄道弟，成了好朋友。

4 月初，刘找李商量，说"五·一"节快到了，准备搞一次促销活动，准备进男女皮鞋各 500 双，但所带的钱不够，希望李能先发货，一周内一定付清全部货款。李对这 10 多万的货款要欠账虽有些犹豫，但想到此前的交往刘都很守信誉，最后还是答应了。

刘果然守信，5 天后，便将货款如数打到了李的账上，李某非常高兴，觉得自己没看错人。

9 月初，刘打电话兴奋地告诉李某说，皮鞋在他们那儿卖得非常好，他又新开了三家分店，准备国庆期间开业，要求李提供 2000 双皮鞋给他铺货。因开分店占用了大量资金，先汇 1 万元定金，剩余的货款三个月内付清。李听了非常高兴，像他这样一个小厂，有这样一桩买卖当然是件好事。不过仔细想想，20 多万的货款毕竟不是个小数，还是谨慎些好。于是李让刘把经营许可证、税务登记证和担保人经济实力证明拿来，确定没有问题再签合同。刘满口答应，第三天便带着相关手续来到李的办公室。给刘提供担保的是一家注册资金 80 万元的工贸公司，刘指着该公司的营业执照说：“本来张老板是要和我一起来的，可他今天临时有事脱不开身，所以我把营业执照带来了。”李仔细查验所有证件，都没有问题，加上刘此前从未失信，也就不再说什么，于是，便与刘签订了合同。为表示支持，李除了提供不少礼品外，每双鞋还让利 10 元。

转眼 3 个月过去了，李左等右等不见刘来送钱，打电话也找不到他。李心里有些不踏实，但转念一想，或是快到春节了，可能是先忙着做市场吧，等过了年再说吧。春节过后，仍见不到刘的影子，再打电话，停机。这下李慌了，忙赶到湖南，按地址找到刘的鞋城，但早已人去楼空了。

李的头顿时大了，急忙找到给刘提供担保的公司，公司的张老板哭丧着脸说：“这个天杀的，以前和我确实是好朋友，去年 9 月，我的营业执照突然不见了，我怀疑是他拿了，可我怎么问他都不承认，没办法，我只好声明作废，到工商局补办了一份，原来真是他偷了我的营业执照去骗人了。”

说完事情经过，张老板声明，刘是偷了他的营业执照去办的担保，未经他自己同意，他本人也没有亲自到场签字担保，所以不承担责任。

事情弄到了这个地步，李只好向公安机关报案。经过警方全力追捕，刘被抓获归案，但 20 多万元货款已挥霍一空。这一下虽没让李破产，但却也元气大伤。

第一节　客户信用限度和风险控制

货款回收是销售工作的最后环节，也是许多企业对推销人员销售业绩进行考核的主要依据。对于推销员来讲，如果只是把产品转给用户，而货款却不能收回，这无异于将企业的产品拱手送人，不仅无利润可言，而且连本钱也不能收回，这样的推销显然没有意义。现实中，的确有不少企业存在货款拖欠的问题，严重的已经影响到企业的正常运转。因此，重视货款回收工作，保证货款的安全是推销人员的一项重要职责，也是保证企业能够正常运转的一个前提条件。

所谓信用限度也叫信用额度，是企业赋予客户的一种商业信用，即允许客户在一定时期内有一定数额的欠账。企业之所以会有货款回收的问题，在很大程度上与这种信用政策有关。如果企业规定，交易必须先款后货，或是一手交钱，一手交货，并照此严格执行，则一定不会出现货款拖欠的问题。但在现实中，企业由于受到市场竞争的巨大压力，坚持钱货两清的原则往往会削弱其竞争能力，丧失有可能争取到的市场份额。因此，就采取一些信用政策，赊销部分商品给客户，以保证对市场的充分占有，这也就形成了货款的回收问题。

赊销对于企业来讲，当然存在风险，可能会有部分商品的货款收不回来，造成坏账损失。但只要采用信用政策所增加的盈利能够超过所支出的成本，这一政策仍有采用的必要。这其中主要涉及两个问题，即信用标准和信用条件。

一、信用标准

信用标准是指客户获得企业的商业信用所应具备的最低条件。如果客户达不到信用标准，便不能够享受企业的信用优惠或只能享受较低的信用优惠。

信用标准的高低直接影响着企业的销售效果。如果企业信用标准过高，将使许多客户因信用品质达不到要求而被拒之门外，这样，尽管可以使企业避免或减少坏账损失和收账费用，但也会失去一部分客户的销售收入，从而影响企业的市场竞争力和销售收入。相反，如果企业采用较低的信用标准，虽然有利于企业扩大销售，但同时也会导致坏账损失风险加大和收账费用的增加。

如何确定一个合理的信用标准，需考虑三方面的因素：

1. 同行业竞争对手的情况

面对竞争对手，企业首先考虑的是如何在竞争中处于优势地位，保持并不断扩大市场占有率。如果对手实力很强，企业要取得或保持优势地位，就需采取较低（相对于竞争对手）的信用标准；反之，其信用标准可以相应严格一些。

2. 企业承担风险的能力

当企业具有较强的风险承担能力时，就可以以较低的信用标准来争取客户，扩大销售；反之，如果企业承担风险的能力较弱，就只能选择相应严格的信用标准以尽可能降低风险。

3. 客户的资信程度

企业在制定信用标准时，必须对客户的资信情况进行调查，在此基础上，判断客户的信用等级并决定是否给予客户信用优惠。通常，我们可通过对客户进行“五 C”系统评估，从而确定客户的资信程度。所谓“五 C”系统，是指评估客户资信程度高低的五个方面。

（1）信用品质（Character），即客户履约或赖账的可能性。这是衡量客户是否信守契约的重要标准，也是决定是否给予赊销的首要因素。企业必须设法了解客户过去的付款记录，看是否有按期如数付款的一贯做法，与其他交易对象的关系是否良好。

（2）偿付能力（Capacity），即客户的偿债能力。客户的偿债能力取决于其资产特别是流动资产的数量、质量（变现能力）及其与流动负债的比率。一般而言，客户的流动资产越多，流动比率越大，表明其偿还债务的能力越强；反之，则偿付能力越差。同时，还要注意客户流动资产的变现能力。

（3）资本（Capital），资本反映了客户的经济实力，表明客户可能偿还债务的背景，是客户偿还债务的最终保证。

（4）抵押（Collateral），即客户拒付货款或无力支付货款时能被用作抵押的资产。企业如无法收回这些客户的货款，便可用其抵押品进行抵补。这对于初次交易不知底细或信用状况有争议的客户更为重要，一般只有这些客户能够提供足够的抵押，才可以考虑向它们提供相应的商业信用。

（5）条件（Conditions），即可以影响到客户偿债能力的一般经济趋势和某些经济领域的特殊因素。比如，出现经济不景气，会对客户的付款产生什么影响，客户会如何做，客户是否具有较强的应变能力，等等，这需要了解客户在过去类似情况下的付款历史.

在对客户资信情况充分调查的基础上，对客户进行分级，可分为 A、B、C、三类，A 类客户是指那些经营规模大、资金雄厚、守信用的客户，对此类客户可采取较低的信用标准；B 类客户是指那些经营状态良好，信誉较好的客户，对此类客户可采取一般的信用标准；C 类客户指那些口碑不佳的客户或新客户，对此类客户可采取严格的信用标准，比如，要求客户必须提供抵押品才可享受信用优惠。

二、信用条件

所谓信用条件是企业接受客户信用订单时所提出的付款要求，一般包括信用期限、现金折扣和折扣期限等。信用条件通常表述为“2/10，N/45”，即如果客户在 10 日内付款，则给予 2%的现金折扣；如果放弃折扣优惠，则必须在 45 日内付清全部货款。在此，45 天为信用期限，10 天为折扣期限，2%为现金折扣（率）。企业规定信用条件，一般可根据本行业的惯例及企业的具体情况而定。

1．信用期限

信用期限是企业允许客户赊账的最长时间限度，即延期收款期限。例如，某企业允许客户在购货后的 30 天内付款，即信用期限为 30 天。

通常，信用期限过短，不足以吸引客户，在竞争中会使销售额下降；信用期限过长，会使收账费用和坏账损失相应增加，企业的收益下降。因此，企业是否给客户延长信用期限，应视延长信用期限所增加的边际收入是否大于增加的边际成本而定。

例如，某企业过去一直按照行业惯例采用 30 天的信用期限，现根据有关情况变化，拟将信用期限放宽到 60 天，假设该企业的投资报酬率（利润总额/投资总额）为 10%，其他有关资料见表 6-1。

表 6-1 某企业边际收入资料表

项目 \ 信用期限	30 天	60 天	增加额
销售额/元	1000000	1200000	200000
变动成本/元	800000	960000	160000
边际收入/元	200000	240000	40000
可能发生的收账费用/元	6000	8000	2000
可能发生的坏账损失/元	10000	20000	10000

本例中，信用期限放宽到 60 天后，增加的边际收入为：240000－200000＝40000（元）。

边际成本为：（1200000－1000000）×（60-30）×（10%÷365）＋（8000－6000）＋（20000－10000）＝13643.84（元）

由于放宽信用期限后增加的边际收入 40000 元大于所增加的边际成本 13643.84 元，故选择 60 天的信用期限是合理的。

2．现金折扣和折扣期限

针对企业因延长信用期限而造成应收账款增加、资金占用加大的问题，许多企业采取现金折扣政策，即在规定的时间（折扣期限）内对提前偿付货款的客户按销售收入的一定比率（折扣率）给予折扣优待。如上例，“2/10，N/45”即表示该批货款的付款期限为 45 天，若客户在 10 天内付清货款，则可享受 2%的折扣。这种规定至少有两方面的好处：① 一些客户会将其视为产品售价的降低，受低价诱惑，增加购买的数量；② 由于提前付款确实可以带来好处，能促使客户尽快付款，这样企业的平均收账期就会缩短，相应也减少了资金占用和坏账损失。

同延长信用期限一样，采取现金折扣方式在有利于扩大销售的同时，也需要付出一定的成本代价，即给予现金折扣所造成的损失。企业由于其所处行业和自身情况的不同，给予客户的现金折扣和折扣期限也不同。一般现金折扣为 1%～5%，折扣期限往往为 10～20 天。而企业究竟应当给予客户多长的折扣期限，以及多大程度的折扣优惠，应视具体情况而定。如果提供现金折扣带来的收益大于现金折扣的成本，企业就可以考虑采取现金折扣或进一步改变当前的折扣条件，反之，则是不恰当的。

此外，企业还可以根据需要采取阶段性的现金折扣期和不同的现金折扣率。如“3/10，2/20，N/30”，意思是：在 30 天的信用期限内，客户若能在 10 日内付款，可以得到 3%的现金折扣，超过 10 日而能在 20 日内付款，可以得 2%的现金折扣，否则只能支付全额货款。

需要说明的是，现金折扣与商业折扣是不同的两个概念。商业折扣是企业为了鼓励客户多买而给予的价格上的优惠；现金折扣则是为了鼓励客户及早付款所给予的价格优待。虽然结果可能一样，但意义却大不相同。

三、信用额度的确定

信用额度包括企业发放给所有客户的总体信用额度和发放给某一具体客户的信用额度两个方面。总体信用额度是指企业基于自身的资金实力、销售政策、最佳生产规模、库存量以及受到来自外部竞争压力等因素而确定的可对所有客户群发放的信用额度的总规模；具体客户的信用额度则是企业依据客户的具体情况而给予特定对象的信用限额。

信用额度在一定程度上代表着企业的实力，反映其资金能力，以及对客户承担的可容忍的赊销和坏账风险。其额度过低将影响到企业的销售规模，并相应增加同客户的交易次数和交易费用；而额度过高会加大企业的收账费用和坏账风险。因此，企业及销售人员应根据自身的情况和市场环境合理地确定信用额度。

确定客户的信用额度，可选择使用下列方法：

1. 根据收益与风险对等的原则确定

根据收益与风险对等的原则确定给予某一客户的信用额度，也就是根据这一客户的预计全年购货量和该产品的边际贡献率测算企业从该客户处可获取的收益额。以该收益额作为每次给该客户的赊购限额，前账不清，后账不赊。

2. 根据客户营运资本净额的一定比例确定

客户在一定的生产经营规模下，其流动资产减去流动负债后的营运资本额也是大致稳定的。由于营运资本净额可看做是新兴债务的偿付来源，因此，企业可以根据客户的营运资金规模，考虑客户从本企业购货的比重，确定以客户营运资本净额的一定比例作为本企业对该客户的信用额度。

3. 根据客户清算价值的一定比例确定

清算价值是客户因无力偿债或其他原因进行破产清算时的资产变现价值。清算价值体现了客户偿债的最后保证。如果客户的清算价值减去现有负债后尚有剩余，企业可以向该客户提供信用，信用的额度可按照清算价值的一定比例确定。

第二节　应收账款管理

推销员对于已经发生的应收账款，应采取有力的措施，加强应收账款管理，努力争取按期收回货款，避免因拖欠时间过长而发生坏账，使企业蒙受损失。

一、应收账款管理图

为了更直观地反映应收账款的变化情况，可利用应收账款管理图（图 6-1）

来进行描述。

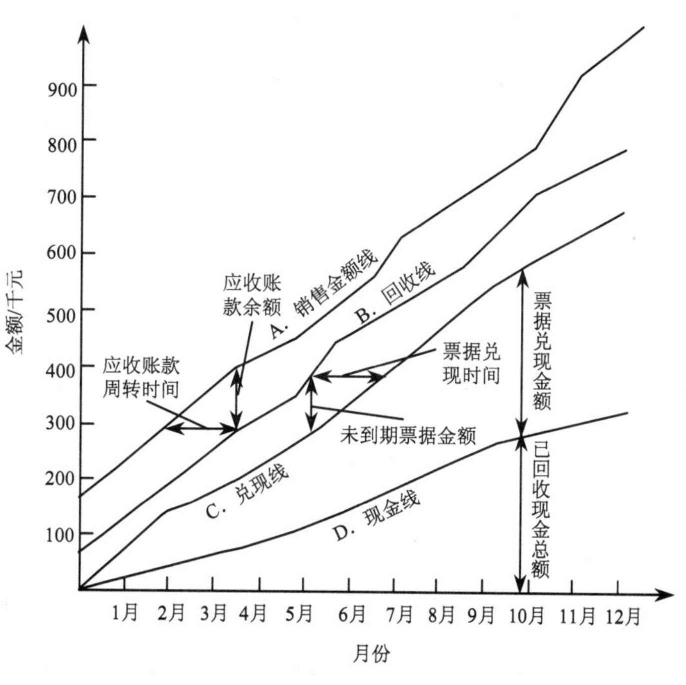

图 6-1　应收账款管理图

图 6-1 中的纵坐标用来表示金额，横坐标用来表示时间。图中共有四条曲线，分别表示销售金额线（A）、回收线（B）、兑现线（C）和现金线（D）。销售金额线表示企业累计发生的销售金额；回收线表示企业累计已收回的货款金额，其中包括通过现金和票据已回收到账的金额，也包括已开出票据但尚未到账的金额，如在途汇票和尚未到期的承兑汇票等；兑现线表示已累计回收到账的货款金额；现金线则表示在已经到账的货款中有多少是通过现金方式回收的金额。A 与 B 之间的纵向距离表示应收账款的余额，即尚未收回的货款金额，横向距离表示应收账款的周转时间，即货款的回收时间；B 与 C 之间的纵向距离表示未到期票据的金额或尚未兑现票据的金额，横向距离表示票据的兑现时间；C 与 D 之间的纵向距离表示应收票据已兑现的金额；D 线至横轴的距离表示已经收回的现金总额。

可见，有了这样一张管理图，就可以把企业或推销人员的货款回收情况清楚地表达出来，并且可以通过图上的曲线变化反映出货款回收情况的变动趋势，为企业制定收账政策和讨债计划提供参考。

要制作应收账款管理图，须首先制作应收账款管理图计算表（见表 6-2），其制作程序如下：

表 6-2 应收账款管理图计算表

流动数曲线	A 销售金额线		D 现金线		B 回收线			C 兑现线			
No	①	②	③	④	⑤	⑥	⑦	⑧	⑨	⑩	⑪
摘要	销售金额	销售金额（累计）线	现金回收	现金回收累计	票据回收11	票据回收累计	回收（累计）线	应收账款余额	票据兑现额	票据兑现累计	兑现（累计）线
计算法	实绩	上期⑥+上期⑧+①	实绩		实绩		上期⑥+④+本期⑥	②−⑦	实绩		④+⑩
上期						70000		100000			
1 月	70000	240000	20000	20000	54000	54000	144000	96000	34000	34000	54000
2 月	100000	340000	20000	40000	32000	86000	196000	144000	38000	72000	112000
3 月	60000	400000	20000	60000	40000	126000	256000	144000	36000	108000	168000
4 月	50000	450000	26000	86000	22000	148000	304000	146000	8000	116000	202000
5 月	46000	494000	26000	112000	30000	178000	360000	138000	12000	128000	240000
6 月	50000	544000	40000	152000	68000	246000	468000	76000	40000	168000	320000
7 月	46000	590000	52000	204000	4000	250000	524000	66000	38000	260000	410000
8 月	34000	624000	42000	246000	2000	252000	568000	56000	32000	238000	484000
9 月	82000	706000	30000	276000	2000	254000	600000	106000	42000	280000	556000
10 月	44000	750000	24000	300000	72000	334000	696000	54000	20000	300000	600000
11 月	108000	868000	16000	316000	56000	282000	768000	100000	24000	324000	640000
12 月	92000	960000	24000	340000	8000	396000	800000	160000	16000	340000	680000

1. 收集整理资料

将企业在报告期的销售金额、现金回收金额、票据回收金额和票据兑现金额收集整理填入表内，见表中的①、③、⑤、⑨项，这些数据可从企业的现有数据中转录。此外，为了系统反映应收账款的回收情况，还需收集企业上期期末未到期票据金额和上期期末的应收账款金额，将其填入表中的适当位置，见表中的上期栏第⑥项和上期栏第⑧项。这一数据也可从企业的统计报表中转录。

2. 计算四条累计线数值

（1）销售金额累计线。销售金额线为上期期末未到期票据金额与上期期末应收账款余额及本期销售金额相加之和，即表中的上期栏第⑥项+上期栏第⑧项+①。

（2）回收累计线。回收线为上期期末未到期票据金额与本期票据回收累计及

现金回收累计相加之和，即表中的上期栏第⑥项＋④＋⑥。

（3）兑现累计线。兑现线为票据兑现累计与现金回收累计之和，即表中的④＋⑩。

（4）现金累计线。现金线为本期现金回收的累计金额，即表中的④。

将上述四条累计线的计算结果汇总填入表内，制成应收账款管理图计算表。

3．作图

根据计算表的计算结果，制作应收账款管理图。图中的兑现线与现金线均以原点 0 为起点，回收线的起点为上期期末未到期票据金额，销售金额线的起点为上期期末应收账款余额。

至此，应收账款管理图的制作即告完成。

二、收账政策

收账政策是指在客户违反约定拖欠或拒付货款时，企业所应当采取的对策和措施。从理论上讲，履约付款是客户不容置疑的责任和义务，欠债还钱，本是天经地义。但在实际中，往往会有一些客户不能自觉履行付款的义务，有意或无意拖欠货款，使企业蒙受损失。对此，应当采取何种对策，需进行认真研究。

一般来说，企业解决货款拖欠问题可以有两种方式：一是协商解决；二是诉讼或仲裁解决。在市场经济条件下，国家为了促进社会经济的稳定发展，制定了相当完善的法律制度，用以保护社会成员的合法权益不受侵害。企业当然可以通过法律手段来解决账款纠纷的问题，但这种方式对于企业来讲并不一定是最好的解决办法，因为企业或推销人员解决与客户账款纠纷的目的，并非是要争论谁是谁非，而是怎样才能最有成效地将货款收回。如果客户没有支付能力，这样即使在判决中胜诉，也还是难以收回货款。何况企业为了起诉还要支付相当数额的诉讼和其他费用，在诉讼之后，双方也将很难维持合作关系。所以，通过法院强行收款一般只是企业不得已而为之的最后办法，多数情况下，还是要通过协商来解决问题。

协商解决收款问题的方式较为温和，只要客户不是恶意拖欠，一般会有较好的效果。在许多情况下，客户拖欠或拒付货款并非是有意要这样做，只是由于各种各样的客观因素导致了货款的拖欠，如：交货品质不符合合同规定客户拒付货款，这本身就是卖方有过错，只要卖方能及时解决问题，取得客户的谅解，收款的问题一般不会有太大困难。再如：客户因计划不周，未能实现预期的销售效果，造成资金周转的暂时困难，如果卖方能给予适当的宽限，双方通过协商确定一个适当的还款计划，也还是可以达到收款的目的。诸如这种因客观因素引起的货款拖欠，大多可以通过协商来进行解决。这不仅可以保证双方的合作关系能够维持，而且还节省了费用。当然，双方如果不能达成谅解，也只能通过诉讼来进行解决。

对于客户拖欠货款的问题，通常的解决步骤是：首先分析现有的信用标准及审批制度是否存在纰漏，是不是由于标准过低或审批不严而导致了拖欠的发生。然后重新对违约客户的资信等级进行调查评价，看是否有必要降低其信用等级或干脆从信用名单中将其划掉。对于拖欠的货款可先通过面催、函催等方式进行催收，并采取积极的态度与对方协商，在适当时候也可以做出一些让步，甚至牺牲一部分利益，以保证大部分货款能够收回。当这些措施均不能奏效时，即可通过法律来进行裁决。

企业在决定所采用的收款对策时，有一个问题是必须要加以考虑的，即收账费用。如果企业为收回货款而支付的费用超过了所欠货款本身，则这种政策是不恰当的，至少从经济上来看是不合算的。实践中，我们也很少看到企业因小额欠款而诉诸法律。这与收账费用的考虑不无关系。

为了不致伤害无意拖欠货款的客户，企业往往会对客户的逾期未付款项规定一个允许的拖欠期限。在这一期限内，企业只是提示对方货款已经逾期，请对方尽快安排付款，不会采取什么硬性措施来强行收款，态度也保持友好。一旦超过了规定的期限后，企业就需采取各种措施来进行催收，不可一拖再拖，使原本一般性的欠款转变为顽固性的欠账，给最终解决造成更大的困难。

小资料

货款拖欠的一些信号：

- 开具的支票因存款不足而遭退票。
- 很难找到对方，你所留下的信息没有人回应。
- 付款习惯突然改变。
- 未能信守承诺。
- 由于不能理解的原因，对方坚持对产品的争议。
- 在迟付款的记录里，不断地出现某家客户的名称。
- 支付远期支票。
- 重要人物离职。
- 大批解雇员工。
- 来自报章杂志或是本公司业务员的关于某家客户的负面消息。
- 某家客户的最重要客户破产。
- 轻易承诺快速付清欠款。
- 合伙人或股东之间有极大的争议。
- 只支付部分账款。
- 突然间大量增加或减少其进货量。

三、货款催收

卖出商品，收回货款，这是推销员必须履行的职责。如何有效催收货款，防止拖欠，应当注意以下几点：

1．预防在先

推销员在与顾客洽谈之初往往有这样一种心理：如果把合作条件（特别是付款条件）提得过高，害怕客户认为条件太过苛刻而不予合作，从而影响到以后的业务发展。其实，这种担心大可不必：第一，事先说明，显示了自己合作的诚意；第二，减少了以后可能出现的后遗症和不必要的麻烦。严格的付款条件可能会使一些客户放弃合作，但这总比将货供给客户之后，他再以货款结算标准和方式有争议为借口而不予结款要强。所以推销人员在与顾客合作之初，就应将货款的结算方式和结算时间明确无误地写入购销合同中，具体写明是现款现货、送二结一还是固定的周期性结款（如每个月结一次等），这样，使货款的催收工作就变得有理有据。

2．坚持原则

推销员因顾及情面对客户延期付款的要求作一时的让步，而导致货款多次催收无果的现象已是屡见不鲜。因此，推销员必须坚持原则，严格按公司的规定执行，不可擅自超越公司的授权而自作主张。

（1）公司规定只做现款结算的，坚决不做代销，哪怕是客户请求隔一天付款也不行。否则，口子一开，以后会无法收拾。

（2）按“送二结一”结算方式签约的客户，前一批货款没有结清之前，坚决不供第二批货。

（3）到了合同规定的或客户认定的结款日期，推销员一定要按时前往。一来可抢在别的业务员之前，让客户将有限的资金先支付给自己；二来不给客户留下话柄：“叫你某时某刻来你不来，现在好了，钱都被其他公司结走了。”

（4）形成一个客户可感知的结款习惯。每隔一定时间，就向客户提个醒，让他记住还差自己哪批货的款未结，还有多少，还有多长时间就该付款了。

推销员如果能做到这几点，就会让客户形成“该公司货款不可拖欠”的印象，这样，货款催收自然就顺利多了。

3．柔中带刚

催欠难，这是不争的事实，因为难，不少推销员在面对客户时往往显得底气不足，好像理亏的不是欠款户，而是自己，让客户觉得“好欺负”，从而故意刁难或拒绝付款。所以，在收款过程中，摆正姿态是非常重要的。

首先，要理直气壮地向客户说明来意：今天，我是按合同规定登门收款的。让客户明白，这次不是求他采购自己的货物，而是他应该付给自己一笔货款，而且今天非结不可。

其次，在理解客户难处的同时，让客户也理解自己的难处，如：“约定结款时间是今天，如果今天不结，领导会说我办事不力，批评不说，或许还会被炒鱿鱼。”、“公司已经几个月没给我发工资了，能不能拿上工资，就全靠这次回款了。”

诉说时要力争动之以情。

再次，在表明“非结不可”的坚决态度的同时，要注意做到有礼有节，在填单、开票、签字、销账、登记、领款等每一个细节上，都要向具体经办人表示真诚的感激，以免其下一次故意找借口刁难自己。

4. 明察暗访

有时，客户会以各种借口不予付款，如负责人不在，账上无钱，未到付款时间，产品没有销完或销路不好等。这就要求推销人员平时要注意观察，及时掌握与结款相关的信息，只有这样，才能辨明客户各种借口的真相，并采取有效的针对措施。

（1）摸清客户的一些基本情况：结款时间是随便哪一天都可以，还是每月只有固定的几天才办理；结款方式是现金付款，还是转账支付；结款签字负责人的坐班时间，有无对账程序，是提供普遍发票，还是增值税专用发票，何时提供等。

（2）与客户的一两个属员建立起牢固的私人感情，让他们成为自己的“内应”或“线人”，能将客户的相关情况及时提供给自己，如负责人在不在，账上是否有钱，来公司结账的人多不多等。

（3）关注自己所供产品的销售情况，如：在结款周期内产品的销量、回款额、库存分别是多少，是否达到合同约定的结款条件等。如果产品销量确实欠佳，应立即采取促销措施，因为只有产品的实际销量才是结款时最具说服力的依据。

5. 心中有数

如果推销人员自己心目中对应收账款都没有数的话，收款效果肯定不佳。要做到这一点，推销人员应经常对货款进行盘算清点。

（1）做好送货记录。明确在哪一天给哪些客户分别送了哪些货物，合计多少钱，每一笔货款按约定应该何时回款。

（2）做好货款分类。按照货款预定的回收时间及回收的可能性，将应收账款分为未收款、催收款、准呆账、呆账、死账几类，对不同类型的欠款，加以不同的催收力度。

（3）做好催收计划。依据货款期限的长短、金额大小及类型、客户付款程序的繁简以及离公司远近等因素，做出一个轻重缓急的催收计划，有条不紊地开展工作。

6. 灵活应变

在催收时机、场合、对象的把握上，推销员应针对不同的拒付借口、不同类型的客户灵活多变地进行处理。

（1）针对不同的借口采取不同的行动。当客户以某某人不在为借口不付款时，推销员可以联合其他供应商一起，以众人的力量给其施加压力。而当其资金确实紧张时，则应避开其他供应商，单独行动。如果拒付原因涉及自己的产品或公司时，推销员则应反省是促销不力产品滞销，还是奖金返利政策未能兑现，并要及时作出调整。

（2）分清客户类型。对付款不爽快却十分爱面子的客户，可以在办公场所当着员工和顾客的面要求其付款，客户可能会因为顾及公司的形象和信誉而结清货款。甚至可以在下班时间到他家里去，他如果不愿家庭生活受到干扰也必立即结款。对于付款爽快的客户，则应明确向其告知结款的原因和依据，并经常性地给予鼓励，引导其良性发展。

（3）选择时间。有的客户忌讳一个工作周期的头一天或每天一上班就往外支付资金，推销人员如了解到这种情况就要适当回避。另外，最好不要选择在负责人心情不好、情绪不稳定时提出付款的要求。

（4）认准向谁催款。向做不了主的人提付款要求，只能徒劳无益，甚至会“打草惊蛇”，使结果适得其反。

7．时刻关注

推销人员在把客户当上帝一样敬的同时，也要时刻注意提防，随时关注一切异常情况，如人事调整、机构变革、经营转向、场地搬迁甚至关闭破产等先兆，一有风吹草动，马上开展跟进工作，防患于未然。

（1）进货情况。主要是进货时间、频率和数量，如果客户在淡季多次大批量进货，显然是不正常之举。

（2）人事与机构变动。原来负责对口工作的相关人员调离或机构撤销、调整，务必要求客户办妥移交手续，最好是以企业法人身份作出对货款的确认，以防赖账。

（3）销售方式。注意客户有无恶意窜货、削价抛售、清仓甩卖等行为。

（4）付款时间。如果一向按时足额付款的客户一再要求延长付款时间或分批支付货款，其中必有蹊跷。

（5）经营方向。实力本来不强的客户突然转向投资或兼营其他行业，其在财力上必然勉强，如果失败，本公司的货款就可能成为死账。

8．巧妙施压

在催收货款时，推销员除了按程序办事之处，还应当巧妙地给客户施加压力，防止客户拖延支付时间或减少支付金额，达到按时足额结算的目的。

（1）将客户的购货要求化整为零，多批次、少品种、少数量地向客户供货。不完全满足客户的要求，有意让客户处于一种“饥渴”状态。

（2）终止相关的优惠政策。对付款不及时的客户，除了依照信用条件取消相关优惠外，还可以终止促销礼品、样品的配送及年终返利和奖金等。

（3）将优势品种断货。每个推销方都会有一两个成熟的畅销品种，如果停止将这样的品种向客户供货，必然影响客户的下线，这是客户最不愿意看到的。

（4）前款不清，后货不送。停止向客户供给一切货物，直至对方付清前期货款。甚至可以收回货物，不再进行业务交往。

第三节 讨债技巧

尽管我们对货款回收采取了种种预防措施，但也很难完全避免客户拖欠货款的情况发生。作为推销员有必要研究学习一些讨债的技巧，以利于追讨客户所拖欠的债务。

一、讨债的一般手段

1. 利用行政干预手段协助讨债

利用行政干预手段协助讨债，是指讨债人（或债权人）在讨债过程中，通过债务人的上级领导机关对债务人进行说服教育，规劝债务人尽快偿还债务。

在市场经济条件下，政府机关虽已不再直接管理企业，但仍可对企业的生产经营活动产生重要的影响，可以说，一个企业如果得不到政府的支持，是很难生存和发展下去的。因此，推销人员就可以利用政府机关的这种影响来协助追讨债务，如果推销人员能够说服债务人的上级机关出面进行干预，则对于收回货款会有很大的帮助，尤其是当债权人和债务人同属于一个部门领导时，其效果将更加明显。

需要注意的是，由于债务人的上级机关并不能强制债务人必须履行债务，只能通过说服教育来督促债务人履行合同，所以讨债者不能将此作为一种唯一依靠的手段，其他方面的努力仍不可放松。

2. 利用金融机构的监督职能帮助讨债

采用这一手段催讨债务具有两方面的含义：其一，可利用金融机构的独特地位对债务人进行规劝说服帮助讨债。企业开展经营活动多离不开金融机构的支持，如果金融机构出面劝说，企业也须认真考虑。对催讨债务会有一定的帮助。其二，可利用金融机构的监管职能协助执行。我国法律规定，国家银行具有协助执行的职能，当债务人无故拖欠货款时，依照有关规定，银行可强制扣款划拨，如：买卖双方以托收承付方式付款，如果买方无正当理由而拒付货款，则银行有权进行强行划拨。当买卖双方的债务纠纷已由国家仲裁机构或人民法院仲裁、判决，而一方当事人仍不履行义务的，则另一方当事人可向人民法院提出申请，由人民法院通知有关金融机构进行强行扣款划拨，以支付债务人所欠的债务。

3. 以中断合作关系的手段帮助讨债

现代的企业生产是一种社会化的大生产，企业之间互相依赖、互相协作、互相制约的程度越来越高。形成了一个循环的链条，当其中一环出现问题，其他也会受到连锁影响。根据这一特点，讨债人在讨债过程中，可以利用中断合作关系而迫使债务人尽早清偿债务。例如：山西是一个煤炭大省，在全国煤炭市场占有举足轻重的地位，但在一个时期内，由于货款拖欠严重，已经影响到企业的正常运转，为了清偿拖欠的债务，各大矿业集团采取了一个统一的行动，不清欠则不

发煤，从而在短期内收回了大量欠款，收到了很好的效果。

需要指出的是，采用这种手段需以欠债方不清偿债务将会遭受更大损失为前提条件，如果债务人在中断合作关系后，能够另寻他途，丝毫不会受到影响，那么，采用这一方法也就不会有任何效果，甚至还会对再次索债造成更大困难。

4. 运用经济抗衡手段帮助讨债

运用经济抗衡手段帮助讨债，是指债权人根据双方合同（即合同双方互为债权人和债务人）应当同时履行的原则，针锋相对地逼使债务人履行债务的一种方法。例如，某企业与一用户签订购销合同，规定付款方式为款到发货，但眼看已过了交货期，仍不见用户的货款到账，尽管用户一再催促，企业仍拒绝发货。这其实就是一种经济抗衡，负有先行给付义务的一方如果不能如期给付，那么另一方也以推迟给付来与之抗衡，直到双方遵照合同规定先行给付为止。

这种方法对于技术贸易、租赁交易等有较好的效果，而对于商品的交易则有一定的局限。现实中，除非一些比较紧俏的商品，先款后货往往难以做到，有的企业为了牵制对方，对于一些成套供应的商品，扣住其中的一些关键部件暂时不发，直到对方达到付款要求时才予供应，这其实也是一种抗衡。当然，这样做事先在合同中要有约定，否则，只能算是违约。

小案例

某公司原来从事汽油销售业务，与一些大的运输公司采用压批滚动的方式进行货款结算。开始业务做得还比较顺利，运输公司占压一定的批量，能按时结算油款。后来，由于受国家石油专营政策等因素的影响，该公司的汽油购销业务终止了，改行从事木材加工生意，但原来打交道的一家运输公司仍欠有 5 万多元的油款未能收回。公司先后派人多次到该运输公司索要欠款都未能如愿，前后一年多时间，清欠工作毫无进展。经分析研究，认为在对方恶意拖欠的情况下，必须变被动为主动，再借助法律的配合，才能使这笔债权得以落实。于是公司安排一名此项业务的参与者做向导，带一名该运输公司不熟悉的人员前往对方所在地。先在当地的纤维板厂购买了一批公司正常经营所需的板材，然后由那位对方不熟悉的人员出面，到该运输公司去雇用车辆运输板材。运输公司的调度员看到有找上门来的生意当然高兴，毫不犹豫地安排车辆即刻起程。经过几个小时的跋涉，一辆崭新的“东风”大货车就开进了公司的大院（在雇车时隐瞒了公司的真实名称），至此，运输业务完成，但车却被扣押下来。原来，该公司已提前派人到法院去办理了车辆的扣押手续，当运输公司的经理接到扣押通知后，第二天便派人把拖欠了一年多的欠款全部结清，而且还支付了 8000 元因拖欠货款而造成的费用和利息损失。

5. 通过对债务人“输血”扶植帮助讨债

对于客户因支付能力不足而形成的拖欠，也可通过“输血”扶植的手段来帮助讨债，常用的方式有以下几种：

（1）给予经济资助。如果债务人不能按期履行债务是因为缺乏足够的流动资金而不能维持正常的生产经营活动，只要补充适量的资金，债务人即可恢复生产并获取良好的效益，对此债权人可通过经济资助或为债务人提供银行贷款担保，帮助债务人解决流动资金的不足，使债务人恢复生产，赚取利润，偿还债务。

（2）给予技术援助。如果债务人不能清偿债务是由于技术落后而造成效益不佳，支付困难，债权人可通过技术援助来帮助债务人提高技术水平，从而提高支付能力。如帮助债务人进行设备改造、工艺改革、解决产品的技术难题等。这不仅有助于债务人直接提高经济效益，也为其增加了发展后劲，对双方之间的长期合作也很有利。

（3）给予物质资助。若债务人不能清偿债务的原因是缺乏必需的材料或是生产的产品积压而导致资金周转困难，债权人可以向债务人提供必要的物质帮助，以使债务人能够维持正常的生产经营活动。如帮助债务人购买紧缺的原材料，利用自己的销售网络帮助债务人推销积压商品等。

（4）给予“软件”帮助。如果债务人不能清偿债务是由于管理不善的原因造成的，债权人可以通过帮助债务人建立一套高效科学的管理体制来使债务人提高经营管理水平，从而提高盈利能力，清偿债务。

（5）临时资助。若债权人没有时间和精力，也不愿意花费时间和精力去考虑债务人的生存和发展，只是着眼于如何能够尽快偿还债务，那么，债权人可以对债务人实施一些只有短期效应的帮助，使之能够立即收益，从而有能力来偿还债务。如帮助债务人牵线搭桥，在短期内做成几笔大的生意，或将自己的畅销产品交给债务人销售等。

二、讨债策略

推销人员在向债务人追讨债务的过程中，应当根据当事人不同的性格特点采取针对性的讨债策略，以提高讨债的效果。

1. 对待“强硬型”债务人的策略

“强硬型”债务人的突出特点是态度傲慢，对付这类债务人的策略可以是：

（1）沉默策略。沉默策略是指在讨债过程中，面对对方的傲慢态度，不卑不亢，既不与之争锋，也不软语相求，而是观看对方态度而不开尊口。这种策略对于“强硬型”的对手是一个有力的手段。这一策略的成功之处就在于对手因你的沉默而摸不清底细，因此会产生心理上的恐慌从而削弱对方的力量。所以，推销人员在运用这一策略时，关键就是不让对手摸清你的底细，尽量少讲话，以静制

动。当然也不能一直沉默不语，使债务人认为你是慑服于他，这样反而会增添债务人的拖欠欲望。

（2）软硬兼施策略。也称黑脸白脸策略，是将讨债者分为两个部分，其中一个人扮演强硬角色，另一个扮演随和角色。谈话开始，先由黑脸出场，由强硬者毫不保留地果断提出还款要求，态度坚决，必要时还可带一点疯狂，表现出一点吓唬式的情绪行为，等轰炸过一阵以后，气氛变得十分紧张，这时，白脸开始登场，一面劝阻自己的同伴，一面态度缓和地提出一些还款的条件，这些条件听起来似乎更加合情合理，对方当然更愿意和这位“通情达理”的人进行交谈，己方再趁机作出一些让步，这样较容易促成债务的清偿。

2. 对待“阴谋型”债务人的策略

“阴谋型”债务人的特点是常常利用一些诡计或借口拖欠债务，甚至是“要钱没有，要命一条”的无赖样。对付这类债务人可以采用以下策略：

（1）反“车轮战”策略。“阴谋型”债务人常会采用不断变换接待人员的“车轮战术”来应付讨债人，使债权人筋疲力尽，不得不降低条件或作出让步，达到少付或不付货款的目的。对付这种“车轮战术”，债权人可以当面揭穿债务人的这种诡计，明确告诫对方不要耍这种花招，对其更换的接待人员置之不理，对原来的经办人紧追不放，并采用各种手段使其不得安宁，不停地向其负责人施加压力，不给其躲避的机会，促使债务人尽快还款。

（2）“兵临城下”策略。这种策略是指债权人向债务人采取大胆的胁迫做法，迫使对方还款。例如，某企业为了追回一笔久拖不还的欠款，向这家客户派出了几名待岗的女工去要账，并嘱咐她们每人都带上几斤毛线，去到客户的公司后，即坐到经理办公室，经理躲走，我便打毛衣，经理回来，我就向你要债，没用几天，这家公司便乖乖地还上了欠款。

3. 对付“合作型”债务人的策略

“合作型”债务人的特点是合作意识强，比较重感情，一般不愿破坏已有的合作关系，对于这类债务人所应采取的策略是：

（1）假设条件策略。即在讨债过程中，向债务人提出一些假设条件，用来探知对方的意向。如：“假如我方再送一车货来，你前边的欠款能还多少？”、“假如每月还款2万元的话，我们将会保证你的供货，你看如何？”等。

（2）私下接触策略。指讨债人有意利用空闲时间，主动与债务人一起聊天、娱乐，联络感情，从侧面促进讨债工作的顺利进行。

4. 对待“固执型”债务人的策略

“固执型”债务人的特点是坚持所认定的观点，对新主张、新建议非常反感，喜欢照章办事，有一种坚持到底的精神。对待这类债务人可采用的策略有：

（1）试探策略。即讨债人通过提出一些试探性的问题，来观察对方作何反应，据此判断对方的真实意图。例如，提出一个公平合理的债务解决方案。如果对方的反应尖锐对抗，那就可以采用硬性解决方式来清偿债务（如起诉）；如果反应温和，就说明有协商解决的余地。

（2）先例策略。指债权人列举已经还款的其他例证来向债务人说明可能的后果，促使其改变看法。例如，向债务人出示与其他欠债人企业达成的还款协议、法院的判决书等。

5．对待“感情型”债务人的策略

“感情型”债务人的特点是性格温和，与人友善，能迎合对方的兴趣，很会体贴别人，能在不知不觉中把别人说服。对待这类债务人可采用的策略有：

（1）以弱为强策略。指讨债人以一种近似乞求的态度向债务人提出还款的要求。如：“我们已经有两个月没发工资了，请你一定帮我们解决一下”、“这笔款确实已经很长时间了，再拖下去，我们也无法向公司交代，请你考虑解决一下”等。

（2）恭维策略。指讨债人说一些让债务人高兴的赞美话，令债务人感到心理满意。这对于具有“感情型”性格的人还是非常有效的。如：“早就听我们经理讲，王总一向最讲信用，要不是前一个时期的突发事件，根本用不着我们来跑一趟”、“现在各个企业都很困难，你们厂还能这样红火，全靠你们这些领导”等。

（3）在不失礼节的前提下保持进攻。针对“感情型”债务人回避进攻怕冲突的特点，从一开始就创造一种公事公办的气氛，不与对方打得火热，在感情方面保持适当距离，使之感到你并不容易对付。但要注意礼节，不可撕破脸面，一旦激怒对方，再谈收款会十分困难。

6．对待“虚荣型”债务人的策略

“虚荣型”债务人的特点是自我意识强，好表现，对别人的暗示非常敏感。对待这类债务人可采用的策略有：

（1）顾全面子策略。“虚荣型”债务人一般都比较注重面子，因此，讨债人一般不要在大庭广众之下提及要债问题，以满足其虚荣心。可通过单独交谈来索要欠款，同时要将你顾全面子的做法告给对方，使对方清楚你这样做完全是为了他好。当然，如果债务人有意躲债，也可利用其要面子的特点，与其针锋相对而不顾及情面。

（2）制约策略。“虚荣型”债务人大多爱表现，喜欢浮夸，但又往往说了不算，为此，对“虚荣型”债务人作出的承诺要有记录，对达成的还款协议等要及时立字为据，以免对方反悔或借口否认。

三、讨债技巧

1．兵马慎动，策略先行

就讨债过程来说，一般可分为准备、软磨、强攻、扫尾四个阶段。在准备阶

段，讨债人要注意保持与债务人表面的友好关系，同时抓紧摸底，多方取证，为今后的催讨、诉讼搜集证据材料；在软磨阶段，主要是通过函催、面催等方式，努力探清债务人的真伪虚实和个性品质，同时，要注意防止延误约定或法定时效。在强攻阶段，双方已公开对立、诉诸法律，此时不慎也会使局面陷入僵持，一定要抓紧解决；进入扫尾阶段，是非已经清楚，关键在于执行，要防止对方转移财产，逃废债务。

2．出其不意，以快制胜

讨债要行动迅速，争取主动，要防止债务人做好应付讨债的各种准备，也要预防可能发生的各种意外。如：债务人中断承包、租赁、联营协议；当事人辞职、退职、退休；企业被兼并或破产倒闭、法人代表更换、新负责人推却不管；债务人将资金转入其他账户，难以查寻；债务人故意拖延，超过法定诉讼期限；债务人找到某种社会关系，利用人情或行政干预手段为讨债制造障碍；市场行情突变、价格大跌，原价讨回的抵债物大大贬值，等等。

3．盘根究底，攻其要害

有时，债务人会寻找种种借口企图赖账，左推右闪，拒绝偿债。在这种情况下，讨债人员要进行深入细致的调查，盘根究底，抓其把柄，攻其要害，并依据对方的个性特征采取相应的对策。

4．见风转舵，保本舍末

在激烈的市场竞争中，企业经营情况往往大起大落，很难预料。讨债人应密切关注和研究市场行情，在预见到行情不利或下跌的情况下，应以约定期限内不罚利息、减少或取消违约金等为条件，劝诱对方迅速归还本金，以保住“大头”。避免因在小节上纠缠不清，反而丧失了讨债的良好时机。

5．法理情义，同步相逼

在讨债时，要注意“文武之道，一张一弛”。一方面，讨债人可对债务人表示同情，并可采取一些措施来帮助对方解决“三角债”之类的矛盾，或给予经济、技术、物质、管理等方面的资助，通过对其的帮助和扶植，实现尽早讨还债务的目的，这样也有利于保持双方的友好合作关系；另一方面，讨债人也要与对方摆事实，讲道理，必要的时候则通过法律或行政手段来追讨债务，以达到最终迫使对方偿债的目的。

本章小结

1．客户的信用限度是企业赋予客户的一种商业信用，即允许客户在一定时期内有一定数额的欠账。信用标准的确定主要考虑三方面的因素：同行业竞争对手的情况、企业承担风险的能力和客户的资信程度。信用条件是企业接受客户信用订单时所提出的付款要求，包括信用期限、现金折扣和折扣期限。信用额度的确定有三种方法，即根据收益与风险对等的原则确定，根据客户营运资本净额的一定比例确定及根据客户清算价值的一定比例确定。

2．应收账款管理图由四条线构成，分别为销售金额线、回收线、兑现线和现金线。企业的收账政策应以收回货款为目的，灵活采取协商、诉讼或仲裁方式解决。在进行货款催收时，应注意：预防在先、言行信果、柔中带刚、明察暗访、心中有数、灵活应变、时刻关注及巧妙施压。

3．讨债的一般手段有：利用行政干预手段协助讨债；利用金融机构的监督职能帮助讨债；以中断合作关系的手段帮助讨债；运用经济抗衡手段帮助讨债以及通过对债务人“输血”扶植帮助讨债。推销员应根据不同债务人的性格特点采取讨债策略，分别有对待强硬型、阴谋型、合作型、固执型、感情型和虚荣型等6种类型的13种常用策略。

4．讨债的技巧是：兵马慎动，策略先行；出其不意，以快制胜；盘根究底，攻其要害；见风转舵，保本舍末；法理情义，同步相逼。

作业与训练

一、复习思考题

1. 什么叫信用标准？影响企业信用标准高低的有哪些因素？
2. 什么叫信用条件？信用条件包括哪些内容？
3. 什么叫5C系统评估？
4. 应收账款管理图中的A、B、C、D四条线是如何计算确定的？各条线之间的距离表示什么意思？
5. 货款催收应注意哪些问题？
6. 讨债的手段有哪些？
7. 债务人可分为哪几种类型？对于不同类型的债务人应分别采取什么样的讨债策略？

二、选择题

1. 对客户进行5C系统评估，主要是用来确定客户的（　　）。
   A. 信用限度　　B. 信用标准　　C. 信用条件　　D. 资信程度
2. 企业对某客户提出的信用条件是“2/10、N/45”，表示（　　）。
   A. 客户在10日内付款，可给予20%的折扣；45日内付款，则没有折扣
   B. 客户在10日内付款，可给予2%的折扣；45日内付款则没有折扣

C. 客户的货款可分两批交付，一次为10日内，一次为45日内

D. 客户的货款可分两批交付，第一次交付20%，第二次交付余下部分

3. 某企业向某商场租借柜台，签订合同时讲好企业必须每月按时向商场交纳租金，但商场却连续几个月没有收到企业交来的租金，于是商场决定中止合同。这种讨债手段是（　　）。

A. 行政干预手段　　B. 中断合作关系手段

C. 经济抗衡手段　　D. 扶植帮助手段

4. 当客户以负责人不在为借口而不付款时，推销员应该（　　）。

A. 向客户的接待人员直接索要欠款

B. 等待该负责人回来再索要欠款

C. 联合其他供应商一起，以众人的力量给其施加压力

D. 避开其他供应商，单独行动

5. 沉默策略主要用于对付（　　）债务人。

A. 强硬型　　B. 阴谋型　　C. 合作型　　D. 固执型

6. “假如我方再送一车货来，你前边的欠款能还多少？”表示的是（　　）。

A. 软硬兼施策略　　B. 假设条件策略

C. 私下接触策略　　D. 试探策略

三、实训项目

1. 初到一地推销，好不容易说服客户同意购买所推销的产品，但客户提出要将货款的5%（约千元左右）作为质量保证金暂时不付，三个月后试用无问题才予全部付清。请回答：对这样的条件，推销员能否答应？请阐述理由。

2. 根据本章开篇案例所阐述的内容，分析李先生受骗的原因，并提出防范类似欺诈活动的有效措施。

第七章 谈判与交易谈判

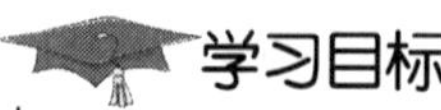

学习目标

- 了解谈判的含义及评价标准。
- 掌握谈判的基本原则。
- 掌握交易谈判的基本内容及其过程。

案例导读

A 企业是一家新成立的小型乳品生产企业，计划通过超市来开辟产品的销路，这样既可以提高产品的知名度，也可以迅速扩大产品的销量。但对于一个不知名的小企业来讲，面对大型超市显然没有什么优势，如果在入场谈判中不能争取到较为有利的条件，将对整个企业的发展产生十分不利的影响。

为了取得首战胜利，以鼓舞士气，公司总经理亲自出面，带销售部经理共同赴邻省 T 市进行超市的入场谈判。

准　备

孙子曰："夫未战而庙算胜者，得算多也；夫未战而庙算不胜者，得算少也。多算胜，少算不胜，而况于无算乎？"很多失败的例子都是事前没有做好充分准备。省了这一道程序，失败者十有八九。为此总经理特别做了充分的准备。

1. 时间与拜访顺序的安排

由于上市时间要求紧迫，必须在两周之内把事情谈妥，因此，先定好两项原则：第一，尽量事先在电话里约定，以提高效率；第二，在谈判陷入僵持的时候，尽量不要死缠硬磨，而是迅速拜访下一个目标。对于前者，可在第二天再次拜访。

在顺序上，首先排除掉在 T 市排名第一、第二的特大型超市，因为难度太大，几乎无法在短时间内攻下，但也必须是排名靠前，规模和知名度都比较大的超市。经精心挑选，选择了排名第四的某超市作为首谈对象。如果能以优惠的条件顺利拿下，对以后的攻关是个极大的帮助，不但可以鼓舞士气，而且它的条件还可以成为下一个超市的参照以及手中的砝码，因为超市之间都在互相比较。

2. 了解超市谈判主管的情况

尽管时间紧，但还是通过多种渠道了解了部分情况。超市的主管 H 先生很专

业，对供应商的产品很挑剔，年轻气盛，脾气大，不好对付。

所以，应付这样的对手，推销方也必须十分专业，必须让对方折服，才能达到目的。

3. 仔细考虑产品入场的难点以及对方可能提出的问题

根据产品的情况，其质量、口感、包装在同档次的产品中应该很有竞争力。难点应该是价格问题（平均比其他产品高15%左右）和入场费用及其他费用问题。

针对价格，准备了8条理由：

（1）产地在外省，有长途运输费用。

（2）包装在同类产品中档次最高，选用的材料贵。

（3）包装委托深圳专业设计公司设计。

（4）产品量足，比同类产品要多出一些，在包装上反映很明显。

（5）产品质量、口感都不错，好产品自然有好价格。

（6）投入大量的广告宣传及市场推广费用，成本增加。

（7）按照大品牌的正规方式操作，产品肯定能火起来。

（8）对产品有信心，若三个月销不到同档次产品的前三名，自动撤货。

针对入场费用及其他费用，在让对方感到推销方也非常专业的同时，多强调企业尚在创业时期，困难很多，希望超市多多支持，在产品销起来后，自然会对超市多加支持。总之，希望能够得到对方的充分理解。

受　挫

按照预定的计划，由销售部经理与超市的主管H先生事先通了电话，按照约定，二人依约前往。

见到超市乳品的主管H先生，果然与了解到的情况一样，傲气而冷漠。按照事先的安排，由销售部经理先谈，且未对总经理的身份进行介绍。大概谈了不到十分钟，谈话就有结束的趋势。

“现在的排面很紧张，你们的产品虽然看上去不错，但现在的竞争也很激烈，能不能卖好还很难说……”

“先把资料和样品放下，过后我再看看。”

“你们过几天再来吧！”

话至此，看来第一次拜访要结束了。

转　折

在H先生准备起身送客的时候，一直坐在一旁的总经理开口了，“H先生，我能不能跟你谈一下？”销售部经理此时赶快从中介绍：“这是我们公司的总经理。”也许是见过太多的老板，H先生并未有什么特别的反应，依然表示还是下次再说吧。

“我只耽误你5分钟，如果5分钟之内你对我的话不感兴趣，那我们自己走人。”总经理讲。

或许是平时听到的都是恭维的话，突然听到有人这样严肃的讲话，心理缺少准备，H先生明显地愣了一下。

“我听说H先生在乳品方面很有造诣，我只是想跟您交流一下，您该不会拒绝我吧？”总经理继续讲。

“好吧，好吧！”H先生虽然态度没有多大改变，但还是又重新坐了下来。

“H先生，据我所知，本市的袋装酸奶虽然品种很多，但在包装、质量、口感上能上点档次的产品没有几个，您同意吗？”

“是这种情况。”

“我想，贵超市也希望在这一类产品中能有一个好产品，一方面，可以吸引顾客；另一方面，也是您的业绩嘛！”

“是啊，是啊！”

“其实，我们在做这个产品的时候，虽然是个中低档次的产品，但我们还是把品位定得很高，如果你有兴趣，可以比较一下。”

这时候，H先生才仔细拿起样品看着，刚才销售部经理递给他样品的时候，他根本就没有在意，只是随手扔在桌子的一边。

“包装还不错，是比其他产品要好一些。”H先生开始有点认同了。

“您知道，酸奶的口感很重要，现在顾客都很挑剔，我不知道我们的产品口感能不能过您这一关。”总经理继续说，意在要H先生尝一尝。说完转身对一旁的销售部经理示意：“你去外边买几个纸杯来。”

“买什么啊，我这里有。”H先生表示。

H先生的确很专业，他像品咖啡一样，在嘴里仔细抿着。

“口感的确不错，而且牛奶的浓度也很高，只是甜度似乎有些高。”

销售部经理借此机会又拿出几袋样品，给在场的几位工作人员各自送上一杯。

大家同样的赞美，使整个谈判有了质的转折。

畅　谈

“你的确很专业，甜度的问题很好解决，这是可以调整的。看来，你专门研究过酸奶。”总经理恭维道。

“那是，搞这个工作嘛，就要专业一些啊。不过呢，我也一直喜欢喝酸奶，连我家里人也喜欢喝。”

找到了H先生的兴趣点，总经理开始畅谈有关酸奶的一切事情：从酸奶的起源到酸奶的发展；从过去人们的认识到未来的趋势；从酸奶的营养谈到“长寿食品”的由来；从市场的现状到解决的途径；从生产工艺到新的菌种……时间不知不觉过去了1个多小时，其间有一些其他厂家的人员来找H先生，都被回绝了。

进 入 主 题

趁着谈兴正浓，总经理开始把话题引入正题。“H先生，难得遇到你这样专

业的人，今天我特别高兴，但现在还有个烦心的事情……”

“X总，什么事情，您尽管说！”显然，H先生已把总经理当朋友了。

于是，总经理趁机将此行的目的及计划安排向H先生作了介绍。

“这个好说！”说着，H先生从抽屉里拿出了合同，并将有关入场费、年节费、店庆费、DM费等等作了介绍。

对于超市名目繁多的收费，几乎所有的供应商都很头疼，总经理二人已有准备，但还是感到压力沉重。

“费用是不是高了一点？”总经理讲。

“别急，你先看看，这只是报价。”

显然，有商量的余地。

“那您能给我们优惠多少呢？”

H先生思索了一下，报出了个数字，总经理心里盘算了一下，觉得还可以接受，但还是给销售部经理使了个眼色。

“再低一些吧，听说你们给××产品的入场费比这个还低。”销售部经理趁机帮腔。

“哪有的事，你们别听别人乱说。”

“我们也是刚开始创业的小企业，资金很紧张，您能不能再给支持一下？”总经理继续加压。

H先生想了想说：“入场费实在是没法低了。这样吧，我给你们免几个费用，不能免的店庆费和年节费给你们按最低算。”

这个条件应该说已经可以了，但总经理仍没有表示出非常满意。H先生看着对方，又补充了一句，“你们资金紧张，我跟领导说说，入场费不用交现款，在货款中扣吧。”

入场费用的问题解决了，优惠幅度超出预想。但是最棘手的问题还在后边。

“你们的价格不行，太高，必须降价！”H先生说。

这一问题是预料之中的，推销方的产品平均比其他产品的价格高15%左右，超市方面不会不提。

“H先生，我们产品的价格是高，我不否认，但是我们的价格高有它的道理。”

于是，总经理将事先准备好的8条理由一条一条娓娓道来，结果，还不等把所有理由说完，H先生就已经“投降”了。

总经理借机又加了一句：“如果我们的产品在贵超市三个月内销不到同档次产品的前三位，我们就自动撤货。”

价格问题一解决，其他的账期安排等问题也都迎刃而解了。

获　胜

“你们把合同带回去，盖好章再送过来。”填好必要的项目后H先生说。

“不用带回去，我们已经把章带来了，最好麻烦H先生现在就给我们办一下，我希望早点把合同签了。因为还要做超市促销准备工作，我希望在“六一”产品正式上市的时候，能在贵超市有个开门红。”

“啊？”H先生很吃惊。以前还从未有过供应商一次拜访就把事情搞定的先例。

“X总，你看，这……”H先生显然有点为难。

“我知道这些让你为难了，就算你帮我一个忙，日后需要我做什么尽管开口！忙完了中午请你吃饭，我们再好好聊聊。”

“第一次跟你这样的人打交道！”H先生调侃地笑笑，答应了。

随后，H先生拿着合同，找经理，跑其他部门，最终在当天下午拿到了合同。

第一节　谈判的含义

一、谈判的定义

谈判是指双方或多方为了消除分歧、改变关系而交换意见，为了取得一致而相互磋商的一种行为。谈判包括谈与判两个方面：谈是指双方或多方之间的沟通和交流；判就是决定一件事情。只有在双方沟通和交流的基础上，了解对方的需求和内容，才能够作出相应的决定。谈判活动广泛存在于社会生活的各个方面，有国与国之间的外交谈判，政党之间的政治谈判，敌对双方之间的军事谈判，个人或组织之间的经济谈判，以及生活领域中的工作调动和家庭事务纠纷解决的谈判等。

就谈判本身而言，具有4个特点：

（1）谈判是一项目的性很强的活动。人们参加谈判都是为了满足某种目的。

（2）谈判是谈判各方“给予”与“接受”兼而有之的一种互动的过程，同时也是一种说服与被说服的过程。

（3）谈判必须是双方或多方共同参与的过程。

（4）谈判是“互惠互利”的。如果一方只想达到自己的目的，而不考虑对方的利益，那么就不可能达成一致。

交易谈判是谈判中的一种。所谓交易谈判，是指有关交易双方为了达到各自的目的，就一项涉及双方利益的标的物的交易条件，通过沟通和协商，最后达成双方都能接受的协议的过程。作为谈判的一种类型，交易谈判具有一般谈判的共性特征，同样是双方或多方进行信息交流和相互说服的过程。但交易谈判又区别于其他类型的谈判，有其自身的个性特征。

1．经济利益是谈判的目的

在交易谈判中，双方谈判的目的就是为了寻求满足自身某种经济利益的需求，而做出让步也通常是某一方面经济利益的让步。有时交易谈判会受到各种非经济因素的影响，但谈判双方对非经济因素的重视和利用，也是为了实现各自的经济利益。

2. 经济效益是谈判的主要评价指标

交易谈判与其他类型的谈判相比，更为重视谈判的经济效益，因为交易谈判本身就是一种经济活动。在谈判过程中，谈判者不仅要考虑期望从谈判中得到什么、得到多少，还要考虑付出什么、付出多少，明确所得和所费的关系，讲求经济效益。当然，这并不仅仅局限于短期的经济利益，还要从长远的观点看问题。

3. 交易谈判的核心是价格

几乎所有的交易谈判都涉及价格这一问题，价格是交易谈判的核心内容。因为价格的高低不仅最直接、最具体地反映了谈判双方的利益，而且其他许多因素，如交易的数量、质量、付款时间和付款方式等都与价格条件存在密不可分的关系，可以通过价格的变动得到体现。

4. 交易谈判注重合同条款的严密性与准确性

交易谈判的结果是由双方协商一致的协议或合同来体现的。合同条款实质上反映了各方的权利和义务，合同条款的严密性与准确性是保障谈判获得各种利益的重要前提。即使谈判者已经获得了谈判的胜利，但如果在拟订合同条款时掉以轻心，不注意合同条款的完整、严密、准确、合理、合法，结果也会被谈判对手在条款措词或表述方法上引入陷阱，可能不仅会使到手的利益丧失殆尽，而且还要为此付出惨重的代价。因此，在交易谈判中，谈判者不仅要重视口头上的承诺，更要重视合同条款的准确和严密。

二、谈判与推销的关系

交易谈判与商品的推销是融为一体的，在实践中，我们很难将商品的推销与交易谈判严格区分开来，之所以要将这同一过程划分为不同的两个部分，很大程度上是为了叙述的方便而进行的人为划分，二者之间既有联系，又有区别。

交易谈判与商品推销的联系主要表现在其相互之间的融合性，在商品推销过程中，必然要与客户就商品交易的条件展开磋商，通过沟通交流消除彼此之间的分歧，这种磋商事实上就是交易谈判的内在含义。交易的达成也同时意味着谈判的成功，二者之间的目标和结果完全一致。显然，商品推销与交易谈判属于同一过程。

交易谈判与商品推销的区别主要表现在：商品推销一般是指在推销对象还不十分明确，客户的购买意图尚未明确表达的情况下，推销员需要通过自己的努力去挖掘潜在客户，主动去接近顾客，并说服顾客购买的行为过程；而交易谈判则是指交易双方的意向已十分明确，“买者要买，卖者要卖”，在买卖供求方面已不存在问题，只是具体的交易条件尚存在分歧，需要双方深入沟通磋商解决问题。二者之间的前提条件存在差异。后续对交易谈判的阐述也是基于这样一个基础。

三、谈判的构成要素

一场完整的谈判作为一个整体，它的构成要素是多方面的，包括谈判主体、谈判客体、谈判目的、谈判时间、谈判地点以及其他物质条件等。其中最基本的构成要素是谈判主体、谈判客体和谈判目的三项。

1．谈判主体

所谓谈判主体是指参与谈判的双方（或多方）当事人。谈判主体是构成谈判的基本要素，具体又分为两种：一种是关系主体，指既能以自己的名义参加谈判，又能够独立承担谈判后果的法人或自然人；另一类是行为主体，指有权参与谈判并且能通过自己的行为完成谈判任务的谈判代表。例如：甲乙原为夫妻，因感情不和准备离婚，双方就财产分割进行谈判，因相互之间矛盾较大，不愿直接面对，因此，乙委托丙与甲进行谈判。但无论谈判的情况如何，最终结果都要由甲和乙来承担，丙只是以乙的名义参与谈判，并不承担谈判的后果。在这里，甲和乙为关系主体，而甲和丙则为行为主体，甲同时兼有关系主体和行为主体的双重身份。

在谈判中，主体资格问题十分重要，如果谈判的一方或双方不具备合法有效的主体资格，谈判的结果是无效的。如果谈判对方为一组织，则要注意审查对方是否具有独立的法人资格，派出的谈判代表是否得到了充分的授权。只有主体资格合法，谈判的结果也才会受到法律的保护。

2．谈判客体

谈判客体是指谈判的议题，即谈判的标的。谈判的议题是谈判各方共同关心并希望解决的问题。它往往与当事人的利益有切身的利害关系，如商品的品质、数量、价格、装运、保证条款和仲裁方式等。议题是谈判的核心，在交易谈判中，可谈判的议题几乎没有界限，凡是可以买卖转让的有形和无形产品或是权利都可以成为谈判的议题。议题是谈判双方权利和义务的指向，一般通过合同或协议的形式表现出来。

3．谈判目的

所谓谈判目的，是指参与谈判的各方都须通过与对方打交道或正式洽谈，促使对方采取某种行动或做出某种承诺来达到自己的目的。应该指出，一场谈判如果只有谈判的主体和客体，而没有谈判的目的，那么这个谈判是没有意义的。

四、谈判的评价标准

评价一次交易谈判是否成功，通常有三个标准。一是自身的需要是否因谈判而获得了满足，即谈判的目标是否达到。二是谈判的效率如何。如果为一次谈判而投入了过多的时间、精力和资金，从谈判中所获得的收益还不足以弥补由此而付出的代价，则很难说谈判是成功的。当然，这种评价不仅看赚钱的多少，还要看谈判所能够带来的长远利益。三是谈判之后与谈判对手之间的人际关系如何。现代社会的经济交往，常常需要同某个部门、某个单位进行长期的合作，不能因一次谈判而断送了将来一系列的合作机会，要特别重视与谈判对手结成长期友好的关系。在谈判中，要使上述的“目标”、“效率”和“人际关系”同时都得到满足是很难的，因这三者之间具有某种程度的冲突。所谓成功，是指在三者之间作出适当的取舍，尽可能使三者处于某种均衡状态。

一位谈判高手在回答“什么是成功的谈判”这个问题时，讲了一个颇有意味的故事：两个孩子为了分一个苹果而争吵不休，都坚持要得到最大的一块，无论怎么劝说俩人都不同意。后来，他们的父亲提出了一个建议，由其中一个人来切苹果，然后由另一个人先进行挑选。俩人接受了这一建议。切苹果的一方不敢马虎，力求切得一样大小，生怕自己吃亏；而挑选苹果的一方，当然要选他认为大的一块。假如切开的苹果真的有大有小，让先挑的一方占了便宜，切苹果的一方也是心甘情愿，因为他已经尽了自己的最大努力来分切苹果。

从这一事例来看，父亲的建议使两个孩子做到了利益均沾，各取所需，皆大欢喜，可以说是最公平合理的分法了。当然，交易谈判不会像分苹果这样简单，但道理是一样的，需要兼顾到双方的利益，使谈判的每一方都对谈判的结果感到满意。这样的谈判才是成功的谈判。

小案例

美国约翰逊公司的研究开发部经理，从一家有名的 A 公司购买了一台分析仪器，使用几个月后，一个价值 2.95 美元的零件坏了，约翰逊公司希望 A 公司能给免费调换一个零件。A 公司却不同意，认为零件是因为约翰逊公司使用不当造成的，并特别召集了几名高级工程师来研究寻找证据。双方为这件事争执了很长一段时间，几位高级工程师费了九牛二虎之力终于证明了责任在约翰逊公司一方，取得了谈判的胜利。但此后整整 20 年时间，约翰逊公司再未从 A 公司买过一个零件，并且告诫公司的职员，今后无论采购什么物品，宁愿多花一点钱，多跑一些路，也不与 A 公司发生业务交往。

第二节 交易谈判的基本原则

一、谈判发生的原理

为什么要进行谈判？谈判发生的基本动因是什么？了解这一问题对于我们掌握谈判的原则会有一定的帮助。

人们之所以要进行谈判，其基本动因是存在未满足的需要，由需要产生了欲望，从而导致行为的发生。就交易谈判来讲，它是一种具有明确商业目的的行为，谈判需要的满足主要就表现为利益的获取，因此，寻求经济利益的满足是交易谈判的基本动因。应该说，人们对利益的需要和欲望是无止境的，但能够满足利益需要的资源是有限的。在有限资源的约束下，人们的需要受到了一定的限制，想充分占有资源的欲望被抑制，由此产生了一系列的矛盾和冲突。过去因争夺有限资源曾爆发过多次战争，希望通过战争的手段来达到占有资源的目的，但最终都是失败的。随着社会文明的进步，人们已逐渐认识到，战争不能解决问题，谈判是避免和解决冲突的有效手段，通过谈判来达成分享资源的协议，是寻求利益满足的有效方式。正是资源的有限性与人们需要的无限性的矛盾，促使人们不断成为谈判的参与者。

在市场经济条件下，归属于不同利益主体的人们为追求各自利益的满足也必然会发生矛盾和冲突，比如：企业组织生产需要原材料，而原材料的供应又属于另一个企业，作为需方来讲，不可能对其原材料无偿占有，需要通过等价交换才能获得。又因为供需双方属不同的利益主体，有着各自的经济利益，为了维护自身的利益，双方在价格等方面必然会产生矛盾：卖方希望价格越高越好，这对自身的利益有利；买方则希望价格越低越好，这样可以降低生产成本。能够同时满足双方这种利益的追求是不可能的。双方只有通过协商谈判，就利益的分享达成一种协议，才是唯一可行的有效方式。

既然选择谈判作为解决矛盾的手段，双方之间就需要互相合作，而谈判本身就是一种合作，谈判能够成立就是以双方的存在为前提，仅有一方是无法谈判的。要使谈判取得成功，更需要双方共同为此付出努力，各自都需要做出一些必要的让步，才能最终取得谈判成功。因此，合作是交易谈判的主题。

总之，谈判作为一种有效手段，为解决资源与利益的矛盾提供了可能；而合作又为这种可能增加了成功的希望。企业作为市场经济条件下一个相对独立的利益主体，必须重视谈判在其生产经营活动中的作用，有效利用谈判手段来解决生产经营过程中的矛盾，促进社会不断向前发展。

二、交易谈判的基本原则

谈判的基本原则是指在谈判过程中各方所必须遵守的思想和行为准则。任何谈判者在谈判过程中都必须充分认识和了解谈判原则并认真遵守，这样既有利于谈判者保护自己的利益，也可以使双方的关系得到稳固发展。

1. 诚信原则

诚信是交易谈判成功的基础。中国自古就有“货真价实，童叟无欺”的优良传统，买卖双方之所以能够建立交易关系，皆是基于彼此之间的充分信任。很难想象，双方在缺乏信任的情况下能够达成交易。因此，诚信是交易谈判的基本原则。

“诚”，偏向于内在，主要是指谈判的动机要诚，要求谈判的当事人要怀有善良的交易动机，忠诚的合作心态，以及互利的合作目的，不存恶念，没有欺骗的企图。

“信”，主要指谈判人员在谈判中要言而有信，出口有据，言必信，行必果，这是信在谈判中最突出的表现。如果在谈判中自己的立场摇摆不定，信口开河，说了不算，算了不说，就很可能使对方对你的诚意产生怀疑，从而导致谈判不能顺利进行，甚至破裂。

在交易谈判中，坚守诚信原则并不意味着把自己的所有真实情况毫无保留地告诉对方，对于企业的商业秘密以及谈判的底线仍需严格保密。关于这一点，谈判的各方都可以理解，但不能为了保密而编造假话来欺骗对方，这是有违诚信原则的。对于在谈判中所做的承诺，要努力兑现；对于已经达成的协议，要认真履行。这样才能取信于人。

2. 平等互利原则

平等是指双方在谈判中的地位平等。参与谈判的双方或多方无论其经济实力是强还是弱，水平是高还是低，对交易项目都具有“否决权”，其中一方拒绝合作，另一方实力再强也无济于事。从这一点来看，交易双方的这种“否决权”是同质的，这种同质的否决权在客观上赋予了谈判各方相对平等的地位。谈判当事人必须充分认识并尊重对方的这种地位；否则，谈判是很难取得一致的。

互利即互相有利，但互利并不等于获利均等。例如，某厂调整产品结构需要大量资金购买设备，不得不将原有的生产线卖掉，而这条生产线安装后一直未使用，设备都是新的。当卖方和买方一起坐下来谈判时，买方只愿意出原价的50%，最终以原价的55%成交。从设备的价值看，卖方似乎是吃亏了，但实质上这笔交易仍是互利的。因为卖方卖出了无用的设备，换回了急需的资金，为其调整产品结构创造了条件；买方以较低的价格买到了所需的设备，自然收益颇多。双方都比较满意。

利益分配的不均等之所以能为双方接受，是因为双方在谈判中所追求的目标错位引起的。卖方所追求的目标是商品的价值，买方追求的目标是商品的使用价值。就如上例中所讲，卖方需要的是资金，买方需要的是生产线的功能。目标不同，评价的标准也不一样，只要符合各自的评价标准，即认为是可接受的，这也是双方均感到满意的原因所在。

3. 合作原则

合作是交易谈判的主题，一项交易的达成离不开有关各方的合作。尽管谈判各方都希望在谈判中获得尽可能多的利益，但离开了合作这个前提，将对手逐出谈判场外，回过头来看自己也是一无所获。

对于谈判的任何一方来讲，谈判都有一定的利益界限。当接近临界点的时候，必须清醒警觉，毅然决断，当止即止。参与谈判的每一方都应该使需要得到满足，如果把其中的任何一方置于死地，那么最终大家都将一无所得。参与谈判的人员应该注意把握彼此的利益关系，明确利益界限。有关这一特征可用图 7-1 来表示。

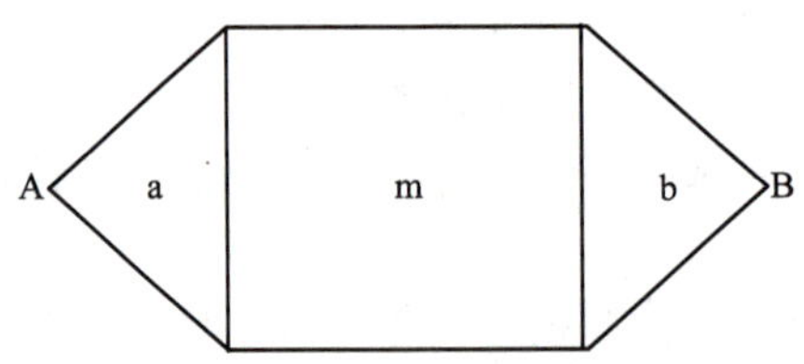

图 7-1　谈判特征示意图

图 7-1 中的 A、B 为谈判的双方，整个图形内区域 a+m+b 代表谈判的总体利益。a 代表 A 方谈判者必须在此次谈判中得到的最低利益；b 代表 B 方谈判者必须在此次谈判中得到的最低利益；m 代表 A、B 双方经过磋商、积极争取得到的利益。对于 A 方来讲，很显然，其利益界限是 $a \leqslant A \leqslant a+m$。如果谈判的结果不在此范围内成交，比如 A<a，则 A 方必然难以接受，只好退出谈判而使谈判破裂；若 A> a+m。这时 B 方又会感到不能接受而退出谈判。对于 B 方来讲，则利益界限应是 $b \leqslant B \leqslant b+m$。基于这样一种认识，谈判的各方既不可无限度地向对方要求，也不可无止境地退让，这就是人们常说的谈判中所要把握的“度”。

应该说，这个“度”不是很容易把握的，具体各方所得的利益，取决于谈判各方的实力和谈判技巧的运用。谈判前人们是无法准确预计谈判的结果的，无法根据某些规则具体计算出彼此之间最后所得的利益；但有一点是肯定的，即不能超出各自的最低限度，应该在合作的前提下使己方的利益最大化。

小案例

上海某鞋厂与日本 A 株式会社做成一笔布鞋生意，因日方预测失误，加上运期较长，布鞋运抵日本后错过了销售季节，大量积压。日方提出退货，按惯例这是不行的，但中方在分析之后认为，如果不退货，A 株式会社将立即破产，这样中方就少了一个合作伙伴，在海外也会造成一些不利影响。如果答应退货，不仅上述情况可以避免，这批货还可以在国内市场销售，估计并不赔钱，因此，原则上答应了日方的要求。双方经过磋商，最终确定用同等货值的一批畅销货换回积压的布鞋，所有退货的运杂费则由日方支付。日方对此十分满意，中方也因此名声大振。此事在日本立即见报，很快就有几家商行来人来函要求与中方厂家合作，A 株式会社也与中方厂家一下子签订了五年的销售合同，并积极向中方提供国际市场的供求信息。中方企业在这一事件中本着合作的原则，妥善进行了处理，取得了“双赢”的效果。

4. 重利益不重立场原则

谈判者所持的立场与所追求的利益是密切相关的。立场反映了谈判者追求利益的态度和要求，而利益则是其采取这种立场的原因。在谈判中遵循重利益不重立场的原则，把注意力集中于相互的利益而不是立场，对谈判双方避免和解决冲突是十分有益的。

通常每一种利益都可能存在几个使利益得到维护的立场。例如，某一项谈判追求的是取得尽可能大的收益，那么，谈判者的立场可以是在价格上不作或少作让步，也可以是在一个较低的价格水平上扩大销售量。当谈判者坚持在价格上不作让步的立场与对方发生冲突时，仍坚持这一立场，就可能动摇双方合作的基础，丧失原本可以获得的利益。

在相互对立的立场背后，可能隐藏着共同和一致的利益。例如，某一项谈判的买方坚持要对延期发运货物给予严厉处罚，双方在这一立场上互不相让。但如果透过双方对立的立场可以发现，双方的利益又有一致的地方：卖方希望取得源源不断的订单；买方则想保证原材料的不断供应。立场的对立并不等于利益的完全对立，即使双方在立场上存在冲突，仍可以合作争取共同的利益。

5. 合法原则

合法原则是交易谈判中的重要原则。所谓合法包括两个方面：一是谈判各方所从事的交易项目必须合法；二是谈判各方在谈判过程中的行为必须合法。

交易项目的合法是开展交易谈判的前提和基础。如果谈判各方从事的是非法交易，如走私物品、贩卖假货等，那么，他们为此而进行的谈判就不是合法的交易谈判，所交易的项目为法律所禁止，交易者也要受到法律的制裁。

谈判当事人谈判行为的合法是谈判顺利进行并且取得成功的保证。只有在合法的谈判行为下所达成的交易条件才会受到法律的保护，交易才有可能顺利地实现。如果在谈判中采用非法的谈判行为，如欺诈、武力胁迫、行贿受贿等，那么，不但由此而产生的谈判结果不具有法律约束力，而且违法行为的实施者还要受到法律的制裁。由此可见，合法原则是谈判各方所要共同遵守的重要原则。

第三节　交易谈判的基本内容

交易谈判包括的内容非常广泛，有产品交易谈判、工程项目谈判、技术贸易谈判、服务协议谈判、资金谈判等。本节主要介绍产品交易谈判的一般内容。

一、商品的品质、数量和包装

（一）商品的品质

商品的品质是指商品的内在质量和外观形态。洽谈品质条件的关键是明确双方可接受的品质表示方法，一般有以下几种：

1. 凭样品买卖

样品通常是从一批商品中随意抽取出来或由生产和使用部门加工或设计出来用以代表商品品质的少数实物。以样品作为交接货物依据的，就称为“凭样品买卖”。

在这种交易中，卖方交货的品质必须与样品相符。如果在约定时，既有文字说明，又列明了凭样品的意思，那么交货时，既要符合文字说明，也要符合样品；如果在谈判中规定有文字说明，而样品仅供参考，交货时，只要符合文字说明，又基本上符合样品就可以了。

需要注意的是，为避免品质与样品不符所带来的严重后果，卖方往往要求在合同中加注“品质与货样大致相同”的字样，以减轻自己的负担。

2. 凭规格、等级或标准的买卖

规格是指品质的一些主要指标，如成分、含量、纯度、性能、长短、粗细等。

等级是指同一类商品分为品质各不相同的若干级别，如大、中、小，一、二、三，甲、乙、丙级等。

标准是国家机关或商业团体统一制定的用来进行品质鉴定的文件，如国家标准、部颁标准和企业标准等。谈判中，应明确引用何种标准，标明标准代号，以免引起误解。

上述内容在谈判时一定要明确、具体，而且要切合实际并具有一定的灵活性。

3. 凭品名或商标的买卖

品名是商品的名称，商标是商品的标记。对某些品质稳定并树立了良好信誉的商品，常用商标来表示其品质。在谈判时只要说明商标，双方就能明确商品的品质情况，如海尔牌电冰箱、长虹牌彩色电视接收机等。但要注意同一品名或商标的产品是否来自不同的厂家，更要注意假冒商标的商品。

4. 凭说明书的买卖

大型的专用设备或精密仪器，由于构造复杂，无法用几项指标来反映其全貌，又无标准可依，必须凭详细的说明书说明之，必要时还要辅以图纸或照片，即为凭说明书的买卖。

上述表示品质的方法可以结合使用，也可以单独使用，谈判中应根据具体的交易情况来进行选择。

（二）商品的数量

商品的数量指交易双方确定的具体商品的交易实物数量，主要由数字和计量单位构成。

1. 商品的计量单位

商品的计量单位一般可采用重量、长度、体积、容积、面积和个数等单位表示。商品的性质不同，采用的计量单位也不相同。例如：粮食、矿石、钢材、茶叶等通常使用重量单位；机器设备、服装、家电等通常采用个数单位；棉布通常使用长度单位；木材通常使用体积单位等。有些商品如石油，既可以使用重量单位，也可以使用容积单位，具体如何选用，要视实际交货的情况而定。在选择采用计量单位时，还要特别注意有关的度量衡制度。国内贸易按国家的有关制度规定，应采用公制单位；如果是国际贸易，则会有公制、英制、美制等多种度量衡制度，谈判中应予以明确，并掌握各种度量衡之间的换算关系。

2. 商品重量的计算

商品的重量分毛重和净重两种。毛重是商品本身加包装物重量之和；净重是商品本身的重量。采用毛重还是净重，谈判中应当予以明确。例如：玉米，采用麻袋包装，在实际交货时，带包装测量会更容易一些，但如果规定是净重，则需要在毛重中扣除麻袋的重量。皮重（即包装物的重量）有多种计算方法，可以按实际皮重计算，也可以按约定皮重或抽检皮重计算，或者以毛作净，无论采用何种方法，谈判中均应明确做出规定。

（三）商品的包装

交易中，除一些商品因其本身的特点不需包装外，多数商品都需要有一定的包装。按商品是否需要包装，可以分为三类，即散装货、裸装货和包装货；而包装又分为运输包装和销售包装两种。商品是否需要包装以及采用何种包装主要取决于商品的特点和买方的要求。

对于商品的包装，谈判中主要应当明确以下一些问题：

（1）包装材料。即采用何种物质对商品进行包装，如纸箱、木箱、麻袋、塑料袋、钢瓶等。包装材料直接关系到包装的成本，应尽量选择资源丰富、价格低廉的物质作为包装材料。

（2）包装形式。即如何对商品进行包装，如“筐装、外包麻布、麻绳捆扎、每筐重 50 千克”等。

（3）包装费用。按照一般的交易惯例，包装所涉及的费用是包含在货价之中的，不再向买方另行收取。但如果买方有特殊要求，双方可另行商定，或提高商品的价格，或另行收取包装费。

除此之外，双方在谈判中还应就运输标记，包装物的循环使用，是否回收以及包装物的供应方法等进行商谈或确认，在合同中明确予以表述。

二、价格和付款方式

（一）价格

价格是谈判中的核心问题。买方希望为买进商品所支出的货币越少越好，而卖方则希望价格在补偿成本的基础上越高越好。在许多交易中，价格的高低是影

响双方利益分配的重要因素，因此有关价格的谈判往往是整个谈判进程中最为重要、最为敏感也最为艰巨的一环。

价格的确定与其他交易条件有密切关系，双方在确定最终价格时必须考虑这些因素。如商品品质、交易数量、交货期限、支付条件、运输方式、交货地点等。

价格由单价和总值构成。单价即单位商品的价格，包括计量单位、计价货币、单位金额和价格术语四个部分。

（1）计量单位。即计算商品数量的单位。

（2）计价货币。即计算商品价格使用的标准货币。在国内贸易中人民币是法定的计价货币；在对外贸易中，使用何种货币计价，要由双方协商确定，一般出口贸易要争取选用“硬通货”，进口贸易争取使用“软通货”。

（3）单位金额。即商品每一计量单位以计价货币表示的金额。

（4）价格术语。也称价格条件，它在国际贸易中代表不同价格构成，表示买卖双方各自应负担的责任、费用、风险以及划分货物所有权转移界限的一种术语，即所谓的国际贸易惯例。较常用的有：FOB（装运港船上交货价）、CFR（成本加运费价）、CIF（成本、保险费加运费价）等。价格术语在国内贸易中也常遇到，作为谈判人员对此应有所了解。

此外双方还应就商品的作价方法进行商讨。一般情况下，双方对所交易的商品都要确定一个固定价格；但如果商品的价格市场波动较大，交货期又比较长，也可以采用后定价格或滑动价格来对商品进行作价。

总值是单价与数量的乘积。

价格作为谈判中的核心内容，直接关系到谈判双方的经济利益，对此应给予高度重视。

（二）付款方式

在产品交易中，付款的方式也很重要。从表面来看，不论以什么方式付款，用什么支付工具付款，买方的付出和卖方的收入都是合同中规定的总额。但实际上，在不同的支付条件下，尽管支付的价格总额不变，但买卖双方的实际支出和收入可能会有很大差异。

1．预付款和最终付款

预付款是指买方在订货时预先付给对方的款项，当产品制造完成并经买方检验合乎合同确定的标准时，买方可做最终付款。双方协商的内容包括预付款的比例，最终付款的期限、方式，延期支付的赔偿，提前支付的折扣，产品在制造加工期间的其他付款等。

2. 支付金额和支付货币

支付金额一般是指合同规定的总金额，但在有些情况下，支付金额与合同金额会不一致。如：分批交货、分批付款；采用滑动价格；品质优劣浮动价格或数量溢短装规定；谈判时一些附加费用暂难确定等。

支付货币在国内贸易中统一规定使用人民币。在国际贸易中情况就比较复杂，可能会涉及汇率风险的问题，一般应选择兑换比较方便、币值相对稳定的货币作为支付货币。

3. 支付方式

支付方式包括支付时间、支付地点和支付方法。国内贸易中货款的结算通常有现金结算和转账结算两大类，其中又包括多种具体方式；国际贸易一般多采用信用证结算。在支付方式中较为关键的是支付时间，时间不同，对双方利益会有较大影响，谈判中应予以重视。

三、商品的运输和交接

在合同中，对商品的装运和交接问题做出明确的规定，可以维护双方的利益。

1. 运输方式

商品的交接必须借助于空间的转移来实现，运输方式不同，运费差别很大，所以双方应在明确由谁支付运费的基础上，规定运输方式及应负的责任。运输方式包括海洋运输、铁路运输、公路运输、航空运输和联合运输等。双方应根据时间的要求和运输成本，来选择合适的运输方式。

2. 交货时间

在经济活动中，许多合同纠纷起因于装运和交接货物的时间规定比较模糊。为尽可能避免纠纷，谈判人员应在切实可行的基础上，力求把装运和交接货物的时间订得明确合理。通常情况下，卖方谈判人员应在充分考虑货源情况、运输条件、市场供应情况及商品本身状况等因素的基础上决定装运时间或交货时间。双方在确定交货日期后，应明确卖方延期交货或买方不能按期接货所应负的责任，及由此给对方带来损失的赔偿。

3. 交货地点

交货地点的选择关系到运费和结算价格的高低，同时也与交接各方所承担的责任有关。地点规定必须明确具体，谨防因过于笼统或重名问题引起合同履行中的麻烦。

四、索赔、仲裁和不可抗力

（一）索赔

索赔是一方认为对方未能全部或部分履行合同规定的责任时，向对方提出索取赔偿的要求。索赔属于合同履行中的问题，但双方在谈判时，一般应就此问题事先进行约定，所谓“先小人，后君子”，避免以后产生纠纷。有关索赔问题的谈判，通常涉及以下问题。

（1）索赔事由。即在什么情况下可以提出索赔要求。

（2）索赔期限。即要求赔偿的一方应在什么时间内提出索赔要求才为有效。双方对此应事先做出约定，过期可不予受理。

（3）索赔金额。即要求赔偿的数额，包括违约金和赔偿金。根据我国《合同法》的规定，当事人可以约定一方违约时应当根据违约情况向对方支付一定数额的违约金，也可以约定因违约产生的损失赔偿额的计算方法。约定的违约金低于造成的损失的，当事人可以请求人民法院或者仲裁机构予以增加；约定的违约金过分高于造成的损失的，当事人可以请求人民法院或者仲裁机构予以适当减少。当事人一方不履行合同义务或者履行合同义务不符合约定，给对方造成损失的，损失赔偿额应当相当于因违约所造成的损失，包括合同履行后可以获得的利益，但不得超过违反合同一方订立合同时预见到或者应当预见到的因违反合同可能造成的损失。

（二）仲裁

仲裁是指争议双方当事人依据事前或者事后达成的协议，将其争议交给自愿选择的第三人居中进行判断并作出裁决，双方当事人对此裁决均有义务执行的一种解决争议的方式。有关仲裁问题的谈判可以有两种形式表现出来：一是包括合同中订立的仲裁条款；二是以其他书面方式在纠纷发生前或者纠纷发生后达成的请求仲裁的协议。但无论是哪种形式，根据我国《仲裁法》的规定，都应当具有下列内容：请求仲裁的意思表示；仲裁事项；选定的仲裁委员会。而在国际商务活动中，有关仲裁的谈判主要包括仲裁事项、仲裁地点、仲裁机构、仲裁程序和仲裁效力等问题。

（1）仲裁事项。双方约定的可以提交仲裁的事项，是确定仲裁机构管辖的依据。我国《仲裁法》规定：仲裁协议对仲裁事项没有约定或者约定不明确的，当事人可以补充协议；达不成补充协议的，仲裁协议无效。同时，超越约定的仲裁事项所作出的仲裁裁决也不发生法律效力。即使一方当事人申请法院强制执行，法院也要审查裁决是否超出仲裁事项，如果裁决的事项不属于仲裁协议的范围，将裁定不予执行。

（2）仲裁地点。可以是卖方所在地、买方所在地或是双方约定的第三国（地区）。当事人所选择的仲裁地点直接关系到仲裁审理所适用的实体法和程序法，当仲裁协议中未作规定或者规定模糊时，就需要引用仲裁地点所在国的仲裁法律或其他法律加以补充。

（3）仲裁机构。因为同一仲裁地点可能存在几个仲裁机构，因此有关仲裁的

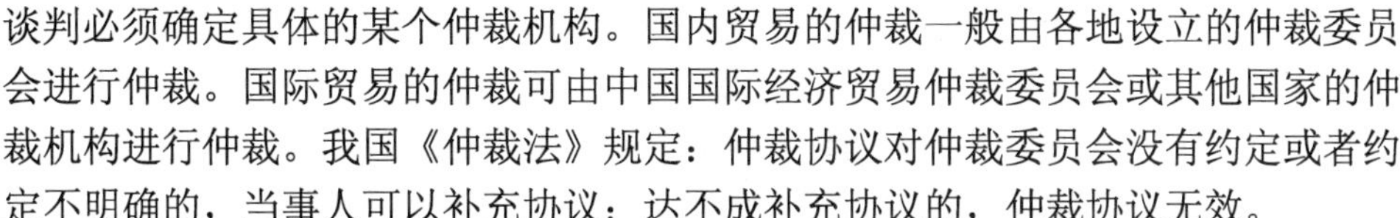

谈判必须确定具体的某个仲裁机构。国内贸易的仲裁一般由各地设立的仲裁委员会进行仲裁。国际贸易的仲裁可由中国国际经济贸易仲裁委员会或其他国家的仲裁机构进行仲裁。我国《仲裁法》规定：仲裁协议对仲裁委员会没有约定或者约定不明确的，当事人可以补充协议；达不成补充协议的，仲裁协议无效。

（4）仲裁程序。一般按仲裁机构的仲裁规则进行办理。但许多国际仲裁机构允许当事人自主选择所要适用的仲裁规则，甚至允许对已选的仲裁规则进行修改。如中国国际经济贸易仲裁委员会《仲裁规则》规定：凡当事人同意将争端提交仲裁委员会仲裁的，均视为同意按照本仲裁规则进行仲裁。但当事人另有约定且仲裁委员会同意的，从其约定。

（5）仲裁效力。指裁决是否具有终局性。我国《仲裁法》规定，仲裁实行一裁终局的制度。裁决作出后，当事人就同一纠纷再申请仲裁或者向人民法院起诉的，仲裁委员会或者人民法院不予受理。

（三）不可抗力

不可抗力是指在合同签订后，由于发生了当事人所不可预见的、也无法事先采取预防措施的突发性状况，以至于影响到合同顺利履行、甚至导致合同完全不能履行。不可抗力的发生，一般是由自然力量引起的，如地震、水灾、火灾等客观情况，也有一些国家将由社会力量引起的事件，如战争、政府禁令等，也归入不可抗力的范围。

贸易实践和各国法律均认可不可抗力，但对不可抗力究竟应包括那些内容，不可抗力事件发生后合同的履行问题应如何处理等没有共同的解释。所以有关不可抗力问题的谈判应主要解决的问题是：

（1）不可抗力事件的范围。即认定哪些事件属不可抗力事件。

（2）不可抗力事件的后果。即规定在出现不可抗力事件后，哪些情况下可以延迟履行合同，哪些情况下可以中止履行合同等。

（3）出证机构及事件通知。即一旦出现不可抗力事件，应由什么机构出具证明，应在多长时间内通知对方等。

第四节　交易谈判的过程

交易谈判是一个循序渐进的过程，它有一个基本的谈判程序，一般包括六个阶段，即开局、摸底、报价、磋商、成交和签约。

一、开局阶段

开局阶段是指谈判人员见面入座开始洽谈到话题进入实质性内容之前的阶

段。开局是交易谈判的前奏，其主要工作是建立适宜的谈判气氛和协商谈判议程。

一般来说，双方谈判人员见面之后，总要先互相寒暄一番，介绍各自出席谈判的代表，并就谈判以外的话题适度闲聊几句。双方正是在这种初步的接触中形成了一定的谈判气氛，这种谈判气氛会对将要进行的谈判活动产生非常重要的影响。交易谈判是一种合作性的活动，因此，所建立的谈判气氛应有利于谈判的开展，总体上应该是积极、友好、轻松愉快的一种气氛。

谈判议程是指所谈事项的次序和时间安排，议程安排将影响双方在谈判中的主被动地位，同时也决定着谈判效率的高低，是开局阶段的一项主要工作。

二、摸底阶段

摸底阶段是双方进入实质性谈判的开始阶段，是指在正式谈判开始以后，没有报价之前，谈判双方通过交谈，互相了解各自的立场观点和意图的阶段。

双方在转入正式谈判之后，一般要有一个开局发言，这个发言是概括性的，发言中主要表明己方对本次谈判所持的态度、立场、希望取得的利益或期望达到的目的，提出应重点或优先考虑的问题，今后双方可能存在的合作机会等。这些阐述一般都是原则性的，不必作详细的解释和说明，能够表明己方谈判的意图即可。

摸底阶段的另一个内容是了解对方的意图，通过对方的开场陈述，了解对方的立场观点和意图，搞清楚最终成交的大致轮廓，明确哪些是对方主要关心的问题，是否需要调整我方的谈判策略等。

三、报价阶段

报价阶段是谈判的一方或双方提出自己的价格和其他交易条件的阶段。价格是交易谈判的核心问题，直接关系到交易双方的经济利益，所以，报价阶段对谈判来说，是至关重要的阶段。

价格应该报多高、如何报是这一阶段主要考虑的问题。价格报得过高，会吓退谈判对手或被对方指责为没有诚意；价格报得过低，会损害企业的利益，也使己方处于相对被动的地位。事实上，报价为谈判画定了一个框架，双方的谈判就是在这个框架内进行，因此这个框架的构造如何就非常重要，报价应把握的基本原则就是要报一个“留有余地的最高价”，既能保证谈判的继续进行，又能最大限度地保障企业的根本利益。

按照商业惯例，一般是由卖方报价，买方还价。

四、磋商阶段

磋商阶段是指谈判双方为了实现各自的利益，就交易条件中不一致的地方进行切磋和探讨，以寻求双方利益的共同点的阶段，也就是讨价还价阶段。这一阶段体现着双方力量的真正交锋，技巧策略也主要运用在这一阶段。双方在这一阶段会充分调动各种手段来试图达到自己的目的，最终的结果可能是条件逐渐趋于一致，也可能是僵持不下或者是干脆破裂。

磋商阶段的主要任务就是充分运用各种谈判策略与技巧，列举各种信息来说服对方接受自己的观点；当然，为了促成交易的成功，也不可避免地要做出一些妥协和让步。

五、成交阶段

成交阶段是指谈判双方经过反复磋商，对各项交易条件已达成一致的意见，拍板定案，并采取一定交易行动的阶段。

经过反复磋商和双方的妥协让步，交易中的一些重要原则问题已达成一致意见，已经可以预见到谈判将取得成果，虽然还存在一些小问题，但已不会对谈判有重要影响，这标志着谈判将进入成交阶段。

交易谈判在转入成交阶段后，要密切关注对方所表现出来的成交信号，及时把握成交机会，将要求与让步结合起来解决存在的遗留问题，回顾总结前面的谈判成果，表明成交的意图，促使双方尽快拍板定案。

成交阶段的关键在于遗留问题的解决，处理不当，也会因小失大，使谈判功亏一篑，所以要特别注意。

六、签约阶段

签约阶段是交易谈判的最后阶段，是指谈判双方用准确规范的文字表述谈判成果，并经双方有正当权限的代表依法签字，形成具有法律效力的合同文件的阶段。

签约阶段从表面上来看仅限于文字表述，是一项纯技术性的工作，实际上事关交易谈判的根本。因为交易谈判的一切努力最终都是通过协议来进行表达的，如果表述不当、遗漏或含糊不清，会给企业带来严重的后果，造成难以预料的麻烦。因此，在签约阶段仍需以认真的态度、严谨的作风来继续做好这一工作。签约阶段的关键是以准确的文字来表述谈判成果，要求所签署的合同文件要合法、齐全、清楚、确切和穷尽，协议一经签署，整个谈判即告结束。

七、谈判活动流程图

为了更直观地了解交易谈判过程，我们将整个谈判过程用谈判活动流程图表示如下，见图 7-2。

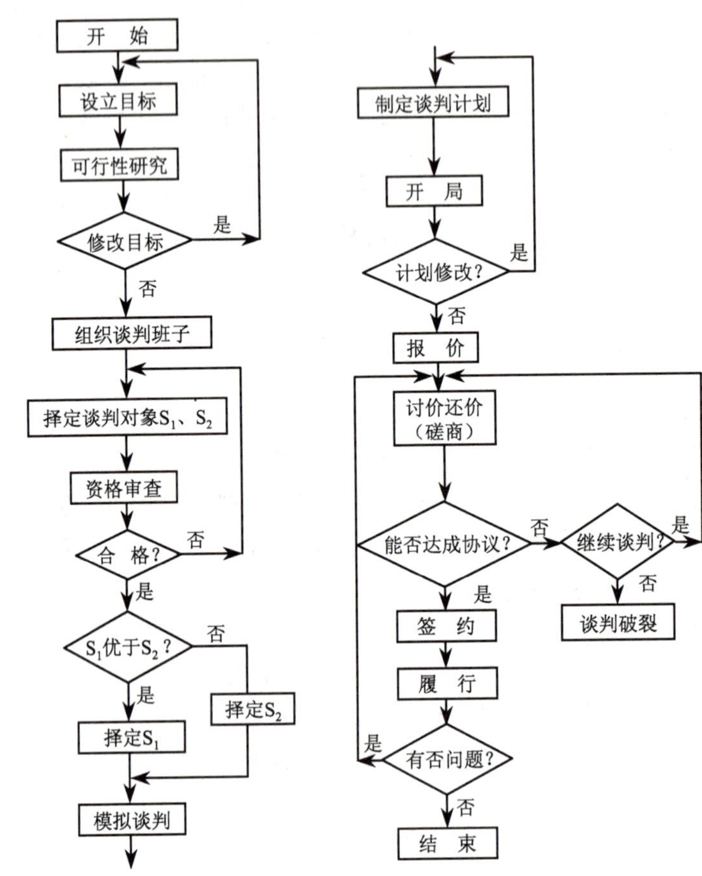

图 7-2　谈判活动流程图

本章小结

1．交易谈判是指有关交易双方为了达到各自的目的，就一项涉及双方利益的标的物的交易条件，通过沟通和协商，最后达成双方都能接受的协议的过程。它有 4 个特征，即经济利益是谈判的目的，经济效益是谈判的主要评价指标，交易谈判的核心是价格，交易谈判注重合同条款的严密性与准确性。交易谈判最基本的构成要素有三项，即谈判主体、谈判客体和谈判目的。评价谈判成功与否的标准有三项：一是谈判目的是否达到；二是谈判的效率如何；三是谈判之后与谈判对手之间人际关系如何。

2．交易谈判的基本动因是存在未满足的需要，由于资源的有限性与人们需要的无限性的矛盾，促使人们不断成为谈判的参与者。交易谈判的基本原则有诚信原则、平等互利原则、合作原则、重利益不重立场原则与合法原则等。

3．交易谈判的基本内容包括：商品的品质、数量和包装，价格和付款方式，商品的运输和交接，索赔、仲裁和不可抗力等。

4．交易谈判的过程包括六个阶段，即开局、摸底、报价、磋商、成交和签约。

作业与训练

一、复习思考题

1. 什么叫交易谈判？它具有哪些基本特征？
2. 为什么要进行谈判？谈判的构成要素有哪几项？
3. 谈判的基本原则是什么？
4. 商品贸易谈判主要包括哪些内容？
5. 谈判过程可分为哪几个阶段？各阶段的主要任务是什么？

二、选择题

1. 评价一次交易谈判是否取得成功有三个标准，它们是（　　）。
   A. 目标、效率和效益　　B. 成本、费用和利润
   C. 目标、效率和人际关系　　D. 成本、利润和人际关系
2. 下列说法中正确的是（　　）。
   A. 平等是指双方在谈判中的地位平等
   B. 平等是指双方从谈判中获得的利益相等
   C. 平等是指参与谈判的双方实力基本相等
   D. 平等是指出席谈判活动的双方人员级别对等
3. 下列说法中正确的是（　　）。
   A. 交易谈判中立场是最重要的，必须坚持自己的立场不退让
   B. 交易谈判中利益是最重要的，应该重利益不重立场
   C. 交易谈判中立场和利益同样重要，二者应同等对待
   D. 交易谈判中立场和利益都不重要，只有人际关系才是最重要的
4. 在合同中加注“品质与货样大致相同”的字样，这样做（　　）。
   A. 对买方有利　　B. 对卖方有利
   C. 对买卖双方都有利　　D. 对买卖双方都不利

5. 供需双方在谈判中约定：“任何一方违约，需向对方支付违约金 5 万元。”现供方未能按约定时间交货，并给需方造成直接损失 2 万元。这时（　　）。
   A. 供方应向需方支付违约金 5 万元

B. 供方除向需方支付违约金5万元外，还需支付赔偿金2万元

C. 供方应向需方支付赔偿金2万元

D. 供方应向需方支付违约金3万元、赔偿金2万元

三、实训项目

1. 回顾过去自己所经历过的一次谈判（无论何种类型），对照分析一下其中的成败得失。

2. 如果你计划购置一台电脑，可能涉及的谈判内容有哪些？

第八章

谈判的准备工作

学习目标

- 掌握谈判形势的分析方法。
- 正确理解谈判目标。
- 能够编制谈判计划。
- 了解谈判的人员管理。

案例导读

20 世纪 60 年代，中国大庆油田的位置、规模和加工能力是严格对外保密的，日本企业为了确定能否与中国做成石油设备的交易，迫切需要知道中国大庆油田的情况，并成立了专门的工作小组搜集有关情报。

1964 年，人民日报发表了题为《大庆精神大庆人》的报道，日本人由此判断中国的大庆油田确有其事。

1966 年的一期《中国画报》上，刊登了王进喜站在钻机旁的那张著名的照片。日本情报机构根据照片上王进喜的服装衣着确定，只有在北纬 46 度至 48 度的区域内，冬季才有可能穿这样的衣服，因此大庆油田很有可能在冬季为零下三十度的齐齐哈尔与哈尔滨之间的东北北部地区。之后，来中国的日本人坐火车时发现，从东北开过来的油罐车上有很厚的一层土，从土的颜色和测量火车上灰土的厚度，大体上证实了这个油田和北京之间的距离。

1966 年 10 月，日本情报机构又对《人民中国》杂志上发表的王进喜的事迹介绍进行了详细分析，从中知道了“最早钻井是在北安附近着手的”，并且杂志上还提到钻机是人拉、肩扛弄到现场的。日本人由此推断，油田应该距车站不远。在报道中还有这样一段话：“王进喜一到马家窑看到大片荒野后说：‘好大的油海！我们要把石油落后的帽子丢到太平洋去”。日本人对东北的情况是了解的，马上找来保留的旧伪满时期的地图，很快找到了马家窑这个地点，它位于黑龙江省海伦县东南，在北安铁路一个小站往东 10 公里处，至此，大庆油田被清晰定位。

后来，日本人又从一篇报道王进喜 1959 年国庆节在天安门广场观礼的消息中分析出，1959 年 9 月王进喜还在甘肃的玉门油田，以后便消失了。这就证明大庆油田的开发时间应不晚于 1959 年。

日本人又对《中国画报》上刊登的一张炼油厂的照片进行研究。那张照片上没有人，也没有尺寸，仅有一个扶手栏杆。依照常规，栏杆高 1 米左右，按比例，日本人推断了油罐的外径，并换算出内径为 5 米。而如此规模的反应塔，年加工原油的能力，应该在 100 万吨上下。

报道中还提到，当年大庆"已有 820 口油井出油"。经过分析，日本人估算大庆当年的原油产量应该能达到 360 万吨；而油田显然还没有得到全部开发，总产量必然会逐渐提高，根据石油工业发展的一般规律，预测五年后，也就是到 1971 年，原油的产量应该在 1200 万吨左右。

通过对这些公开情报的分析，日本人知道了大庆油田的原油产量惊人，并由此推断，中国在近几年时间里，必然会感到炼油设备不足，日本的轻油裂解设备卖给中国是完全可能的。日本人推断中国所要购买的设备规模和数量要满足每天炼油 1 万吨的能力，并以此为依据设计产品。果不其然，没过多久，中国石油工业部开始在世界范围内购买日产 1 万吨的炼油设备，日本人因为有了充分的准备，从而在与中国企业的谈判中一举中标。

第一节　分析判断形势

谈判者将面临一种什么样的谈判形势，是有利，还是不利，哪些因素有利，哪些因素不利，搞清楚这些问题，对于制定谈判策略，有针对性地采取应对措施具有十分重要的意义。

一、收集谈判信息

对谈判形势的判断基于对相关信息的了解，因此收集谈判信息是谈判准备过程中最重要的工作之一，主要包括以下一些内容：

（一）己方信息

知己乃信息准备的第一步，有的谈判人员认为自己对所处的环境很熟悉，情况很了解，因此不肯下功夫认真收集和梳理己方的信息，对企业的政策与策略缺乏理解，对领导的意图领会不透，在谈判中只会机械照搬，往往造成谈判的失误。所以，谈判人员一定不要忽视对自身情况的深入了解，真正做到知彼也知己，这样才能从企业的根本利益出发，灵活处理谈判中的各种问题。

对己方信息的掌握主要包括以下几个方面：

1．企业的基本情况及市场地位

企业的基本情况包括企业的生产规模、产品方向、财务状况、员工素质、生产经营场地和设备状况、企业所具有的优势和不利条件、经营计划、广告策略、服务项目以及企业的发展历史等诸多方面。

企业的市场地位指企业在同行业竞争中所处的位置，是垄断者还是领导者，或是跟随者及拾遗补阙者等。市场地位往往关系到企业在谈判中的地位，市场地位强，谈判地位一般也强，市场地位弱，谈判地位也弱。当然，强弱只是相对而言，是否能在谈判中占有优势，还要看谈判对手的具体情况以及当时的环境条件。

2. 产品情况和销售政策

作为交易谈判的卖方来讲，对所交易的产品自然应该有透彻的了解。不仅要了解产品的性能、特点、价格、服务等因素，还应对产品的生产过程、生产周期和研发能力有所了解，这样，当对方在谈判中提出有关问题时，才可以做到从容应对，合理决定进退。

企业的销售政策是从企业的总体战略考虑制定的，谈判人员应深入理解政策制定的意图，而不仅仅只是政策的内容。例如，某企业在对待不同类型的客户时采用不同的价格政策，对批发企业是一个价格，对零售企业又是另外一个价格，二者之间要有一定差异。现在谈判的一个客户是一家比较大的零售企业，提出购买的数额超过一些小的批发企业，要求能给予批发企业的待遇。那么，给不给这种待遇就需要斟酌。如果不给，可能会失去这个客户；如果给，以后再遇到类似情况怎么办？这一次的突破也许意味着原有销售体系的瓦解。孰轻孰重，就需要掂量掂量。谈判人员深入理解政策的意图，可以避免在谈判中机械照搬，减少对政策的抵触情绪，灵活运用销售政策去处理一些边缘问题。

3. 谈判人员的自身素质

己方参加谈判的人员是否具有丰富的谈判经验，在过去的谈判中有哪些成功的做法，容易产生失误的是哪些地方。如果是小组谈判，还需要了解小组成员内各自的性格特点、特长爱好、相互配合的默契程度、工作能力及工作作风等。

谈判是双方实力的一种较量，自知才能知人，因此，认识自身也是准备工作的一个重要方面。

（二）对方信息

了解谈判对手的情况是信息准备工作的主要内容，一般包括以下几方面：

1. 对方的资信情况

对谈判对手资信状况进行调查了解，是谈判的前提，也是准备过程中关键的一步。如果缺少对资信情况的必要分析，有可能会出现谈判对手主体资格不合格或是不具备与合同要求相当的履约能力，致使最终签订的协议无效或没有保障，造成不必要的损失。

对资信情况的了解包含两个方面：一是对方主体资格是否合格，要搞清楚对方公司的性质，是有限公司还是无限公司，是母公司还是子公司或是分公司，作为交易谈判的对方，必须具有法律所规定的合法资格；二是对方的资本信用与履约能力，如对方的财务状况，可流动资金，经营状况或生产状况，可能的付款期限和付款方式，市场信誉及相关组织之间的关系等。

2. 对方的谈判目的

谈判对手为什么要进行这次谈判，其公开表示的目的与背后隐藏的目的是否一致。有的谈判对手主动寻找己方进行谈判，其目的并非真正要购买企业的产品，而是借谈判之名向第三者施加压力，这样的谈判无疑会使企业徒费精力而没有结果；有的可能是火力侦察；有的可能还有别的企图。无论是哪一种目的，都应该事先弄清楚，以便采取适当的对策。

3. 谈判对手的权限

参加谈判的对手具有什么样的权限，了解这一点也很重要。有的谈判者在谈判过程中往往有权力说“不”，否决那些对自身不利的要求，但却无权说“行”。分析对方谈判人员的权限，就是要弄清谈判对手是否拥有决定的“全权”，还是只有部分权力，抑或连部分权力也没有。实践中常会遇到这样的情况，谈判双方经过艰苦谈判，终于达成了共识，但一方提出，还需要向上级汇报一下，如果没有异议，一切就能定下来，但等待的结果却往往是不同意，这样一切努力全都白费了。因此，要注意了解对手所获得的授权范围有多大，在多大程度上可以独立做出决定，有哪些问题则无权决定，等等。

4. 对方的谈判期限与谈判作风

了解对方的谈判期限具有非常重要的意义，时间往往会给人造成巨大的压力，受这种压力的影响谈判者往往会主动做出让步，降低议价的能力。如果能摸清对方的谈判时限，对己方制定谈判对策会有很大帮助。但对方的谈判期限属于商业机密，一般不会明示，要想获得，除了可以做一些外围调查之外，还可以通过自己的观察分析来做出判断。比如，对方住在豪华饭店，开销很大，必然不能持久。

谈判作风是指在反复多次谈判中所表现出来的一贯风格，有的是强硬式的，有的是软弱式的，也有的是合作式的，还有些是介于二者之间的。只有适应对方的谈判风格，采取相应的谈判策略，才会使谈判顺利进行。

（三）市场信息

市场因素及其变化与谈判的成功有着密切的联系，交易谈判中的任何一方都要受到市场供求状况变化的影响。市场供求力量的对比，在很大程度上决定了交易各方所具备的谈判实力。市场供大于求，卖主之间竞争激烈，对买主有利而对卖主不利；市场供不应求，买主之间竞争激烈，对卖主有利而对买主不利。在分析了解市场信息时，我们不仅要看市场分布的大势，而且也要看谈判当时的具体情况，有的可能从总体上来看不利，但在谈判当时却有一些有利因素可供利用。例如，日本的钢铁和煤炭资源短缺，而澳大利亚盛产铁和煤。在国际贸易中澳大利亚并不愁找不到买主，按理说，澳大利亚占有强势地位。但日本人却把澳大利亚人请到日本谈判，而澳大利亚人一贯过着舒适的生活，到日本不久就急于回家，在谈判桌上变得情绪急躁，日本人则不慌不忙，这样谈判地位就发生了变化，日本人只花费了少量的招待费就取得了谈判的主动。

（四）相关环境信息

与交易谈判有关的环境因素很多，内容涉及政治、法律、社会文化、自然环境、技术发展与商业惯例等诸多方面，作为谈判者来讲，在谈判开始之前，至少要对和本次谈判有关的上述因素事先作通盘了解，以免谈判时因不熟悉法令而违法或吃亏。

这些谈判信息的收集既可以利用企业现有的信息资源（如客户档案等）进行收集，也可以通过直接调查来进行了解，还可以视具体情况的需要委托专门的市场调查机构来帮助搜集。总之，应根据谈判目标的需要，按照全面、真实的要求，尽可能将与谈判有关的信息掌握在手中，做到有备无患。

二、分析判断形势

在充分掌握谈判信息的基础上，谈判者需要对即将面临的谈判形势作出分析，进一步明确己方在谈判中所处的地位，对双方的谈判实力作出准确的判断。

需要指出的是，谈判实力与企业实力并不是同一概念，谈判实力是指影响双方在谈判过程中的相互关系、地位和谈判最终结果的各种因素的总和，以及这些因素对谈判各方的有利程度。而企业实力则是指一个企业的生产规模、技术水平、人员素质和市场占有率等方面处于何种水平。企业实力是形成谈判实力的潜在基础，但并不一定直接构成谈判实力。如果谈判的内容正好是某个实力很强企业的薄弱之处，那么，这个企业的谈判实力是弱而不是强。在一般情况下，企业实力强会有利于形成或强化其谈判实力，但并不能最终决定谈判实力。影响企业谈判实力的因素主要取决于以下几个方面：

1. 交易内容对双方的重要程度

交易谈判的成功标志着谈判双方各自满足了某种程度的需要，但这并不意味着交易内容对各方的重要程度是一样的。实际上，交易内容本身对于双方来讲，其重要程度往往存在差别，这也就决定了双方在谈判实力上必然会有差异。一般来说，交易内容对某一方越是重要，越希望通过谈判达成交易，那么该方在谈判中的实力就越弱，反之则越强。比如，在货物交易的谈判中，卖方的商品十分紧俏，不愁找不到买主，而买方急于采购，很显然，在这种情况下，卖方的谈判实力要远远强于买方。

2. 各方对交易条件的满足程度

谈判双方对交易条件的满足程度也是存在差异的，一方对交易条件的满足程度越高，那么该方在谈判中就越具有优势，谈判实力就越强。例如卖方所提供的商品质量优异，数量充足，交货及时，服务周到，各方面均能很好地满足买方的要求，那么卖方的谈判实力就要相对强一些，因为买方在这种情况下难以找到让对方让步的借口。

3. 双方的竞争形势

在市场经济条件下，买卖双方自由竞争，很少出现一个买主对应一个卖主的一对一谈判现象，经常是多个买主对应多个卖主。当多个卖主对应较少的买主时就形成了买方市场，这种情况下，自然是对买方有利，而对卖方不利，买方的谈判实力强，而卖方谈判实力弱。反之，如果多个买主对应较少的卖主时，即形成了卖方市场，这种情况下，显然卖方谈判实力强，而买方谈判实力弱。

这与宏观市场的供求状况有一定联系，但更主要的是看谈判当时的对阵状况。

4. 双方对市场行情的了解程度

谈判的一方如果对交易产品本身的市场行情了解得越多、越详细，那么该方在谈判中就越是处于有利地位，相应的谈判实力也就越强；反之，不了解市场行情或知之甚少，则显然不会有很强的谈判实力。

5. 双方的信誉与实力

企业的信誉是在长期经营过程中积累起来的，其本身就是一种实力的象征，企业的信誉越高，社会影响力越大，则该企业的谈判实力越强。特别是当支持和影响谈判的因素越强时，该企业的谈判实力还会进一步增强。如海尔集团是我国著名的家电生产企业，在国内市场上享有盛誉，尽管其产品的价格可能高于其他一些企业，但客户还是乐于光顾。

此外，实力强的企业往往拥有和掌握比较多的人力、物力和财力资源，能够承受较高的谈判成本，而且一旦发生纠纷，也能够承受各种处理方式，因而这类企业比一般性企业的谈判实力要强。

6. 双方的谈判时间

如果一方的谈判时间紧迫，特别希望尽快达成协议，那么该方的谈判实力将被大大削弱。受时间因素的影响，就有可能作出不必要的让步，或接受较为不利的交易条件。相反，谈判时间充裕的一方，将有条件调动各种资源来充分展开讨价还价，这无疑会增强该方的谈判实力。

7. 双方的谈判技巧运用

买卖双方的交易谈判最终是要由具体的谈判者来完成的，谈判者所具有的谈判经验和技战术水平对谈判结果有直接影响。一个经验丰富的谈判高手与一个初出茅庐的谈判新手相对，所具有的优势和劣势是非常明显的。我们在实战中往往看到，本来在谈判中并不占有优势的一方却取得了于本方有利的谈判结果，这就是因为谈判中的技巧运用发挥了积极的作用。熟练掌握谈判技巧的一方因为较好地把握住了谈判中的有利因素，并尽可能回避各种不利因素，从而使本方的谈判实力得到了增强。

通过对以上各因素的比较分析，谈判者基本上可以清楚谈判所面临的形势，接下来即可进入谈判方案的准备过程。

小案例

日本松下电器公司创始人松下幸之助平生第一次到东京找批发商谈判推销自己的产品时，与批发商刚一见面，批发商就友善地发问道："我们是第一次打交道吧？以前我好像没见过您。"批发商以此为托词，为的是要探测对手究竟是生意场上的老手还是新手。松下幸之助缺乏经验，马上恭敬地回答道："我是第一次来东京，什么都不懂，请多多关照。"松下这番极其平常的答复却使批发商获得了一个非常重要的信息：对手原来是一个初出茅庐的新手。批发商接着问："你打算以什么价格出售你的产品？"松下又如实告知对方："我的产品每件成本是20元，我准备卖25元。"按照当时的市场价，松下的产品每件卖25元的价格是适中的，加上他们的产品质量又好，争取再高一些的价格是完全有可能的。但批发商已了解到松下幸之助在东京人地两生，而且急于为产品打开销路，因此趁机杀价："你首次来东京做生意，刚开张应该卖得更便宜些才是，每件20元怎么样？"双方最后以20元达成交易。

第二节　确定谈判目标

谈判目标是指在谈判过程中要解决的实质性问题，它既是谈判的出发点，也是谈判的归结点，所有的谈判努力都是为了实现这一目标。因此，确定一个合理的谈判目标对于制定谈判计划、选择谈判策略、指导谈判活动具有非常重要的作用。

谈判目标的实现不仅有赖于己方在谈判中所作的努力，也受到谈判对手的制约。而谈判对手的情况则是一个变数，很难由己方来完全控制，因此，谈判目标的确定应该是有弹性的，即争取最优、保证最低，留有适当的回旋余地。

一、最优期望目标

最优期望目标是指对谈判者最为有利的目标，也叫理想的目标。它在满足某方实际需求利益之外，还有一个额外的增加值。最优期望目标为谈判指出了一个方向，实际的谈判结果可能距离这个目标会有一定的差距。尽管如此，这个目标仍有确定的必要。其一，它可以鼓舞士气。目标对于人们有激励作用，有了这样一个目标，就为谈判者指明了一个方向，人们会朝着这个方向去努力，可能最终的结果并不能完全实现目标，但也会在一个较高的水平上与对手达成协议，为己方争取到较大的利益。其二，抬高了谈判的起点，为己方争取到较大的回旋余地。最优期望目标是要明确展示给谈判对手的，这实际上也相当于为谈判设置了一个上限，双方的讨价还价只会在这个界限以下，而不会在界限之上。比如：卖方提出，商品每件要价 60 元，这样，双方就会在 60 元以下这个范围内进行讨价还价，而绝不可能超过 60 元达成交易，双方经过谈判，也许会在 55 元达成一致，这也是很正常的。假如卖方提出的要价为 50 元，买方绝不会因为你降低了目标而停止进攻，更不会主动给你加价，他会在 50 元以下来和你讨价还价，也许最终的成交会保持 50 元不变，但谈判会很艰难。因为谈判的成功就是双方妥协让步的一个结果，如果一方寸步不让，另一方会非常不满，甚至会有谈判破裂的危险。因此，人为抬高一些谈判的起点，不仅是利益的需要，也是谈判本身的需要。

当然，最优期望目标的确定也并非是越高越好，目标如果定得过高，虽然可以为己方争取到较大的回旋余地，但有可能吓退谈判对手，如果谈判对手都没有了，再好的目标也只能落空。

如何才是一个恰当的最优期望目标？我们可以这样理解，这个目标应该能使谈判对手在心理上接受，又有充分的理由能够说明它的成立。例如，某商品的市场售价一般在 100 元左右，当卖方提出 110 元的要求时，买方虽然觉得有点高，但还可以接受；如果提出 200 元的要求，买方会认为卖方根本没有诚意，很可能拂袖而去。假如卖方制定的最优期望目标就是 110 元，而且前不久还曾以这样的价格出售过，那么确定这样一个目标则是比较恰当的，不仅对方在心理上容易接受，己方谈判人员也会有信心去为之奋斗，在谈判时我们甚至可以拿出以前的成交记录来为目标作证。

当然，以企业过去的成交记录作为确定目标的依据只是一个方面，同时，还要考虑产品的市场供求情况、竞争的激烈程度、谈判人员的能力等多方面因素。最优期望目标作为目标的上限，最值得注意的一个问题就是一定要有充分的理由来说明目标是成立的。

二、最低限度目标

最低限度目标是谈判人员在谈判中所要达到目标的最低限度。对于谈判者来讲，这种目标是最低要求，毫无讨价还价的余地，如果不能实现，宁愿谈判破裂，也不退让。

最低限度目标是企业所能够承受的最大让步，例如，要求成交的价格不能低于成本，价格低于成本不仅赚不到钱，相反还要倒赔进去，这当然是企业所不能接受的。在谈判中，最低目标与最优期望目标之间有着必然的联系，谈判开始，双方总是首先提出自己的最优目标，然后在讨价还价中逐步退让，最终在最优期望目标与最低限度目标之间达成协议。最优目标实际上起到了保护最低目标的作用。从使用中看，最优期望目标在谈判中往往作为开始的要价，要明确展示给对方，而最低限度目标则作为商业机密要严格进行保密，就如同招标的标底一样是不能泄露的。

最低目标的确定同样也需要有科学的依据，应以不伤害企业的根本利益为前提，既能保护企业的利益，又能为谈判人员提供回旋的余地，为寻求谈判突破和打破僵局提供契机。

三、可接受目标

可接受目标是介于最优期望目标与最低限度目标之间的一个中间目标，顾名思义：虽然不是十分理想，但还可以接受。可接受目标不像前边讲过的两个目标一样有一个固定的点，它实际上是一个区间或范围，这个区间就是最优期望目标与最低限度目标之间所形成的区间。比如，我们将最优期望目标确定为 60 元，最低限度目标确定为 50 元，则可接受目标就是 50 元到 60 元这样一个范围。

从这一定义可以看出，这种目标显然范围过大，对于指导谈判的意义并不强，如果只是简单说明可接受目标就是最优目标与最低目标所形成的一个区间，显然，有没有这样一个目标都可以。在实际的谈判中，谈判人员会认为，既然可接受目标是这样一个范围，那么我只要不超出底线就可以。当受到来自对方的谈判压力时，便会一步步退让，最终达成的交易往往就在底线附近。鉴于这种情况，我们认为还是应该对可接受目标确定一个点，以明确谈判的第二道防线在什么位置，当谈判人员从第一道防线后撤之后，能在第二道防线上与对方相持一段时间，如果守住了就为企业争取到了比较满意的结果，如果守不住，再撤至底线附近也不迟。

例如：在某一交易谈判中，卖方对付款问题提出了三个目标：最优期望目标是让买方预付货款的 30%；可接受目标是货到立即付款；最低目标是交货后延期一个月付款。三道防线非常明确。谈判中，谈判人员首先就预付货款的问题与对方进行磋商，对方不肯接受，经过一番讨价还价，卖方提出可退让一步，货到付款，这时买方仍不满意，继续向卖方施加压力，卖方则态度坚决，不肯轻易再作让步，显示出货到付款似乎已经是谈判的底线，买方久攻不下，也许就此达成妥协，这样卖方就在第二道防线上取得了成功，结果仍比较满意。假如买方对此次谈判的依赖性不强，卖方若再坚持货到付款有可能会使买方退出谈判。为使谈判不致破裂，卖方还可再退一步，提出适当延期付款，有可能会使陷于危难的谈判起死回生。从这一例子我们可以看出，最优期望目标的提出相当于施行了一个缓兵之计，使双方的谈判在一个较高的起点上开始；可接受目标确实就是谈判者要争取达到的目标，除非谈判陷于僵局或有可能破裂，一般不会退让；而最低目标则是保证交易能够达成的一个基本手段。因此，确定一个明确的目标值比确定一个区间更有利于谈判的进行，实际的结果也往往较好。三个目标的关系可简单图示如下，见图 8-1。

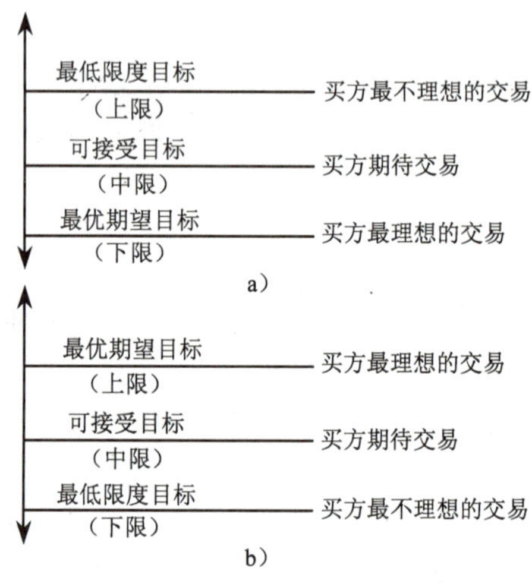

图 8-1　买卖双方谈判的目标界限

a）买方谈判目标界限　b）卖方谈判目标界限

从图中可以看出，卖方最理想的交易，也是买方最不理想的交易；卖方最不理想的交易，则是买方最理想的交易。同时应该指出，只有买方的上限与卖方的下限重合才有可能达成协议。如上例所讲，假如卖方的最低限度目标不变，仍为延期一个月付款，而买方的最低限度目标是延期三个月付款，这是很难达成一致的。

四、确定谈判目标时应注意的几个问题

1. 实用性

所谓实用性就是谈判方要根据自身的实力与条件来制定切实可行的谈判目标，离开了这一点，任何谈判高手也难以实现。比如产品本来就很一般，价格目标却要向名牌产品看齐，普通的高粱酒硬要卖出“茅台”的价格来，显然不大可能。

2. 合理性

所谓合理性，就是要根据谈判对象的不同以及时间、空间的不同来合理确定谈判目标。对甲适用的目标，对乙则未必适用等等，要进行全方位分析考察。

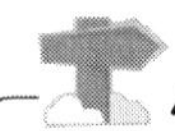

小案例

罗斯是一位工会的官员，性情暴躁，讲话高声大气，是谈判桌上有名的难缠人。有一回罗斯找到工厂仓库的经理，要求星期六放假一天，好让工人们去看当地的足球比赛，并提出，星期六的活可以推到星期天干，但经理要给付加班费。足球比赛固然有不少人喜欢，但其重要性还远未达到人人都必须去看的程度。何况只是当地的两只球队，水平并不很高。而罗斯不依，说如果不让去看球赛，就是典型的经理专政，他会发动工人进行罢工。经理没有和他争论，只是建议："只要送货任务能在星期六中午以前做完，下午可以全库放假，工资不扣，谁爱看球谁去看，星期天也无需加班。"罗斯认为这个建议不合理，气冲冲地跑到车间向工人宣布，要大家一起去向经理施加压力，然而出乎意料的是，工人竟大都赞成经理的建议，罗斯无奈，只好作罢。

3. 合法性

合法性是指谈判目标的制定必须符合一定的法律与道德规范。不能采用非法或不道德的手段来迫使或诱使对方顺从，如行贿受贿，利用对方不了解情况坑蒙拐骗，利用强势地位胁迫对方让步，提供伪劣产品、过时技术或虚假信息等。这些都是不合法的行为，应当严格禁止。

4. 灵活性

灵活性是指谈判目标的制定要有一定的弹性，使谈判人员在谈判中能根据具体情况在进退之间有一定的回旋余地。

5. 保密性

谈判的最低限度目标与可接受目标要严格保密，除了参加谈判的己方有关人员之外，绝不能透露给其他任何人，一旦泄露，将会造成难以估量的损失。

第三节　谈判的人员准备

人员准备是谈判准备工作的又一主要内容。一场谈判能否取得成功，在很大程度上取决于谈判人员的水平。因此，组建一支精明强干的谈判队伍，对于顺利完成谈判任务会有莫大的帮助。

一、谈判队伍的组成

一次谈判，应当派多少人参加谈判以及派什么样的人参加谈判，是人员准备工作首先要考虑的问题。从某种意义上讲，个人谈判最为合适，因为个人谈判负有全权职责，他可以立刻决定要对方让步或自己让步，不会出现步调不一致的现象，可以避免成员之间因意见不一而削弱立场。但是，谈判中常常需要掌握很多信息和各种专业知识，而这些信息和知识又非一个人可以全部掌握，必须依靠他人的帮助。因此对于一些简单的交易谈判可以只派一个人参与，而对于一些比较复杂、重要的谈判活动则有必要组建一个谈判小组，以形成成员之间优势互补，发挥众人的聪明才智来赢得谈判的成功。既然组建谈判小组的主要目的在于发挥各人的聪明才智和不同的专业优势，那么，在组建时首先应当考虑的问题就是谈判人员的知识结构，从交易谈判所涉及的问题来看，主要是四个方面。

（1）商务方面。如确定交易价格，敲定交货期限与交货方式，明确风险的分担等事宜。

（2）技术方面。如评价商品的质量，确定商品的技术要求和工艺条件，选定检验检疫方法等。

（3）法律方面。如起草合同文件，对合同中各条款的法律解释等。

（4）财务方面。如决定支付方式、信用保证、证券与资金担保等事项。

因此，参加交易谈判的人员一般应由这四个方面的专业人员组成，另外，还要考虑谈判人员的文化程度、工作经验、应变能力、事业心与责任感，是否具有合作精神等多项因素，尽可能使谈判队伍形成群体优势。

谈判小组作为一个组织，也必然存在一个协调的问题，在职能上要进行适当的划分，一般可分为主谈代表、辅谈代表和一般工作人员三种。

1. 主谈代表

主谈代表是谈判桌上的主要发言人，一般也同时兼任谈判小组的领导人。主谈代表可以不是某一方面的专家，但需同时兼有各方面的知识，无论是商务、技术、法律还是财务都要通晓，可以说，主谈代表应该是一个通才式的人物，这样才能在谈判中充任主谈人的角色。如果一个主谈代表对于对方提出来的各种问题回答不出，而总让其他人去解释，这无形中就贬低了自己在对方眼里的地位，于谈判非常不利。此外，作为谈判小组的领导人，还需具有组织领导的才能，能够协调小组内的工作，调动大家的积极性来共同完成谈判任务。

2. 辅谈代表

辅谈代表是主谈代表的参谋和助手，为主谈代表提供信息和参考意见，一般由各方面的专家担任。当谈判中涉及某一专门性问题时，有时职能专家也会成为某一方面问题的主谈人。

3. 一般工作人员

一般工作人员是为谈判提供服务的人员，如记录人员、翻译等，也可以由谈判代表兼任。

二、谈判人员的管理

1. 明确分工

谈判队伍组建以后，需对谈判小组内的各个成员在专业分工的基础上进行谈判分工。不仅要就谈判中的大类问题如商务、技术、法律、财务等划分责任，还要就谈判中的一些细节问题进行事先安排。如：明确规定由谁在何种场合下用何种方式去提出问题，由谁通过何种方法去回答问题，由谁在何种情况下去解决问题，当其中一个人回答问题时，其他成员应该如何配合，谁扮演“黑脸”，谁扮演“白脸”，角色之间如何进行互换，等等。这些细节问题必须事先进行设计，否则将会不可避免地自相冲突，影响谈判的效果。

2. 严明纪律

保密工作是谈判中的一项重要工作，当我方在千方百计地搜集各种谈判资料的同时，对方也一样在通过各种渠道刺探我方的情报。谈判中的许多机密会直接关系到谈判的成败，而这些机密有时会在无意的谈话中和随意摆放的资料中被泄露，为了避免因机密泄露而造成的被动局面，谈判小组要制定严格的谈判纪律。如：不允许谈判人员在谈判期间过度饮酒，对于高度机密的材料只允许“脑记”而不允许“笔记”，严格限定参与谈判讨论的人员范围，不允许谈判人员有私下接触等。

小案例

事情发生在美国一家生产家用厨房用品的工厂和他的采购商之间，合同即将签订，一切都仿佛可以顺利进行了。然而有一天工厂接到了对方负责人打来的电话。“真是很遗憾，事情发生了变化，我的老板改变了主意，他要和另一家工厂签订合同，如果你们不能把价钱再降低 10%，就有可能毁掉我们双方所付出的努力，真是有些遗憾。”

工厂一下子慌了手脚，经营状况不佳已使他们面临破产的危险，如果再失去这个客户，就像濒临死亡的人又失去了救命稻草。工厂的主管顿时着急了。他问对方能否暂缓与另一家工厂的谈判，给他们以时间进行讨论。采购负责人很仗义地应承下来，讨论的结果是采购负责人的要求得到了满足，价格被压低 10%，要知道这个压价对工厂着实是个不小的数目。那么，采购方是如何把这笔金额从工厂卷走的呢？原来在签合同的一个月前，工厂的推销员在一次与采购负责人的交谈中无意中给工厂泄了底。他对精明的采购人说他们工厂正承受着巨大的压力，销售状况不佳已使他们面临破产。结果这位采购负责人并没有对他们寄予同情，而是趁机压榨了一笔，因为他已经知道工厂在价格问题上无力坚持了。

3. 团结一致

谈判是融知识、信息、能力、口才、风度于一体的一种较量，其中以口才的交锋最为主要，谈判者在谈判中要大量使用语言这一工具来进行阐述，这也正应了一句老话："语多必失"。任何一个谈判者都不能保证其在谈判中所讲的每一句话都是恰当的，难免会出现一些失误或不当之处，对此，谈判小组内的其他成员应当及时进行"补漏"，而不应该是抱怨。为了避免可能出现的内部分歧，谈判前应就谈判方案在小组内进行充分的讨论，大家可以充分发表意见，一旦形成统一的方案，谈判中就必须采取统一行动，保持步调一致，一致对外。

三、模拟谈判

模拟谈判是指在谈判前提出各种假设，进行谈判的想象练习和实际演习。对于一些重大的谈判活动，有必要在谈判前进行这样的"彩排"。第一，它可以使谈判者获得实际经验；第二，可以暴露一些可能被忽略的问题，从而找出失误的原因，使谈判准备工作更充分、更准确；第三，检验谈判方案的实际效果，使谈判计划的安排更具实用性和有效性；第四，能使谈判者选择适合自己担当的最佳角色，减少冒险成分。模拟谈判作为一种非常有用的方法，可以及早发现自身可能犯的错误，及时采取措施进行弥补或纠正，从而减少谈判中可能出现的失误。

模拟谈判的形式主要有以下两种：

1. 即兴讨论会

即兴讨论会是指谈判者聚在一起对谈判方案进行充分讨论，自由发表意见，共同想象交易谈判的全过程。这种即兴讨论会规定，每个参加会议的人都可以不受拘束地谈论自己的意见，彼此不交锋、不争论，不管某个人的意见有多么离奇古怪，多么不中听，也不准他人进行批评、反驳或纠正。对每个人提出的意见，可安排专人进行记录整理，会后交有关决策者进行研究。由于即兴讨论会的气氛比较轻松，从而能够活跃人的思想，产生出许多新的看法和建设性意见，可以为原方案提供许多有益的参考。即兴讨论会除了组织谈判小组的人员参加以外，还可邀请一些具有专门知识或具有丰富谈判经验的人员参加，使讨论会的内容更加丰富，想象的问题更加全面，也使准备工作更加成熟。

2. 小组剧

小组剧又称为排演式会议。这种方式是把谈判小组的成员一分为二，其中一部分扮演谈判对手，以对手的立场、观点和谈判风格来与扮演己方的另一部分谈判人员进行交锋，预演谈判过程。这种方式类似于某些对抗性运动项目的训练方式，运动员在训练中可以用自己的队员来扮演将要迎战的对方运动员，进行对抗训练以增加本方运动员的实践经验。小组剧较之即兴讨论会模拟起来更加真实，可以使谈判人员如同身临其境，设身处地考虑问题和处理问题，为谈判人员了解对方的利益、观点以及谈判手法、技巧提供了机会，使得己方的谈判人员可以根据对方的不同特点改进谈判对策和谈判方案。在小组剧方式中，不仅可以让部分成员扮演对方谈判人员，也可以进行角色互换，通过扮演不同的角色使小组成员之间更好地互相了解，从而在真正的谈判中配合得更加默契。

模拟谈判的好处是显而易见的，但组织模拟谈判也需要花费一定的时间和费用，如果由于时间和费用等原因无法安排一次较正式的模拟谈判，那么，谈判小组也应坚持让一位同事来扮演对手，对己方所提出的交易条件进行反复磋商和盘问，这样，就可以使己方的谈判人员意识到是否需要变更所提出的条件或加强某些论据。通过刨根问底的盘问，可以暴露己方在谈判中可能存在的不足之处，对实际谈判的开展是非常有益的。

第四节　谈 判 计 划

谈判计划是在全面分析研究谈判信息的基础上，根据双方的实力对比对谈判的目标、策略和战术运用所作的设计和规划。制订谈判计划是准备工作的重要内容，对于谈判人员明确谈判目的、沟通协调内部关系、明确职责与分工等有着非常重要的作用。

一、谈判计划的内容和要求

（一）谈判计划的主要内容

1．谈判的基本目的

交易谈判从总体上来讲，是要通过谈判促成商品的交易，但具体到某一谈判活动来讲，则未必都是商品的买卖。例如，两大跨国公司之间有意就某一重大项目进行合作，双方过去不曾有过交往，初次谈判不可能一下子就进入实质性条款的磋商，可能需要一段很长的时间进行相互摸底、交流，然后才能谈到交易，对于初期的谈判来说，其目的显然不应当是交易，而是促成相互的了解和交流。再比如，一方要借另一方做跳板向第三者施加压力，双方之间的谈判事实上是一种假性谈判，其真实目的也不在交易，而是取得有利的条件。所设定的条件会很高，使对方难以接受，有意使谈判达不成协议，等等。所以说，谈判的目的不能简单认定为就是促成交易，应该根据所处的环境不同，来确定适合自己的谈判目的。

2. 各主要条件的交易目标

计划中应对交易所涉及的主要条件制定合理的目标，对于最优期望目标、可接受目标和最低限度目标要有明确的规定，对于确定目标的主要依据要有必要的说明。

3. 谈判的期限和安排

谈判的期限指什么时候开始谈，准备谈多久，这也是计划中的一项主要内容。一般来讲，谈判的开始时间应选择在己方已有充分准备，对方又有迫切需要的时候举行，这样，有利于己方在谈判中获得谈判的主动权和控制权，形成对己方较为有利的谈判局面。同时，也要给出一个谈判的期限，要求谈判者在某一期限内完成与对方的谈判，因为时间如果拖得太久，会给企业带来一定的人力、物力和财力损失，甚至可能会失去其他的商业机会。当然，所给定的谈判期限应能保证谈判人员与对方进行充分的讨价还价，并且还要有一定的机动时间，另外还要注意，谈判期限也是商业机密，不能外泄。

谈判在各个时段的安排指应该在什么时候谈什么问题，也即谈判的日程安排。在安排时，除了要对谈判活动本身进行合理安排以外，对可能的参观游览、娱乐休息也要适当有所考虑。

4. 谈判地点

谈判地点可以有三种选择，即己方所在地、对方所在地和第三方所在地。选择不同的谈判地点会对谈判产生不同的影响。

（1）己方所在地。选择在己方所在地进行谈判有许多有利条件：第一，谈判者在自己熟悉的环境中没有心理障碍，容易在心理上形成一种安全感和优越感；第二，“台前”、“台后”紧密联系，谈判人员可以同公司领导随时保持联络，方便地获取各种资料，一旦遇到难以解决的问题还可以动员公司的其他成员共同参与做好工作；第三，以逸待劳，在生活起居上也不受影响，而且还可以利用东道主的地位，主动掌握谈判的日程安排；第四，节省外出谈判的旅差费用。选择在己方所在地进行谈判，总体上看有利因素多一些，如有可能应尽量选择在己方所在地进行谈判。

（2）对方所在地。选择对方所在地进行谈判虽不像己方所在地那样方便，但也有一些有利因素：第一，谈判人员可以全身心投入谈判，免受本单位其他事务的干扰；第二，当谈判遇到困难时，可以随时借口授权有限、资料不足、身体不适而拖延或中止谈判；第三，在授权范围内可以充分发挥谈判人员的主观能动性，不受企业领导的干预；第四，无需为接待安排耗费精力。

（3）第三方所在地。选择第三方所在地进行谈判对于双方来讲条件均等，谈不上有什么特别的优势。如果选择第三方所在地作为谈判地点，双方首先要为地点的确定进行磋商，准备工作也比较麻烦。因此在交易谈判中除非相互关系不融洽，信任程度不高，一般不宜选在第三方所在地进行谈判。

无论选择在己方、对方还是第三方进行谈判，事先都需征得对方的同意，由双方共同协商来进行确定。

（4）谈判场所的布置。如果选定己方所在地作为谈判地点，作为东道主，应负责对具体的谈判场所进行布置安排，此项工作虽然比较烦琐，但却可以借安排之便，创造一个于己方较为有利的谈判环境。布置时应注意以下几点：

1）谈判场所应宽敞、舒适、有良好的通风和照明条件，并安装投影仪之类的设备，以方便进行产品展示和项目介绍，但一般不设录音设备。经验表明，录音设备对业务洽谈的双方会有负面影响，受心理因素的影响，谈判者往往难以畅所欲言，影响谈判的进行。当然，如果双方协商认为有必要安装，则也可配备。

2）谈判场所附近应备有休息室，以便谈判人员在谈判间隙休息时使用。休息室可安装电话，还可布置一些盆景或鲜花，以使谈判人员在紧张工作的间歇能够适当放松一下。

3）选择适宜的场景布置，色彩一般以暖色为主，优雅协调。双方的座位要保持适当距离，以看不到对方的资料为宜。

4）安排秘书和工作人员在附近办公室值班，以便传递信息，复印或打印文件。

总之，无论在何方场所进行谈判，事先都应做好充分的准备，带好必备的资料，配备必要的谈判助手，安排好生活起居，以便能够全身心地投入谈判。

5. 谈判成本预算

谈判成本是指以货币计算的谈判活动全过程的各种消耗，包括从谈判准备开始，一直到双方产生协议签字生效与善后处理工作结束为止的全过程。如差旅费、通信费、资料费、谈判人员工资等。

一般来讲，当一项谈判所获得的收益如果不能补偿为谈判所支付的成本时，那么这样的谈判是不合算的。因此，谈判成本也就成为衡量谈判成功与否的一个重要标志。然而在计算时，成本可以用货币来进行计算，但收益却不能用货币完全代替。例如，通过谈判达成了一笔交易，这笔交易可以为我们带来10 万元的利润，而为此次谈判所花费的成本为 1 万元，这当然是很合算的。再比如，一种新产品刚刚面市，企业为推销新产品召开了一个规模很大的洽谈会，花费的成本为 10 万元，而通过洽谈会所获得的直接收益却只有 1 万元。这样的谈判从静态算账当然是不合算的，但通过此次洽谈会，宣传了产品，扩大了影响，为以后拓展市场产生了很好的推动作用，这样的洽谈会还是很有必要进行的。所以，衡量一次谈判成功与否，不仅要看当期的收益如何，还要看谈判所带来的长远利益和社会效益，从定性和定量两个方面结合起来进行分析。

6. 谈判策略安排

谈判策略是指谈判人员为取得预期谈判效果而实施的各种行为的方案。策略是谈判的武器和手段，正确运用谈判策略，有助于双方在共同利益的基础上达成协议，或者取得某些特殊的利益。计划中，应对所要采取的策略事先做出安排，明确规定在什么时间、什么情况下应当采用什么样的策略，以便谈判人员在出现这种情况时能事先有所准备，临危不乱，从容应对。

有关谈判的策略种类很多，将在以后的章节中作详细介绍。

7. 替代方案

尽管在制订计划时，设想了种种可能，制定了各种措施，但还是难免会有一些意外情况的发生。如果出现了意外情况事先又毫无准备，必然会使谈判变得十分被动。为了避免出现这种局面，在做好主体方案的同时，还要设计一些替代方案，或者叫应急预案。就如同战场作战一样，不仅要有第一套方案，还要有第二套、第三套方案。以做到有备无患。

（二）制定谈判计划的要求

1. 计划本身必须简单明了，易于为谈判人员所把握

交易谈判是一项十分复杂的工作，涉及的问题必然很多，计划中如果对每一个问题都进行详细的说明，必然会使计划变得冗长而繁杂，不便为谈判人员所掌握。因此计划一定要简单明了，点到为止。

2. 计划必须明确，不致造成理解上的分歧

计划中应避免使用模糊的语言进行描述，如：价格尽量要高，运费尽可能让对方承担，经费尽量节省等。这样的描述会使谈判人员无所适从，在谈判中步调不一，发生内部冲突。如果改为，运费：上：对方付，中：各付一半，下：我方付。情况可能就会更好一些。

3. 计划要具有灵活性

谈判过程中的内部与外部情况随时都在发生变化，以不变应万变是不可能的，计划具有一定灵活性，可使谈判人员能够根据情况的变化，在授权范围内灵活处理有关问题，为企业谋取到最有利的谈判结果。

二、编写谈判计划

对于较为重要的谈判，一般都应编写书面的谈判计划，以作为指导谈判活动的纲领，谈判计划可以用文字进行描述，也可以用图表进行表示。如果企业的谈判业务量较多，也可设计成统一的格式，在需要制订计划时，只需将有关内容依次填写进去就行了。下表是一个谈判计划书的格式（见表 8-1），制订计划时可作为参考。

表 8-1 谈判计划书

谈判的基本目的：

主要交易条件及人际关系目标______________________________

交易条件 A：______________________________

交易条件 B：______________________________

⋮

交易条件 N：______________________________

双方关系：______________________________

双方地位评价

对方优势：______________________________

对方劣势：______________________________

己方优势：______________________________

己方劣势：______________________________

人员及其职责

队伍负责人：______________________________

谈判人员 A：______________________________

谈判人员 B：______________________________

⋮

谈判人员 N：______________________________

谈判队伍工作的基本原则：______________________________

谈判的时间安排

完成谈判任务的时间要求：______________________________

各个时段谈判任务的安排：______________________________

谈判地点安排

谈判地点：______________________________

场所布置：______________________________

谈判成本预算

货币成本：______________________________

机会成本：______________________________

时间成本：______________________________

谈判策略安排：______________________________

替代方案：______________________________

谈判计划说明及附件：______________________________

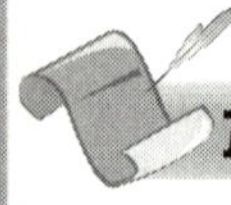

本章小结

1．谈判信息的收集主要包括四个方面，即己方信息、对方信息、市场信息和相关环境信息。影响企业谈判实力的因素主要取决于 7 个方面：即交易内容对双方的重要程度、各方对交易条件的满足程度、双方的竞争形势、双方对市场行情的了解程度、双方的信誉与实力、双方的谈判时间以及双方的谈判技巧运用。

2．谈判目标是指在谈判过程中要解决的实质性问题，可分为三个层次：最优期望目标、最低限度目标和可接受目标。确定谈判目标时应注意 5 个问题，即实用性、合理性、合法性、灵活性和保密性。

3．谈判队伍的组成应考虑 4 个方面，即商务、技术、法律和财务。职能上可分为主谈代表、辅谈代表和一般工作人员三种。简单的交易谈判可派一人参加，复杂的谈判则有必要组建谈判小组。对谈判人员的管理，一要明确分工，二要严明纪律，三要团结一致。模拟谈判有两种形式，一是即兴讨论会，二是小组剧。

4．谈判计划的主要内容包括谈判的基本目的、各主要条件的交易目标、谈判的期限和安排、谈判地点、谈判成本预算、谈判策略安排和替代方案等。要求是：计划本身必须简单明了，易于为谈判人员所把握；计划必须明确，不致造成理解上的分歧；计划要具有灵活性。对于较为重要的谈判，一般都应编写书面谈判计划，可以用文字进行描述，也可以用图表表示。

作业与训练

一、复习思考题

1. 谈判信息包括哪几方面的内容？收集谈判信息的方法有哪几种？
2. 影响企业谈判实力的因素有哪些？
3. 什么是最优期望目标、最低限度目标和可接受目标？
4. 为什么要进行模拟谈判？模拟谈判的形式有哪几种？
5. 谈判计划应包括哪些基本内容？如何制定谈判计划？

二、选择题

1. 下列说法中正确的是（　　）。
   A. 参加谈判的谈判代表均拥有决定的全权
   B. 参加谈判的谈判代表只拥有部分决定的权力
   C. 参加谈判的谈判代表只有谈的权力，而没有决定的权力.
   D. 参加谈判的谈判代表可以拥有决定的全权，也可以只有部分决定的权

力，或者连部分决定的权力也没有

2. 某商品卖方希望最低售价不少于1000元，而买方希望最多不超过900元，双方经过反复磋商终未能达成交易，这是因为（　　）。

A. 卖方的要价过高

B. 买方的出价过低

C. 卖方的最低要价与买方的最高出价不重合

D. 买卖双方均缺乏诚意

3. 交易谈判主要涉及四个方面的问题，这四个方面是指（　　）。

A. 生产、技术、经营、财务　　B. 商务、技术、法律、财务

C. 人员、物资、资金、管理　　D. 数量、质量、交货期、价款

4. 下列属于商业机密的是（　　）。

A. 谈判目标、谈判期限、谈判地点和谈判成本预算

B. 最低限度目标、可接受目标、谈判期限和谈判策略

C. 谈判目标、交易条件、谈判地点和谈判期限

D. 谈判目标、谈判期限、谈判人员和谈判日程安排

5. 要想随时寻找借口中止谈判，只有谈判地点选择在（　　）才有可能。

A. 己方所在地　　B. 对方所在地

C. 第三方所在地　　D. 无论何处都可以

三、实训项目

1. 如果你是一家办公家具生产厂的销售代表，欲与原来的经销商谈判，准备将产品的价格平均上涨5%，请为此次谈判准备充分的涨价理由。

2. 以同学为模拟谈判对象，欲转让（或购买）一台二手电脑，据此制订一份谈判计划。

第九章

谈判开局与摸底

学习目标

- 能够按照谈判目标要求创设适宜的谈判气氛。
- 了解谈判议程的安排。
- 了解谈判摸底的基本策略。

案例导读

美国华克公司在费城承建一座庞大的办公大厦。工程启动后，计划进行得很顺利，不料在接近完工阶段，负责供应内部装修的铜器承包商突然宣布他们无法如期交货。这样一来，不仅整个工程要延期，华克公司还得支付巨额罚金。为了避免遭受重大损失，公司与该承包商进行了多次电话交涉，因双方分歧较大均无结果。公司只好派高先生前往纽约与承包商面议。

高先生一走进那位承包商的办公室便微笑着说："您不知道，在纽约你这个姓氏只有一个，我一下火车，在电话簿里很快就找到了你的地址。"

"这我一向不知道。"承包商说着也兴致勃勃地查阅起电话簿来，一边查找，一边不无骄傲地谈论起他的家族和祖先："我的家庭是从荷兰移居纽约的，几乎有200年了。"高先生听着他的谈论，先是称赞他的祖先，然后称赞他居然创建了这么大的一家工厂。承包商听后很自豪地说："这是我花了一生的心血建立起来的一项事业，我为它感到骄傲，你愿不愿意到车间里去参观一下呀？"高先生欣然而往。

参观时，高先生一再称赞他的工厂组织制度健全，机器设备精良。承包商听了高兴极了。他声称其中有一些机器还是他亲自发明的。高先生马上又问他，那些机器操作起来如何？工作效率怎样？到了中午，承包商坚持要请高先生吃饭。他说："到处都需要铜器，但是很少有人像你这样对这一行感兴趣。"

至此，高先生尚只字未提到访的真正目的。

用完午餐，承包商说："现在，我们谈谈正事吧。我知道你这次来的目的。但我没有想到我们的相会竟是如此愉快。你可以带着我的保证回到费城去，我保证你们要的材料如期运到。尽管我这样做会给另一笔生意带来损失，不过我认了。"

显然，高先生的成功得益于开局气氛的营造，试想一下，如果高先生开局就谈交货问题，那将会是一个什么样子？

第一节　开局气氛的营造

开局阶段是指谈判双方第一次见面后，进入具体谈判内容之前，双方相互介绍、寒暄以及就具体内容以外的话题进行交谈的阶段。开局阶段占用的时间较短，讨论的内容除去阐明议题与有关程序外，大多与谈判的主题关系不大或根本无关。但是，这个阶段却很重要。中国有句俗话："良好的开端是成功的一半。"开局阶段是为整个谈判奠定基调的阶段。因此，谈判者在这个阶段的重要任务就是为谈判创造一种合适的气氛，为后续的谈判打下良好的基础。

一、开局目标设计

谈判的开局目标是一种与谈判的终极目标紧密相连而又相互区别的初级目标。在交易谈判中，双方一经接触，谈判气氛就开始形成，而谈判气氛的好坏，事关整个谈判的顺逆成败。因此，谈判者在谈判工作伊始，便应根据谈判终极目标的需要，认真考虑创造出一种适宜的谈判气氛，这里所说的谈判气氛就是开局目标，而对各种各样的谈判气氛的设想和选择就是开局目标的设计。

（一）开局目标设计应考虑的因素

1. 考虑谈判双方企业之间的关系

具体有以下四种情况：

（1）双方企业过去有过业务往来且关系很好。那么，这种友好关系应该作为双方谈判的基础。在这种情况下，开局阶段的气氛应该是热烈、友好、真诚、轻松、愉快的。开局时，己方谈判人员在语言上应该是热情洋溢的，内容上可以畅谈双方过去的友好合作关系，或两企业之间的人员交往，亦可适当称赞对方企业的进步与发展；姿态上比较自由、放松、亲切。在结束寒暄之后，可以较快地将话题转入实质性谈判。如："过去我们之间一向合作得很好，我想这一次我们仍然会合作愉快的。"

（2）双方企业过去有过业务往来，但关系一般。在这种情况下，开局的目标仍然是要争取创造一个比较友好、随和的气氛。但是，己方谈判人员在语言的热情程度上要有所控制，在内容上，可以简单聊一聊双方过去的业务往来及人员交往，亦可谈一谈双方人员在日常生活中的兴趣和爱好；姿态上可以随和自然，在适当的时候，自然地将话题引入实质性谈判。如："过去我们双方一直保持着业务往来关系，我们希望通过这一次的交易磋商，将我们双方的关系推进到一个新的高度。"

（3）双方企业过去有过业务往来，但本企业对对方企业的印象不佳。那么，开局阶段的气氛应该是严肃的、凝重的。己方谈判人员在讲礼貌的同时，语言上应该比较严谨，甚至可以带一点冷峻；内容上可以就双方过去的关系表示出不满和遗憾，以及希望通过本次交易磋商能够改变这种状况，也可以谈论一下途中见闻、体育比赛之类的中性话题；在姿态上，应该是充满正气，并注意与对方保持一定的距离。在适当的时候，可以慎重地将话题引入实质性谈判。如："过去我们双方之间曾有过一段时间的合作，但遗憾的是并不那么令人愉快，不过，事情已经过去，让我们从这里重新开始吧。"

（4）双方企业从来没有业务往来，本次为第一次业务接触。那么在开局阶段，就应努力创造一个友好、真诚的合作气氛，以淡化和消除双方的陌生感以及由此带来的戒备心理，为实质性谈判奠定良好的基础。因此，谈判人员在语言上应该表现得礼貌友好，但又不失身份；内容上，多以途中见闻、近期消息、天气状况或个人爱好等比较轻松的话题为主，也可以就个人在公司的任职情况、负责的范围、专业经历等进行一般性的询问和交谈；姿态上不卑不亢，沉稳中不失热情，自信但不骄傲。适当的时候，可以巧妙地将话题引入实质性谈判。如："这笔交易是我们双方的第一次业务交往，希望它能够成为我们双方发展长期友好合作关系的一个开端。我们是带着希望来的，我想，只要我们共同努力，我们一定会带着满意而归。"

2. 考虑双方的谈判实力

就双方的谈判实力而言，不外乎以下三种情况：

（1）双方实力相当。为了防止一开始就强化双方的戒备心理和激起对方的敌对情绪，以致影响到后面的实质性谈判，在开局阶段，仍然要力求创造一个友好、轻松、和谐的气氛。己方谈判人员在语言和姿态上要做到轻松而不失严谨，礼貌而不失自信，热情而不失沉稳。

（2）己方谈判实力明显强于对方。为了使对方能够清醒地意识到这一点，并且在谈判中不抱过高的期望，从而产生威慑作用，同时，又不至于将对方吓跑，在开局阶段，在语言和姿态上，既要表现得礼貌友好，又要充分显示出己方的自信和气势。

（3）己方谈判实力弱于对方。为了不使对方在气势上占上风，从而影响后面的实质性谈判，在开局阶段，在语言和姿态上，一方面要表现出友好、积极合作的态度，另一方面也要充满自信，举止沉稳、谈吐大方，使对方不至于轻视自己。

3. 考虑双方个人之间的关系

尽管交易谈判大多是以企业为单位进行的，但具体谈判任务还是要由双方派出的谈判代表来完成。因此，谈判人员个人之间的感情必然会对谈判的进程和结果产生影响。如果双方谈判人员过去有过交往和接触，并且结下了一定的友谊，那么，在开局阶段既可以畅谈双方过去交往的情景，也可以述说离别以后的各自经历，或询问对方家庭的情况，以增进双方之间的个人感情，显示双方之间的亲密关系。实践证明，一旦双方谈判人员之间发展了良好的私人感情，对于促进谈判的成功会产生很大的推进作用。

（二）开局目标的表达方式

1．协商式开局

协商式开局是指在谈判开始时，以“协商”、“肯定”的方式，使对方对自己产生好感，创造或建立起对谈判“一致”的感觉，从而使谈判双方在愉快友好的气氛中不断将谈判引向深入。运用协商式开局的具体方式很多，比如，在谈判开始时，以一种协商的口吻来征求谈判对手的意见，并对其意见表示赞同或认可。当然，这里用来征求对手意见的问题应该是无关紧要的，不会涉及己方的具体利益。如：“我们先来商量一下今天会谈的议题，你看怎么样？”对手一般不会有什么反对的意见，这样就为谈判创造出一种“一致”的气氛。

2．保留式开局

保留式开局是指在谈判开始时，对谈判对手提出的关键性问题不作彻底、确切的回答，而是有所保留，从而给对手造成一种神秘感，以吸引对手步入谈判。如：“我方的最后期限则要看谈判的具体进展情况而定”，“这也许是可能的”，“我们尽量努力吧”。等等。

保留式开局的运用，可以使谈判者有较大的进退余地，它不仅可以避免过早暴露己方的意愿和实力，而且可以在面对复杂问题又一时难以决断时为己方争取到较大的回旋余地，既未肯定，也未否定，既保全了对方的面子，又不致使己方过于为难。

应该注意的是，在采用保留式开局时不能违反谈判的诚信原则，向对方传递的信息可以是模糊的但不能是虚假的。否则，会将自己陷入非常难堪的局面之中。

3．坦诚式开局

坦诚式开局是指以开诚布公的方式向谈判对手陈述自己的观点或想法，从而为谈判打开局面。不过采用这种表达方式需要根据自己的身份、与对方的关系以及当时的谈判形势等来决定。例如：某乡党委书记在同外商谈判时，发现对方总是对自己的身份表示怀疑并持有戒心，这种状态甚至妨碍了谈判的深入进行，这位党委书记当机立断，向对方表示：“我是党委书记，但也懂经济、搞经济，而且拥有决策权，我们摊子小，实力不大，但人实在，愿意真诚与贵方合作。咱们谈得成也好，谈不成也罢，至少您这位外来的‘洋’先生可以交我这样一个中国的‘土’朋友。”一番真诚的表白，不仅表达了自己的开局目标，而且也赢得了对方的信赖。

4．进攻式开局

进攻式开局是指通过语言或行为表达己方强硬的姿态，从而获得谈判对手必要的尊重，并借以制造心理优势，使得谈判顺利进行下去。

这种开局方式一般不轻易使用，只有发现谈判对手在刻意创造于己方不利的谈判气氛，制造不平衡局面，如果不加以扭转，将会损害己方的切实利益时方可考虑。例如：某企业在一次原料采购的谈判中，对方利用所具有的紧缺优势，态度非常傲慢，所述话语无不以居高临下之势百般刁难，在这种情况下，买方的谈判代表拍案而起，指责对方道："如果没有诚意，你们可以走了，我们的库存还可以维持一个时期的正常生产，而且我们也已经做好了转产的准备，不再乞求你们的施舍，先生们，请吧！"这种冲击式极强的表达方式，有时会令对方手足无措，反过来思考自己所施加的压力是不是有些过头，有可能会扭转不平衡的谈判局面。

需要注意的是，进攻式开局有可能会使整个谈判陷入僵局甚至破裂，因此，在采用时要特别慎重。

二、开局气氛的营造

大多数情况下，交易谈判的双方都是本着合作的愿望来进行谈判的，希望通过相互间的沟通协商来达到交易的目的，因此除少数特殊的情况外，一般还是要致力于营造出一种和谐融洽的谈判气氛。

（一）形成良好的第一印象

一般情况下，人们在初次见面时，不一定会马上给对方下什么武断的评价。但在彼此之间会产生一种基本的感情，简单说，就是喜欢或不喜欢对方。喜欢，就可能会积极地与之交往；反之，则可能没有交往的热情。

第一印象是一种"顽固"的心理倾向，一旦形成，想改变就比较困难。双方所形成的第一印象会直接影响到能否顺利完成谈判任务。既然第一印象如此重要，那么，谈判者就需要精心设计自己的自我形象，注意一言一行，争取给对方留下一个良好的印象。

1．服饰

谈判者的自我形象首先是通过服饰表现出来的。服饰传递着一种无声的信息，特别是在现代社会，衣服的式样、质地以及衣服的附属装饰都具有多种功能和含义，服饰本身就是一种符号体系。这个符号体系能传达出文化修养、审美观点、品位、风度、气质和社会地位等信息，并给人以某种暗示，影响人们的判断。因此，谈判者在通过服饰塑造形象方面应注意以下几点：

（1）服饰应与谈判者的身份相一致。比如，作为公司的高层领导，在出席谈判时就不应穿着过于随便，最好是西服革履，这样才与身份相符。而作为谈判助手，如果衣着比首席谈判代表还华贵，则有喧宾夺主之嫌。

（2）服饰应与谈判的性质相一致。若是正式谈判，谈判者的衣着就应当"正式"一些，以表示对谈判的重视和对对方的尊重；若是非正式谈判，谈判者的衣着则可随便、轻松一些。

（3）服饰要与谈判的环境相一致。超越环境氛围的打扮会让对方感到做作；而低于环境的打扮，则会使自己感到局促不安，也会使对手对你的实力产生怀疑。

小案例

2008 年 12 月，推销员李某去拜访石家庄当地最大的食品添加剂经销商，在谈起双方合作历程时，经销商兴致勃勃地讲起 A 公司销售人员拜访他的故事：A 公司是李某所在公司在国内最大的竞争对手，他们的产品质量优秀，进入食品添加剂已有一年，销售业绩不错。

经销商说："那是 2007 年 12 月的一天，我的秘书电话告诉我 A 公司的销售人员约见我。听客户讲他们的产品质量不错，我也一直没时间和他们联系。既然他们主动上门，我就告诉秘书让他下午 2:00 到我的办公室来。"

"2:10 我听见有人敲门，就说'请进'。门开了，进来一个人。穿一套旧的皱皱巴巴的浅色西装，他走到我的办公桌前说自己是 A 公司的销售员。"

"我继续打量着他：羊毛衫，打一条领带；领带飘在羊毛衫的外面，有些脏，好像有油污；黑色皮鞋，没有擦，看得见灰土。"

"有好大一会儿，我都在打量他，心里在开小差，脑中一片空白。我听不清他在说什么，只隐约看见他的嘴巴在动，还不停地放些资料在我面前。"

"他介绍完了，没有说话，安静了。我一下子回过神来，我马上对他说把资料放在这里，我看一看，你回去吧！"

听到这里，大家都笑了。经销商继续说："就这样我把他打发走了。在我思考的那段时间里，我的心里没有接受他，本能地想拒绝他。我当时就想我不能与 A 公司合作。后来，2008 年初，你们的张经理来找我，一看，与他们天壤之别，精明能干，有礼有节，是干实事的，我们就合作了。"

2．气质

气质指的是一个人典型而稳定的个性心理特点、风格和气度。谈判者具有什么样的气质，对其形象有很大影响。良好的气质是以人的文化修养、文明程度、思想品质和生活态度为基础的，气质美首先表现在丰富的文化知识内涵上，品德修养也是气质美的重要方面，如为人诚恳、心地善良等都是不可缺少的。气质美看似无形，实为有形。它通过一个人的个性、态度、言语和行动等表现出来，举手投足、待人接物皆属此列。

3．风度

风度指的是美好的举止姿态。它是一个人气质、知识、修养的外化。风度美主要包括以下几方面的内容：

（1）饱满的精神状态。一入场就神采奕奕、精力充沛、自信而富有活力，这样才能激发对方的兴致，活跃会场的气氛。

（2）诚恳的待人态度。能对所有对手表现出诚恳而坦率的态度，端庄而不矜持冷漠，谦逊而不矫饰做作，热情而不轻慢。

（3）受欢迎的性格。性格是通过行为表现出来的，与风度密切相关，要使自己的风度得到别人的赞赏，就应加强性格修养。要大方、自重、认真、活泼和直爽，尽量克服性格中的弱点，如轻佻、傲慢、幼稚等。

（4）幽默文雅的谈吐。优美的风度在语言上体现为：言之有据、言之有理、言之有物、言之有味。语言是风度的重要体现，如果出言不逊，满嘴粗词俗语，则风度全无。

（5）洒脱的仪表。一个人仪表整洁，俊逸潇洒，就能使人乐于接近。这种魅力不仅在于长相和衣着，更在于气质和仪态，它是人的内在品格的自然流露。

（6）适当的表情动作。人的神态和表情是沟通人的思想感情的非语言交往工具，也是风度的表现方式。所以，一定不可忽视自己的表情动作，哪怕是细节的表情和动作也不例外。

（二）营造融洽的开场气氛

1．注意环境的烘托作用

谈判环境的布置是营造良好气氛的重要环节，对方会从环境的布置中看出你对谈判的重视程度和诚意，因而留下较深的印象。特别是一些重要和较大型的谈判，任何马虎或疏忽都会给对方造成你对谈判不够重视、缺乏诚意的印象，从而影响到谈判的气氛。

谈判场所的布置一般应以宽敞、整洁、优雅、舒适为基本格调，能显示己方的精神面貌，符合礼节要求，同时还可根据对方的文化、传统及爱好增添相应的设置，这样能促使人们以轻松、愉快的心情参与谈判。

小案例

1972年2月，美国总统尼克松访华，中美双方将要展开一场具有重大历史意义的国际谈判。为了创造一种融洽和谐的谈判环境和气氛，中国方面在周恩来总理的亲自领导下，对谈判过程中的各种环境都做了精心而又周密的准备和安排，甚至对宴会上要演奏的中美两国民间乐曲都进行了精心挑选。在欢迎尼克松一行的国宴上，当军乐队熟练地演奏起由周总理亲自选定的《美丽的亚美尼加》时，尼克松总统简直听呆了，他绝没有想到能在中国的北京听到如此熟悉的乐曲，因为，这是他平生最喜爱的并且指定在他的就职典礼上演奏的家乡乐曲。敬酒时，他特地到乐队前表示感谢。此时，国宴达到了高潮，而一种融洽而热烈的气氛也同时感染了美国客人。一个小小的精心安排，赢得了和谐融洽的谈判气氛。

2．把握开局之初的瞬间

开局是左右谈判气氛的关键时机，之所以如此，是因为开局阶段人们的精力最为充沛，注意力也最集中，所有的谈判人员都在专心倾听别人的发言，注意观察对方的一举一动。谈判者应注意把握住这一关键时机，力争创造良好的谈判气氛。

首先，要以友好坦诚的态度出现在对方面前。双方见面伊始，首先应轻松地与对方握手致意，热情寒暄，在第一次目光接触时要表现得真诚和自信，要面带微笑，以示友好。

其次，开场之初最好站着交谈。因为站着的时候比较容易改变同对方接触的角度，发挥体态语言的优势，从而有助于创造融洽的气氛，以感染对方，而坐定后就很难做到这一点。

第三，选择中性话语破题。素不相识的谈判双方走到一起谈判，在最初极易出现停顿和冷场，这一阶段人们称为破题或破冰。双方坐下后，一般不要急于切入正题，应留出一定的时间谈些非业务性的轻松话题而活跃气氛。但到底用多长时间为好，目前尚无统一的标准，虽然也有专家认为应把谈判时间的 5%作为破题阶段，但也不必拘泥，谈判者完全可以根据具体情况来把握。当然，这种切入正题前的闲聊也不是漫无边际的瞎侃，所选择的话题应有一定的目的性，一般应是对方感兴趣的话题，如体育比赛、文艺演出、对方的业余爱好、社会兼职，及双方过去经历中的某些关系，如校友、同行、同乡等。谈判时以此为切入话题，可以调动对方的兴趣，使对方乐于和你接触，甚至能使对方感到彼此志趣相投，这样有利于创造出一种融洽的气氛。

第二节　谈 判 议 程

谈判议程亦即谈判的程序，是指谈判中要讨论解决的问题及其先后顺序。主要指谈什么，什么时候谈，怎么谈，达到什么目的等。

对于一般的商品买卖，因项目本身并不复杂，议程问题并不显得特别重要，怎么谈都可以，或先谈价格，或先谈数量，或先谈交货，或几项内容捆绑起来一起讨论，只要是交易项目涉及的内容，从何处入手都可以。当然，这其中也包含有一定的技巧，但双方并不为此专门进行讨论，开局之后即直接进入实质性内容的磋商。而对于一些大型的交易谈判，议程本身就是谈判的一项内容，议程的编排，会对后续的谈判进程以至谈判的结果产生重要影响，把握不好，将使己方陷入非常不利的境地。例如，对方提出“价格问题是不能讨论的”，如果认可这一点，则谈判尚未开始就已先输一筹。因此，对于大型的、复杂的交易谈判，还要特别重视谈判议程的安排。

小案例

谈判大师赫伯早期就曾落入过日本人设计的时间陷阱。有一次，公司派他去日本东京谈一笔生意，公司给他的期限是两周时间。当他一走出羽田机场时，早已等候他的两位日方代表马上热情地迎了过来，行上 90°度的鞠躬大礼，热烈欢迎他的到来，又急急忙忙帮他领取行李。顺利通过海关后，将他带入了一辆高级豪华轿车。在车上，这两位日本代表向他表示：您是我们的贵宾，难得到日本一趟，我们一定会竭尽全力使您的日本之旅舒适愉快，您有什么琐事，就尽管直接交给我们办理。然后，就向他征询起他在日本的行程安排，打算在什么时间返回，他们好事先安排回程的机票和接送车辆。

他们的热情让赫伯十分感动，于是，便毫不犹豫地从口袋里拿出机票给他们看。赫伯丝毫也没有意识到，就是自己的这一举动，竟使日本人轻而易举地探测到了他在日本的停留期限，并开始筹划如何利用这一信息。

在赫伯下榻之后，日方没有立即安排他开始谈判，而是用了一个多星期的时间陪他参观游览日本的名胜古迹，甚至还安排了一项用英语讲授的课程来说明日本人的信仰。每天晚上还安排长达四小时的日本传统宴会招待他。每当赫伯要求开始谈判时，日本人总说："不急，不急，我们有的是时间！"

到第十二天，谈判总算开始了，但日本人又在这一天安排好了十八洞的高尔夫球，谈判必须提早结束。在第十三天的谈判里，日本人又为赫伯安排了欢送宴会，谈判还得提前结束。直到第十四天的早上，双方才终于谈到了核心问题，而正值此关键时刻，那辆接他去机场的豪华轿车又到了，于是，日本人建议在车上继续谈。在日本人的精心策划之下，赫伯自然已经没有了与对方周旋的时间，可又不能空手而归，只好在到达机场之前匆匆与日方签订了使日本人如愿以偿的协议。

日本人在这场谈判中通过对谈判议程的控制，有意识地将谈判的主要内容压缩到最后一天。随着截止日期的迫近，一心想要完成任务的赫伯最终完全丧失了主动权，只好听凭日方的摆布，草草在协议书上签字了事。此后的许多年，每当赫伯提及这件事时，总是叹息地说："这是日本人在偷袭珍珠港后最大的一次收获！"

一、谈判议程的内容

一般来说，谈判议程包括以下一些主要内容：

1. 谈判时间

包括总的谈判期限、开始时间、轮次时间、每次时间的长短、休会时间等。

2. 谈判的场地

包括具体的谈判场所、对场所的具体要求等。

3. 谈判的主题

包括谈判的中心议题及解决中心议题的基本原则，围绕中心议题的细节要求等。

4. 谈判的日程

包括洽谈事项的先后顺序，系列谈判的各个轮次的划分，各方谈判人员在每一轮次中的大致分工等。

5. 其他事项

包括成交签约的要求与准备，仲裁人的确定与邀请，谈判人员的食宿、交通、游览、休息、赠礼等事项的安排，其他善后事项的处理等。

以上内容是对谈判活动的一个大致安排，也叫谈判的通则议程，一般要由双方共同商定。各方还可根据自己的具体情况制订一个详细的细则议程，这个细则议程实际上就是各方在通则议程的安排之下，己方所制订的一个详细的行动方案，包括各个谈判的细节以及所采用的对策。细则议程仅供己方在谈判中使用，具有高度的机密性，当然也就无需与对方共同商定。

细则议程的主要内定包括：己方谈判的可接受目标及目标的弹性幅度；对外口径的统一和最后决策权是谁；己方谈判的底线；谈判中需要使用的文件资料；谈判中各种可能性的估计和对策安排；己方人员的内部分工以及谈判人员替补更换的安排等。

二、谈判议题的顺序安排

谈判议题就是需要双方共同讨论解决的问题，对各方来讲，其重要程度并不完全相同，对己方不重要的对对方未必不重要。因此，在安排这些议题之前，要对议题的轻重、大小、难易程度进行辨析，分析出哪些议题对方比较容易接受，哪些议题对方不易接受，在此基础上，按照一定的原则进行顺序编排。

1. 逻辑原则

一项交易谈判会涉及许多个议题，但这些议题之间必然存在一定的关系，如果各议题之间存在逻辑关系，即可按照逻辑顺序，把需要为谈判创造条件的议题安排在前，把需要后解决的议题安排在后。

2. 先易后难原则

为了使双方尽快进入状态，加速相互之间的信任，增强谈判信心，在安排谈判议题时，可以把谈判中容易解决的议题放在前面，把比较难达成一致的议题放在后面。先说服一个人接受一个小的、较容易接受的要求之后，再说服他接受一个大而难的要求就会容易一些。比如：某项交易谈判共涉及5个方面的谈判议题，其中4个相对容易解决，有1个比较棘手，那么在安排议程时可以这样安排（见图9-1）。

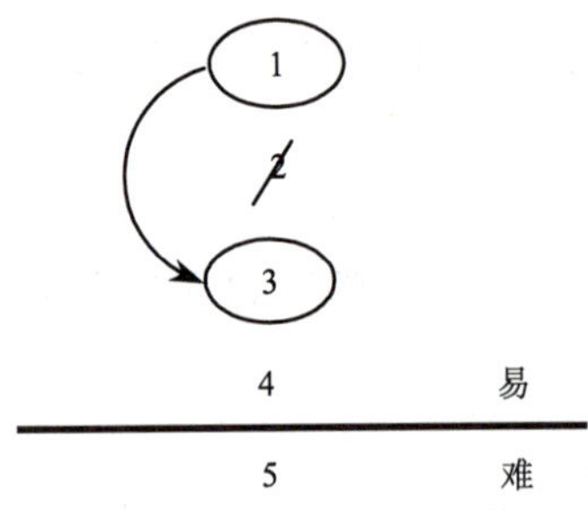

图9-1　谈判议题安排示意图

在谈判中，当对方在第1个议题作出让步后，我们可以很爽快地跳过第2个议题作为回报，直接进入第3个议题。当前4个议题顺利解决之后，就只剩下最后1个比较难的议题，虽然这个问题的难度很大，甚至超过前4个问题的总和，但由于先前已解决了大部分的问题，双方在心理上都充满了期待，不希望因为这一个问题而前功尽弃，会着力采取措施来解决存在的分歧，容易促成谈判的和局。

当然，己方也可以在第1个议题上率先作出让步，以表达我们对谈判的诚意，同时还可以以“我们已经作出了让步”为由，要求对方在接下来的议题当中作出回应。

小案例

有人曾做过这样的实验：首先由实验者挨家挨户进行走访，要求各家主妇支持一项“安全驾驶委员会”发起的运动，并在一份请求政府以立法形式来鼓励安全驾驶的请愿书上签字。由于这是一个一般人都可以接受的较小的要求，所以，几乎所有被走访的主妇都同意签名。几个星期以后，实验者又来走访这些主妇们，要求她们支持在各自的院子前面树立一块不大美观、上书“谨慎驾驶”字样的警告牌，这可是人们普遍不易接收的一个条件。尽管如此，由于这些主妇先前曾经接受过第一个与此有关的要求，还是有55%的家庭主妇接受了这个进一步的要求。而与此形成鲜明对照的是，当实验者将第二个要求拿到以前没有被要求在请愿书上签字的主妇手上，要求得到支持的时候，却只有17%的人勉强接受了这一要求。

3. 相关联原则

谈判议题之间有时存在相互交叉和关联关系，需要几个议题放在一起来讨论，只有先解决了这几个议题，方可进行其他议题的讨论，那就不妨将这几个议题捆绑在一起讨论，以便每个议题在让步时可以“相互交换”。待这几个议题解决之后再按逻辑顺序讨论其他议题。

三、议题的时间安排

在一定的谈判时间内，合理分配好各议题所占用的时间非常重要，也可以说是谈判议程安排的关键所在。因为时间会给谈判者造成一种无形的压力，当一个人没有充分的时间去对问题进行仔细的思考，甚至于没有足够的时间去了解问题的全貌时，在匆忙之间做出的决定是很难保证它的正确性的。当我们就谈判所要讨论的议题以及议题的讨论顺序作出安排以后，还要仔细审阅各个议题的时间是如何进行分配的，这种时间安排能否保证己方在谈判中有足够的时间来进行讨价还价。如果发现在时间安排上存在偏差，一定要大胆提出修改，不要碍于情面轻易接受对方提出来的议程，否则是负担不起因为忽视议程而招致的后果的。

某企业总经理率团到美国去参加一个项目的谈判，一行数人于当地时间早晨飞抵美国芝加哥，而此时正是国内的晚上。美方似乎对此次谈判非常重视，派人到机场迎接，并安排了隆重的欢迎仪式，然后是参观、欢迎宴会等，一天也没有休息。到了晚上，躺在床上却怎么也睡不着，因为在国内这时正是上班的时间。好不容易睡着了，天又亮了，又要参加正式谈判。总经理等人在谈判桌前强打精神，拼命喝咖啡，可就是没法让脑子清醒。结果在谈判中，对方说了些什么，很少能记住。在这种无可奈何的情况下，对于美方公司提出的问题只好不做任何表示和承诺，以免出现疏漏，结果美方公司很不满意。几天之后，他们逐渐适应了时差，可是谈判就要结束了，其结果可想而知。

可见，由于时差变化打乱了人体本身的生物节律。在这种情况下，再好的谈判方案也无法完美实施，更谈不上什么谈判控制了。这种有意通过操纵议程来打乱对手的生活规律，借热情招待的幌子来达到谈判的其他目的，在谈判中并不鲜见。因此，一定要重视谈判时间的安排，尽量避免在身体不适、准备不足的情况下举行谈判。

小案例

时近黄昏，日落西山，一个看上去十分悠闲的人踱近一个小贩，问：“这香蕉咋卖？”小贩赶紧回答：“3 元钱一斤。”悠闲的人说：“太贵了。今天生意还不错吗，这么一大筐都卖完了。剩下的这些有 2 斤吧？”小贩道：“3 斤还多呢。不信，我称给你看。”小贩拿起秤：“看，3 斤 2 两还高高的。”悠闲的人说：“2 块钱 1 斤卖不卖？”“不卖。”小贩坚决地说。

悠闲的人笑了笑，走开了。过了一会儿，天更黑了。悠闲的人又踱了回来，见小贩仍在原地，就说："唉！你还没有卖掉啊？还是卖给我吧，2 块钱1 斤，我全要了。你就可以回家了。怎么样？"小贩迟疑片刻，一跺脚说："行！"

悠闲的人为什么胜利？因为他拥有足够的时间，而小贩累了一整天，急于回家。

第三节　谈判摸底

谈判开局之后，随即进入双方相互了解和接触摸底阶段。在这一阶段，双方的主要任务是表明自己在谈判中的立场，了解对方的真实意图，及时调整谈判策略，为下一阶段打下良好的基础。

一、开场陈述

谈判开始，双方一般首先要有一个开场陈述，主要用以表明己方对有关问题的基本看法和所关注的利益所在。开场陈述的重点是己方利益，不受对方提出问题的方向或范围的制约，只是把己方想让对方知道的信息传递过去，使对方了解己方的立场、观点和条件。

1. 陈述的内容

开场陈述的主要内容有：

（1）己方对有关问题的理解，即己方认为此次谈判应涉及的主要问题。

（2）己方的利益，即己方希望通过谈判取得的利益。

（3）己方的首要利益，阐明哪些方面对己方来讲是至关重要的。

（4）己方可向对方做出的让步和商洽事项，可以采取何种方式为双方共同获得利益作出贡献。

（5）己方的商业信誉，表明己方有充分的资金准备或生产实力等，可以保证交易取得成功。

例如："各位先生，我首先代表我方向各位介绍一下我方对这批设备交易的看法。我们对这笔买卖比较感兴趣，我们希望贵方能够现款现货。不瞒诸位，此前已经有几家单位向我们提出了购买意向。现在关键的问题是时间，我们希望贵方能尽快决定这笔买卖的取舍。以前咱们没有打过交道，但据朋友们讲，你们一向是很有合作精神的，相信这一次也一定会取得成功。这是我们的看法，不知是否说清楚了。"

开场陈述应该是很正式的，但又应该以诚挚和轻松的方式表达出来，应该能够加强已经建立起来的和谐的谈判气氛。其结束语尤其需要特别斟酌，目的是表

明我方的开场陈述只是为了使对方明白我方的意图，而不是向对方挑战或强加给对方接受，丝毫没有故意为难对方的意思。如“我是否说清楚了”、“这是我们的初步意见”等就是一个比较好的结语。

在一方陈述的同时，另一方所要做的事情就是认真倾听，弄懂和归纳。应该专心致志静听对方的讲话，弄懂对方陈述的内容，不要把精力放在寻找对策上，对于不清楚的问题，可以要求对方提出解释或证实，以便能够正确理解对方的关键问题。

当弄懂对方的立场观点后，另一方就可以陈述自己的观点了。为强调气氛起见，这时还应提一提双方已取得共识的地方，但要注意的是，开场陈述是独立进行的，不受对方开场陈述的影响，如：“那么好吧，大家都同意下一步应由我们发表意见，我可以开始了吗？从刚才从×先生的讲话中我们可以看出，我们双方都希望把这笔买卖做下来，我们认为最好的支付方式是用我们的材料来进行互相串换，这些材料对贵方来讲也是必需的。当然了，如果设备的价格有竞争力，我们也愿意考虑现款现货。别的就不多讲了，还有什么不清楚的吗？”

2. 开场陈述的注意事项

（1）谈判双方分别进行开场陈述，在此阶段，各方阐明自己的立场，而不必阐述双方的共同利益。

（2）双方的注意力应放在自己的利益上，不要试图猜测对方的立场。

（3）陈述是原则性的，而不是具体的，其目的是朝着横向而不是纵向的谈判发展。

（4）开场陈述应简明扼要，要使对方能够很快发问。这样既可使双方立刻交谈起来，又不至于使对方被冗长、烦琐的发言搅昏头脑，切记以简为好。

二、探测对方信息

任何一个谈判者都清楚，要想取得谈判的胜利，仅靠谈判前所收集的谈判信息是远远不够的，在谈判中，如果对变化中的谈判信息不能及时捕捉、分析，己方就无法及时做出相应的对策，在继续深入的谈判进程中就会失去主动权。反之，若能在谈判中及时地探测和捕捉新的谈判信息，并做出正确的分析判断，适时调整谈判策略，就可根据情势需要，改变不利境况，将谈判导向成功。

探测信息所采用的方法概括起来主要有两种：

1. 直接法

这是一种通过与谈判对手直接接触而获取谈判信息的方法。一般是由一方提出一些特定的问题，然后通过对方的回答探知对方的信息。当然，对于提问的方式应该特别讲究。在摸底阶段，一般不涉及具体的细节问题，貌似闲聊，实为摸底，所提问题应该是对方乐于接受的，起码也要使对方能够容忍，否则就是不恰当的。常见的提问方式有：

（1）笼统性提问。如“贵方目前的发展情况如何？”“最近销路怎么样？”

（2）直接性提问。如“你对我们的产品有什么看法？”“谁能解决这个问题？”

（3）诱导性提问。如“贵公司不打算购买这种产品吗？”“这不正是你们所需要的服务吗？”

（4）印证性提问。如“你是不是认为我们维持现状会更好一些？”

（5）假设性提问。如“假如我们坚持这个立场，贵方将怎样对待？”

当然，有一些问题直接向对方提问不一定会得到对方明确肯定的回答，这时就不要强人所难，逼人就范，以免破坏谈判气氛。

2．间接法

这是与直接法相对应的一种方法，即通过旁敲侧击的方法套出真相来。例如，1960年4月30日，一架美国U-2飞机进入苏联领空进行侦察活动，被苏联的导弹击中坠毁，驾驶员鲍尔斯也被活捉，美国发现U-2飞机逾期未归，驾驶员也下落不明，便想利用间接方法试探苏联的反应。于是，由中央情报局起草了一份声明，声称有一架U-2气象侦察机的驾驶员在土耳其上空用无线电报告说机上氧气出了麻烦，此后就失踪了。这份经艾森豪威尔总统批准的声明由国家航空与航天局发布。苏联对此马上做出了反应。赫鲁晓夫在苏联最高苏维埃会议上宣布U-2飞机已被苏联击落，并强烈谴责美国的侵略行径。显然，在飞机事件的交锋中，美国处于不利境地，可又无法直接向苏联方面了解情况，无奈之下只好采用间接的方法探测信息。

通过以上分析，我们对探测信息的方法可以有一个基本的了解。一般来说，你所探测的谈判信息如果与谈判的主题很密切，且不怕摆到桌面上来，那就采用直接提问的方法；倘若不宜直接询问或担心暴露自己的意图，则最好采用间接的方法。

小案例

20世纪80年代初，我国某公司在与一外商谈判出口花生仁的生意时，接连收到几家外商的函电要求订货，我方谈判者感到事出有因，必须查明，但又没有充足的理由中止谈判。这时无意中看到台历上显示的日期，明天是13号，一下子有了主意，因为他知道有些国家对“13”这个数字比较忌讳，在不少外国人眼里将其视作是一种凶兆。我方谈判者在当天休会时，向对方提议：明天是13号，遵照贵国的风俗应当休会。这样就赢得了一天的时间，我方利用这一天时间迅速查明了订单突然增多的原因，原来是某个花生主要出口国突然遭受暴雨袭击，减产已成定局。当信息反馈得到确认后，我方谈判者不但坚持价格不再退让，还暗示对方如不尽快订货，价格还有可能上涨而且货源紧张。我方企业在这一谈判中因及时掌握了有关信息，从而取得了谈判的主动。

三、谨防对方窥测

螳螂捕蝉，黄雀在后。谈判者在探测、收集对方谈判信息的同时，对方往往也在想方设法地搜寻着你方的信息。因此，切不可忽略自己随时都有被刺探的可能性。防范对方的窥测，需要注意以下几个环节。

1. 搞好自我保密

在谈判中，除由于谈判需要而必须向对方传递的信息以外，其他涉及己方的重要信息如己方的最后期限、己方所面临的困境、己方的最低出价信息等，在谈判中都必须严格保密，切不可和盘托出，不能让对方掌握了自己的信息命脉，否则会给谈判造成无法挽回的影响。

当然，对于谈判人员来说，明白什么样的信息需要保密这一点非常重要。在谈判前，要能正确估计出对方对己方谈判信息的掌握情况，并由此判定在谈判中对哪些信息应该保密，保密到什么程度，以及需要注意哪些保密环节。在谈判中，对于随身携带的谈判资料一定要妥善地保管，不能随意丢放，特别是谈判方案和关键性的数据资料，即使谈判时摊放在自己的桌面上，也要防止被对方看到。其次，应尽量避免在谈判现场协调内部行动，以防对方从自己的表情、眼神、口形上判断出己方的信息内容。谈判中己方人员若必须对需要马上做出答复的问题在现场交换意见，可以用交换纸条的方法，或请求退场协调。即使是在谈判间歇或休息期间，己方在交谈时也应防止被对方窃听，在公共场所更不应讨论与谈判业务有关的事宜，以防无意中泄露了谈判机密。

小案例

有一次，一批日本客户前往法国参观一家著名的照相器材厂，该厂实验室主任热情而有礼貌地接待了日本客人。在他带领客人参观实验室时，他一面耐心地解答客人提出的问题，一面仔细注意客人的一举一动。

在参观一种新型的显影剂时，实验室主任注意到：一位日本客户俯身贴近盛溶液的器皿，认真辨认溶液的颜色时，这位客人的领带末端不小心浸入了溶液之中。这一细节被实验室主任看在眼里，记在心上。他不动声色地叫来一名女服务员，悄悄地吩咐了一番。在参观即将结束时，这位服务员捧着一条崭新的领带来到那位日本客户的面前，彬彬有礼地说："对不起，先生，您的领带弄脏了，给您换上一条新的好吗？"面对主人的一番盛情，日本客人只得解下那条沾有显影剂的领带。原来，日本人此举的目的就是为了将显影剂黏附在领带上，带回日本进行分析，以获得显影剂的配方。但由于实验室主任的细心观察，一次窃取机密的计划在友好的气氛中被制止了。

2. 如何应对对方的直接探问

在谈判中，谈判者可能时常会遇到对方直接向你提出一些你不愿意回答的、关乎己方谈判机密的问题。对此，除了正面向对方明确表示这是过分的或不公正的要求而予以正面拒绝以外，还可采取诸如转移话题、偷换概念、假装不知、避实就虚，或超量披露信息，造成鱼目混珠、混淆视听等手法，进行应对。

20 世纪 80 年代初期，王光英飞赴香港，准备筹建光大实业公司，为我国经济发展和改革开放筹措资金，扩大交流。在机场上，记者们蜂拥而至，一位女记者问他："请问王先生，这次来港筹办实业，你带了多少钱？"事属经济机密，不能轻率回答，而一般"无可奉告"式的外交辞令又显生硬。在这种情况下，王光英发现是女记者提问，灵机一动，很轻松地回答道："对女士不能问年龄，对男士不能问钱数，记者小姐，你说对吗？"这种回答，既不使对方难堪，又无可挑剔。

3. 防止落入场外陷阱

在谈判中采用直接的方法探测谈判信息，势必会引起对方的警觉与防范，特别是在一些涉及重要内容的谈判中，双方的警惕性都很高，为避免打草惊蛇，谈判的组织者们便将注意力转移到谈判场外。精心设计，安排一系列热情的场外活动，如欢迎宴会、欢送宴会、参观、游览、娱乐、礼节性拜访等，希望通过这些热情的场外活动使对方放松警惕，在酒酣耳热之际不经意地泄露出"天机"。而在一些跨国的重大谈判中，有的甚至不惜采用"美人计"、"苦肉计"等手段，以猎取重要的谈判信息。因此，谈判者必须随时保持高度的警惕性，尤其是在客场谈判时，更要处处留心，谨防陷入对方的场外陷阱。否则，一旦被对方摸到了"底牌"，就会给谈判造成难以想象的损失。

比如，日本一家企业想购买英国某公司的技术专利，但谈来谈去，英方就是不卖。日本人只好宣布作罢。没过多久，在英国这家公司的附近出现了一个新开的小餐馆，物美价廉，服务良好，该公司的许多员工都纷纷前往就餐。过了不久，英国人不肯出让技术的那种产品就在日本问世了，这家餐馆也随之歇业。此时，英国人才意识到这两者之间的联系。原来，英国这家公司的员工在就餐时，同事之间谈论涉及业务的话题都被餐馆的"服务人员"一点一滴地搜集了去，最终成为一份完整的技术资料。英国人在谈判桌上费了好大劲想守住的东西，却在不知不觉中被场外的日本人搜集到手了。

本章小结

1. 谈判开局阶段的主要任务是为谈判创造一种合适的气氛。开局目标的设计应考虑三方面的因素，即考虑谈判双方企业之间的关系、考虑双方的谈判实力、考虑双方个人之间的关系。其表达方式有协商式开局、保留式开局、坦诚式开局和进攻式开局。开局气氛的营造，一是要形成良好的第一印象，包括服饰、气质和风度等。二是要营造融洽的开场气氛，包括注意环境的烘托作用及把握开局之初的瞬间。

2．谈判议程是指谈判中要讨论解决的问题及其先后顺序。谈判议程的内容主要包括谈判时间、谈判的场地、谈判的主题、谈判的日程和其他事项。谈判议题的顺序安排有逻辑原则、先易后难原则和相关联原则三种。议题的时间安排应保证己方在谈判中有足够的时间来进行讨价还价。

3．谈判摸底阶段的主要任务是表明自己在谈判中的立场，并了解对方的真实意图。开场陈述的重点是己方利益，不受对方提出问题的方向或范围的制约。探测对方信息的方法主要有两种：直接法与间接法。谨防对方窥测应注意三个环节：一是搞好自我保密；二是恰当应对对方的直接探问；三是防止落入场外陷阱。

作业与训练

一、复习思考题

1. 开局目标设计应考虑哪几方面的因素？
2. 怎样营造谈判初期的良好气氛？
3. 谈判者自我形象体现在哪些方面？
4. 谈判议题的编排应遵循哪些原则？
5. 防范对手窥测应注意哪些环节？

二、选择题

1. 下列说法中不正确的是（　　）。
   A. 服饰应与谈判对手相一致
   B. 服饰应与谈判者的身份相一致
   C. 服饰应与谈判的性质相一致
   D. 服饰应与谈判的环境相一致
2. 谈判双方过去没有任何往来，是第一次接触，那么，开局气氛应当是(　　)。
   A. 热烈、友好、轻松的气氛　　B. 轻松、随和、有节制的气氛
   C. 严肃、凝重的气氛　　D. 友好、真诚的气氛
3. “你对我们的产品有什么看法？”这一提问方式是（　　）。
   A. 笼统性提问　　B. 直接性提问
   C. 诱导性提问　　D. 印证性提问

4. 谈判摸底阶段的主要任务是（　　）。
   A. 表明自己在谈判中的立场
   B. 了解对方的真实意图
   C. 探测对方信息
   D. 表明自己在谈判中的立场，并了解对方的真实意图
5. 开场陈述的重点是（　　）。
   A. 己方利益　　B. 对方利益
   C. 双方的共同利益　　D. 双方存在的分歧

三、实训项目

1. 想说服班主任老师同意自己请假5天去外地参加大学生招聘会，为了创造融洽的谈话气氛，请设计几个双方都感兴趣的话题。

2. 集贸市场的商品大多是不标价的，如何能够探测到卖方的底价是多少？

第十章

谈判磋商

学习目标

- 掌握谈判中的报价与还价方法。
- 了解对抗与让步策略。
- 正确理解谈判僵局的成因与化解方法。
- 掌握沟通说服技巧。

案例导读

我国在 20 世纪 70 年代从一个国家引进了三套年产 30 万吨合成氨化肥的大型设备，使用中发生了转子叶片断裂的事故。为此，我国组织了谈判组与有关公司交涉，争论的焦点是“叶片强度够不够”。对方想证明这是偶然事故，只需将转子叶片重新处理一下就可以交付使用。我方根据对事故的分析，认为设计不合要求，提出重新设计并要求赔偿——因为已付出了 10 亿人民币的高昂代价，这笔钱从我们国家并不饱满的口袋里掏出很不容易！这是关系到一笔巨额经济利益和声誉的谈判，双方都为实现原定目的寻找最有说服力的根据和理由。这就必须以科学为依据，展开充分的说理。担任我方主谈的是西安交通大学孟副教授，而对方则由学识渊博、经验丰富的谈判老手 B 高级工程师披挂上阵。

谈判一开始，B 高级工程师就摆出一副居高临下的学者架势，像对大学生讲课一样侃侃而谈，搬出国际透平机械权威特劳蓓尔教授的理论和意见，说是只需把断裂叶片的顶部稍加改进就行了，随后拿出三份有关事故的计算书和分析报告，笑眯眯地递上，并强调其中一份是特劳蓓尔教授亲自审核签字的。怎么办？根据对方的谈锋和漏洞，孟副教授是可以据理反驳的，但科学流派这么多，各谈各的岂不成了没完没了的学术争鸣？何况对方所依据的是国际公认且受孟副教授敬重的特劳蓓尔的理论。为了达到原定说理的目的，孟副教授迅速调节了自己的思路和说理的角度、方法。他心头一亮，就在特劳蓓尔教授这个名字上发现了实现谈判目标的通路，把对方的思路也拴在特劳蓓尔的理论上，以此作为判定是非的标准。于是，他也用十分尊敬的口气说：“我赞同特劳蓓尔教授的理论，它应该成为我们共同遵守的准则。”B 高级工程师立即意识到遇上真正强劲的对手了，同时也感到遇上了一个真正知音。孟副教授首先肯定了双方的观点都符合特劳蓓尔的理论基础，然后根据自己对这位权威理论的透彻了解和实践经验，提出了一连串有分量的问题，指出特劳蓓尔的观点在理论上是没有问题的，但理论上的解决并不等于工程问题的解决，其动应力计算值还不能说是准确的。这时孟副教授的发言已居上风，他逐步把谈判引向争论的焦点——叶片的强度问题，迫使对方只能用“大约是”、“可惜没有带来”之类的语句来招架了。这时，孟副教授感到需要对自己的语言有所控制，不能图一时痛快，逼得对方因无退路而关闭谈判的大门，应适可而止，让双方都调整一下谈判方案。第二天上午继续谈判，孟副教授首先发言，肯定了B总工程师前一天的论述，然后用科学的论证和国际上一系列著名工厂和公司的实践，证明对方提出处理事故的方案不能解决问题，必须重新设计叶片。尊重科学和事实的对方，不得不承认孟副教授的分析符合实际。但是，使对方在道理上折服，并不等于就达到了谈判的目的，因为这是一种索赔性谈判，对方每一步都得考虑商业利益，一下难于作出决定，于是外方又来了一堆外交辞令，要求回国研究以后相告。谈判又陷入僵局，只得休会。第三天，孟副教授换了一种提法，迫使对方接近我方原定目标，他提出：“根据你们带来的计算书，我也用你们的数据，按教授的公式和校核准则进行计算。我想，这样的计算结果和结论你们是应该接受的”。要求如此合情合理，对方只好重新坐下来听凭我方计算。孟副教授每算完一个段落就问对方有没有不同意见，B总工程师只有一句话：“请讲下去。”论证完毕，孟副教授放下粉笔，微笑着说：“这次用的原始数据完全是你们提供的，计算公式和准则是教授的，从上述各方面校核的结果证明，叶片的强度还是不够。”最后，对方终于承认了叶片断裂是强度不够造成的，并进行了赔偿和重新设计叶片。

第一节　报价与还价

在所有的交易谈判中，价格问题都是一个敏感性问题，它直接关系到交易双方的经济利益。所以，报价阶段对谈判来说，是至关重要的阶段。报价一方考虑的主要问题是报多高的价，如何报价；接受报价的一方则主要考虑如何还价。以下就这两方面的问题作进一步的讨论。

一、报价

所谓报价就是谈判者提出自己愿意接受的交易条件或标准。在谈判中，报价策略直接决定着谈判能否达成协议以及达成协议后双方是否赢利，赢利多少。因此谈判者对报价问题都非常重视，对于如何确定报价、采取何种方式报价以及先报价还是后报价往往处心积虑，挖空心思。在所提出的条件中，最主要的就是报价问题。

1. 报价的基础

报价的基础条件有二：一是企业的产品成本；二是市场行情。而检验产品成本的高低和对企业发展是否有利，也是以市场行情为标准的。因此，谈判者报价的根本基础就是市场行情，报价过高或过低都会被视为外行，所付出的代价要么是蒙受损失，要么是失去成交的机会。

2. 报价的先后

报价的先后其实各有利弊。先报价一般可以主动扩大自己的影响，给整个谈判划一个框框，把对手束缚在一个特定的范围内。如果抢先报出的价格出乎对方的预料，还会打乱对方的部署，削弱对方原有的期望值，使谈判可能沿着报价方的价格条件持续展开。其不利的地方在于：对对方的情况了解甚少，报价带有一定的盲目探测成分。如果己方抢先报出的价格低于对方最初设想的标准，他们就会马上修改原有报价，从而获得比预期要高的利益。另外，先报价还可能使对方调动一切手段来对报价发起进攻，迫使报价方一步一步降价，而他们究竟打算出多高价却丝毫未露。

滞后报价的好处是，它首先可使己方处在探测对方合理价格的有利位置，特别当对方明显处于弱势地位或缺乏谈判经验，以及对价格动态不甚了解时，把对方的报价与己方的价格相比较，可以马上发现双方谈判立场上的差距，以便及时调整自己的报价策略。如果发现对方的报价与己方相差太大时，还可以拒绝对方的报价，同时给他一个同样无法接受的还价；如果对方的所报价格是己方可以接受的价格，那么你一旦还价，双方的差距就可以立即缩小，谈判的成功也就在眼前。其次，让对方先报价，有时还会得到意外的惊喜，对方给了你一个比你愿意成交的条件好得多的条件。再次，可使对方难以确定己方的利润厚度，而己方则可以通过报价来观察对方，扩大自己的思路与视野。

滞后报价的不利之处是失去了报价的主动地位，使己方跟着别人的指挥棒转。爱迪生在做某公司电气技师时，他的一项发明获得了专利。一天，公司经理派人把爱迪生叫到办公室，表示愿意购买爱迪生的专利，并让爱迪生出个价。爱迪生想了想，回答道："我的发明对公司有怎样的价值我不知道，请您先开个价吧。""那好吧，我出 40 万，怎么样？"经理爽快地先报出了价。谈判顺利结束了。事后爱迪生这样说："我原来只想把专利卖 500 美元，因为以后的实验还要用很多的钱，所以再便宜些我也是肯卖的。"让对方先报价使爱迪生多获得了近 40 万的收益。经理的开价与他的预料简直是天壤之别。在这次谈判中，事先未有任何准备，对其发明的价值一无所知的爱迪生如果先报价，肯定会遭受巨大的损失。在这种情况下，最佳的选择就是把报价的主动权让给对方，通过对方报价传递的信息，来探测对方的目的、动机，摸清对方的虚实，然后及时调整自己的谈判计划，重新确定自己的报价。

因此，先报价还是后报价，应视谈判的具体情况而定。如果己方对谈判准备得比较充分，对对方的情况了解得比较透彻，就可以抢先报价，以抢得先机；如果对谈判了解不足，行情不熟，则应让对方先报价，以静制动，后发制人；如果是在高度冲突的谈判场合，先报价可以使己方处于有利的地位；而在高度合作的场合，先报价还是后报价就没有什么实质性差别；如果对方是行家，自己也是行家，那么先后报价均可；如果对方是行家，自己是“门外汉”，则应让对方先报价，你可以趁机扩展自己的视野，及时调整自己的报价策略；如果对方是外行，自己不论是行家还是外行，都应该先报价，因为你的报价可对对手产生诱导作用。

3．报价应遵循的原则

商务谈判的核心是价格，谈判报价在保证对方可以接受的前提下，应遵循以下原则：

（1）开盘报价要“狠”。无论是卖方还是买方，要价必须要比预期的更多。因为，在一般情况下，卖方要价较高，买方要价较低，都会造成对己方有利的结果，原因就在于：倘若买方出价较低，则往往以较低的价格成交；倘若卖方要价较高，则往往以较高的价格成交。因此，这也就成了商务谈判中报价的诀窍和重要原则。

（2）开价要合理。说报价要“狠”，并非是毫无道理的“狮子大开口”。如果开价太离谱，高得（或低得）连自己都不能自圆其说，就有可能使己方陷入不被信任的被动局面，甚至导致谈判的破裂。

（3）报价态度要坚决。由于报价是最终协议的基调，所以，谈判者在确定报价水平之后，报价的态度一定要坚定果断，毫不犹豫，不能流露出信心不足，以免被对方视为不自信或让对方从中找出破绽与突破口。不能有歉意的表示，对所报价格也不要主动解释和评论。对方若有不清楚之处，会主动提问，如果自己急于解释，则有可能暴露己方的意图，对方会观察到你所关心或有所顾忌的问题所在。

（4）报价内容要清晰。报价的语言要明白、正确，概念、条理要清楚，不能使对方产生误解和歧义，以免对方有空可钻，趁机给己方制造麻烦。

当然，如何运用这些原则，还必须考虑当时的谈判环境与对方的关系状况。如果对方为了自己的利益而向我方施加压力，则我方就必须以高价向对方反施压力，以保护己方利益；如果双方关系友好，特别是有长时间的合作关系，那么报价就应当稳妥一点，出价过高会有损于双方的关系；如果所处的环境竞争激烈，那就必须要把价格压低到至少能受到邀请而继续谈判的程度，否则连谈判的机会都没有，更谈不上成功与否。因此，除了掌握一般性的报价原则，还需要灵活地加以运用，不可教条主义。

4．报价方式

一般来说，报价有书面和口头两种方式。

书面报价是将己方的要求和愿意承担的义务写成文字并提交给对方。这种方式显得比较“正规”，给对方以信任感。如“这是我们的产品价目表”，让对方感到这个价格要想改变不太容易，即使讨价还价也是有限的。但这种方式也有它的缺点，由于白纸黑字，因此也限制了己方在谈判中的让步和变化。假如书面报价之后，谈判中又作出了较大幅度的让步，对方会认为你的报价纯属骗人的玩意，从而对你的谈判诚意产生怀疑，因此，采用书面报价一定要把握好分寸。

口头报价较为灵活，伸缩性也比较大，谈判者完全可以根据谈判的进程来调整或变更自己的谈判战术，甚至于可以借口“报错了”而重新报价，不像书面报价那样有很强的约束性。也正因为如此，口头报价的可信度比书面报价要低，如果所涉及的项目复杂，也不容易讲得清楚。

究竟采用何种方式报价为好，没有统一的规定。应视谈判的具体情况和交易习惯而定。一般来说，如果交易的品种繁多，报价中涉及许多数字、图表，口头报价不易表达清楚，则可以采用书面报价；如果只是单一品种，则可以采用口头报价，也可以将两种方式结合起来，书面报价，口头补充。

二、还价

还价指的是谈判一方报价之后，另一方对其进行评价，并提出自己的价格意见。与报价相比，还价是更有力度的磋商形式。因为，还价时主动权是掌握在己方手中，这更有利于把价格的讨论拉回到己方的立场上来。

还价的形式分为逐项还价和总体还价两种。前者是针对每一项的报价提出还价，并说明还价的理由，其操作难度相对要大一些；而后者不是一项一项地去计较，是从总体上对各项价格进行平衡，这种形式操作起来相对容易一些。

谈判者都清楚，　般情况下，在谈判一方报价以后，另一方是不会无条件地完全接受报价内容的，要经过反复的还价才能使双方达成一致的价格协议。如果双方不是很融洽的合作伙伴，谈判者一定不要忽视了还价这个过程。为了确保还价的成功，需要注意以下几点。

1. 认真倾听对方的报价

在对方报价时，己方一定要认真倾听，完整、准确地把握对方报价的内容，对不清楚的地方要及时要求对方予以解答；同时，根据己方对报价的理解，对报价进行总结和归纳，并复述给对方，要求对方确认无误；然后要求对方对所报价格的标准、构成及计算方法等进行详细解释，从中了解对方报价的实值和真实意图，以便找出实施反击的破绽。

2. 切勿直接答应对方的报价

根据报价的原则，谈判者的首次报价一般都选取的是自己的高限目标。如果不打任何折扣就一口答应这个报价，报价方既不会产生快速取得谈判结果的成就感，也不会感激你的爽快，反而会认为自己的报价太低，萌生吃亏的感觉，严重的可能还会因此而产生长久的困扰与自责，哪怕这个价格实际是很合理的。因为人们通常都会认为，除非是自己的报价很低，否则对方是不会痛快地答应的。不管对方的报价多么符合你的谈判目标，你也应报出一个回价，这不仅可以使你获得更大的利益目标，而且能给对方留有讨价还价的空间，使其体验到经过艰苦努力实现目标的成就感。这比对方碍于面子勉强成交还好。倘若对方担心自己吃亏上当自毁承诺，重新报价，或者干脆退出谈判，岂不是风险更大？因此一口答应对方的报价，往往对人对己都不利。

3．确定合理的还价价值

当谈判的一方报价之后，另一方要给出自己的还价。这里首先就有一个如何确定还价价值的问题。在谈判实践中，最常采用的方法就是参照己方的期望值，以差值均分的方法来指导还价。这种方法是假定成交条件会在己方还价和对方报价的中间值左右，其计算方法为

$$己方还价＝己方期望值\times2－对方的报价$$

例如，某商品卖方开盘报价为 100 元，买方期望能以 90 元买到，则买方最初的还价应该为

$$90\times2-100=80（元）$$

当计算结果低于己方的期望值时，就按计算结果来还价；当计算结果高于己方的期望值时，就以略低于对方的报价来还价。如果是买方首先出价，而由卖方进行还价，也同样可以使用上述公式，只是处理结果正好相反。

例如，买方对某商品首先出价 100 元，而卖方原本计划只要不低于 90 元就可以，买方的最初出价高于卖方的期望值，这时，卖方的还价应该为

$$90\times2-100=80（元）$$

因为计算结果低于己方的期望值，因此，卖方的还价应略高于买方的出价，即 105 元或 110 元较为合理。

这种还价策略适用于绝大多数情况，在谈判实践中已被广泛采用，且取得了普遍成功。

小案例

史密斯夫妇在一本刊物的封面上看到一只造型十分精美的古玩钟，非常喜欢，他们甚至都在商量着把它摆在壁炉上还是客厅的桌几上。他们决定即刻出发去买这只钟，并希望能用 500 美元买到它。

他们找了许多地方，总算在一家古玩店找到了。但钟的标价却出乎他们的意料，750 美元。

“哎哟！750 美元，我们还是回去吧，我们说好了不超过 500 美元的。”妻子低声说。

“是的，不过我们可以试着和老板商量商量，看少点能不能卖，毕竟我们喜欢这个钟嘛。”史密斯对妻子道。

于是由史密斯出面同老板商量：“这钟我们非常喜欢，能不能优惠点卖给我们，我想给它出个价，你看250美元怎么样？”

老板连眼睛都没有眨一下就说：“好吧，给你了。”

回家的路上，史密斯夫妇感到非常沮丧。按说花小钱买到了自己喜欢的物品应该高兴才是，但由于老板的“爽快”却破坏了史密斯夫妇的这种心情。

第二节　对抗与让步

在开局报价之后，双方是否存在利益上的差距已是一目了然，多数情况下，双方的交易条件会存在分歧，这也就形成了一种事实上的对抗关系。所谓对抗，实际上就是对利益的争夺。在对抗面前，要么一方做出妥协，要么双方都做出妥协，否则就难以达成交易。对于谈判者来讲，很少有心甘情愿在对抗面前做出单方面让步的，总是竭尽所能要求对方能做出让步，只有在不得已的情况才会考虑己方的让步。因此，研究对抗与让步的策略，对于任何一方都是必需的。

一、对抗策略

企业实力是选择与运用对抗策略的基点，谈判中的对抗通常就是企业之间实力的一种较量，这种实力不仅仅是指企业拥有的经济实力，也要受到谈判者的谈判水平、谈判者掌握的信息量、谈判者的职位以及交易内容对各方的重要性和迫切性、经济实力、信誉、竞争状况等多种因素的制约和影响。受这些因素的影响，谈判双方的实力对比呈现三种状态：主动地位、被动地位和平等地位。

1. 主动地位的对抗策略

当谈判中己方实力强大，对手实力弱小，己方处于谈判的主动地位时，采取对抗策略的核心就是要使对方作出让步，从而谋求更大的利益。这种情况下己方可选取的策略有：

（1）平铺直叙策略。这种策略是指在谈判内容比较简单、技术要求不高的情况下，己方直接向谈判对手列出所要求的各项条件，并要求对方尽快给予答复。当然，己方所列的各项条件应当比较合理，即在正常情况下，与其他谈判对手的交易结果也大体如此。这种策略可以避免双方的“拉锯战”，速战速决，为己方争取时间，适用于在己方没有足够的谈判时间的情况下使用。

例如，某房地产开发商准备兴建一幢写字楼，在初步招标之后确定了一家承包商。在双方就细节问题进行谈判时，这位开发商拿出了一份事先草拟的合同交给了承包商，要求其当场进行讨论，最晚在24小时内给予答复。超过这一时限，就作退标处理。承包商当即对合同进行研究，于当晚就在合同上签了字，第二天工程便开工了。对于开发商来说，由于工程耗资巨大，利息负担沉重，虽然实力上占有优势，但根本耗不起时间，无法与谈判对手进行仔细的讨价还价，平铺直叙策略对其最为适用。

（2）吊胃口策略。这种策略是指实力占有优势的一方，只是反复说明谈判如果成功能给对方带来的好处，而自己却不肯让步，通过调动谈判对手的胃口来为己方争取更多的利益。这种策略对于在实力上占有优势、时间又比较充裕的企业较为适用。当企业的时间成本不高，对谈判的依赖程度又较低时，这种“持久战”的方式往往可以为企业争取到较大的利益。

2．被动地位的对抗策略

当谈判对手实力强，而己方实力弱，己方处于谈判的被动地位时，正面对抗显然占不到什么便宜，因此，采取对抗策略的核心就是要设法改变谈判力量的对比，变被动为主动，尽量保护自己。这种情况下己方可选取的策略有：

（1）团队力量策略。这种策略就是谈判小组的全体成员，集中一个目标或一个提案，轮番向对方进攻，通过“造势”来壮大自己的力量，改变谈判对手的态度，达到谋取利益的目的。在己方实力不强时，本来已经处于弱势地位，如果单兵独斗，则会使己方的力量更加分散，只有集中力量才可以形成局部优势，在谈判中争取到较多的利益。

（2）软化个别对手策略。这种策略是指通过软化对方的某个关键人物，使对方不能从思想上统一起来，内部产生意见分歧，达到分化瓦解对手的目的。这种策略是场内场外结合的一种策略，己方可通过深入了解对方谈判人员的各种背景，找出对方关键人物的“薄弱还节”，采取非正式渠道与其接触，联络感情，使之对己方产生好感、同情与理解，在其内部造成分化，削弱对方的力量。

（3）寸土必争策略。寸土必争策略就是坚持己方的每一块阵地，在对方不做出相应让步的情况下，决不主动让步，让对方感觉到每前进一步都是很不容易的。这种策略应该说是一种正面对抗，在己方实力较弱的情况下，正面对抗确实难于把握，但只要用心操作，避免失误，还是可以取得较好的效果的。在运用这一策略时，要特别注意保护好自己的“底牌”，保持小组成员的行动一致，对于己方所作的让步，在谈判中要不断反复提起，并适当夸大，让对手感觉到他们是取得了一个很大的胜利，因而做出一些让步也是应该的。

（4）迂回进攻策略。这种策略是指谈判人员将自己的条件转换一种形式表达出来，给对手造成一种自己已经让步的错觉，从而使谈判摆脱困境，进一步向前发展。例如，某房地产公司出售一幢写字楼，开价 2500 万元，买方认为价格有点高，希望卖方能适当降价。卖方提出，可以将价格降到 2100 万元，但所有交易手续要由买方自己办理，双方就此签了合同。结果买方因为办理过户手续，交纳各种税费就花去了将近 500 万元，实际支出一点没有减小。

3. 平等地位的对抗策略

当谈判双方实力相当，所处地位基本均等时，似乎采用任何策略都不具有特别的优势。但有一点应当注意，即实力相当并不等于双方的每一个方面都条件相等，总是各有所长也各有所短，因此，在平等地位时的基本对抗策略就是扬长避短，这种策略就是尽可能将对方控制在自己的优势范围内，用自己的长处来迫使对方让步。

二、让步策略

对于任何谈判来说，让步是双方达成有效协议所必不可少的步骤，也是谈判实践中重要的一环，无论你是久经沙场，还是初次上阵，都应对让步给予百分之百的重视。但在具体的实践中，到底如何让步，让多少，什么时候让，却都是非常复杂的问题。可以说，让步本身就是一种策略，它体现了谈判者用主动满足对方需要的方式来换取自己需要得到满足的实质。让步同样是一个值得研究的问题。

1. 让步的原则

在谈判实践中，情况往往千变万化。在双方激烈地对抗中，谈判者在做出每一次让步时都要充分考虑到对方的策略和反应，要审时度势，努力争取以退为进。在使用让步策略与技巧时，注意把握以下原则：

（1）己方的让步要能够同时换回对方的回报，不可做无谓的让步。如果己方投之以“桃”，就应要求对方报之以“李”；

（2）坚持让步的基本哲理，以小换大，以轻换重；

（3）尽量争取做到于己方无损的让步；

（4）不要无条件地接受对方的首次让步，也不可一开始就在重要议题上让步，以免使自己处于危险之中；

（5）让步的幅度应越来越小，避免对方“得寸进尺”；

（6）尽量不让对方产生太大的心理预期，要使其对每一次让步都要费点劲，因为，得之不易才会珍惜。

小案例

一家企业欲将自己的产品打入北京某大型超市，由于其品牌知名度低，进店谈判异常艰难。超市方面的要求十分苛刻，尤其是60天的账期实在难以接受，双方的谈判一直未能达成协议。有一天，超市方面的采购经理忽然打电话给这家企业的销售代表，希望能够提供一套现场制作的设备，以便能够吸引更多的消费者。这位销售代表刚好有一套设备闲置在库房里，但他并没有痛快地答应，而是说：“陈经理，我会尽快回公司协调这件事情，在最短的时间内给您答复，但您能不能给我一个正常的货款账期呢？”结果，这位销售代表如愿以偿，赢得了一个平等的合同，而超市方面也因为现做现卖吸引了更多的客流。

2. 让步的模式

美国谈判大师嘉洛斯曾总结提出了八种让步模式，这种模式将己方的让步假设为四个阶段，如果让步利益的总份额规定为 60 的话，这八种让步模式可概括为表 10-1 所示的方式。

表 10-1 让步模式

让步模式	第一期让步	第二期让步	第三期让步	第四期让步
1	0	0	0	60
2	15	15	15	15
3	8	13	17	22
4	22	17	13	8
5	26	20	12	2
6	59	0	0	1
7	50	10	–1	1
8	60	0	0	0

（1）0/0/0/60。即在谈判的前阶段，不论对方作何表示，己方则坚持不作让步，而在谈判进入后期或迫不得已的时候，一次让出全部可让利益。这种策略的长处在于：一步到位，可呈现大将风度。由于前三阶段拒绝让步，等于向对方传递了己方“绝不妥协”的坚定信念，如果对手缺乏毅力和耐心，有可能使己方获得较大的利益。而当己方在最后阶段一次让出全部可让利益时，会使对方产生一种险胜感，并给对方留下既强硬又出手大方的强烈印象。它的缺点是：由于在前三阶段丝毫不作让步，而提出的条件对方又不愿接受，有可能会使对方退出谈判，因此风险较大；同时也会给对方留下缺乏诚意的印象。这种让步策略适用于对谈判的依赖性小，不怕谈判失败，或在谈判中有优势的一方。采取这种策略要求谈判者态度果断，语言干脆利落，不给对方以可乘之机。

（2）15/15/15/15。即等额让步。国际上将这种挤一点让一步的策略称之为“色拉米”香肠式让步策略。其长处是对于双方的充分讨价还价比较有利，容易在利益均沾的情况下达成协议；又由于让步平稳，坚持步步为营，这样不仅对方不会轻易占到便宜，如果遇到急性子或没有时间谈判的对手还会因此而获利。这种策略的缺点是每次讨价还价都会获得等额的利益，因而有可能刺激对方要求让步的信心，要求己方让出更多的利益。此策略对于竞争十分激烈，或缺乏谈判经验，以及进行一些较为陌生的谈判时效果较好。

（3）8/13/17/22。即递增让步方式。如果对手缺乏经验和耐心，就可为己方保住较大的利益，而不断地让利也会使对方产生成就感。但这种让步方式会将对方的胃口越吊越大，诱发对方不切实际的要求。这种策略适宜在竞争较强的谈判中由富于谈判经验的谈判高手来运用，而在具备友好合作关系的谈判中则不宜采用。

（4）22/17/13/8。即以递减的方式实施让步。它可给人以顺乎自然、顺理成章的感觉，易于为人们所接受；同时由于一步比一步更谨慎，故不会产生让步的失误，同时也可降低对方的期待，在己方停止让步后，对方也会随之刹车，可以防止对方获得超额利益。这是一种易于为人们所接受，也便于应用的策略，因而在谈判中采用得最为广泛；但会给对方形成越争取，所获利益越小的感觉，谈判终局情绪不高。又由于是最常用的手法，因而会觉得比较乏味。

（5）26/20/12/2。即以较高的起点开始让步，然后依次减少。好处是在让步之初以高姿态出现，具有较强的诱惑力；而随着让步幅度的减小又向对方暗示出己方已尽了最大努力，做出了最大的牺牲，让对方明白要想取得进一步的利益是不可能的。其不足在于：前期让步幅度过大，给人以妥协意愿较强的印象，容易使强硬的对手认为让步方软弱可欺，从而加强攻势。这种策略一般适用于以合作为主的谈判。

（6）59/0/0/1。即以几乎一步到位的方式实施让步。这种策略的优点是，以求和的精神为先，有可能会换得对方的回报，最后让出小利，以显示己方的诚意，使通达的谈判对手难以拒绝。缺点是初期让步过大显现出明显的弱势倾向，且容易刺激对方的期望值，如果对手强硬而贪婪，会使其变本加厉地向己方发起攻击，而后两期的寸步不让又使对方吊高了的胃口无法满足。这种让步方式对于在谈判中处于不利境地，又急于成交的一方适用。

（7）50/10/-1/1。即以大幅让步开始，两次即让出全部可让利益，第三次赔本相让，最后再设法讨回的让步方式。这种方式的优点是具有很大的吸引力，往往会使陷于僵局的谈判起死回生，诱使对方沿着己方的思路走，当己方为谈判付出了代价时，再借口某种原因，讨回本不当失去的利益，促成和局。缺点是前期的超额让利会使对方的期望值增大，第三阶段回讨利益如果不成功，则会损害己方利益，甚至导致谈判的破裂。此方式适用于谈判陷于僵局或危难性的谈判，这种方式实施起来富于变化，要求谈判者要有丰富的经验和娴熟的技巧，对于谈判新手会有一定的难度。

（8）60/0/0/0。与第一种模式正好相反，即所谓的“一口价”。这种速战速决、坦诚相见的策略，比较容易打动对手采用同样的回报行动；同时，率先大幅度的让步也会给对方以合作感、信任感，可提高谈判的效率，降低谈判成本。不足之处是：有可能失掉本来能够争取到的利益，也可能会让对方在大喜过望之后陷入大失所望，容易导致僵局的出现。这一策略一般适用于在谈判中处于劣势的一方或关系较为友好的谈判。

以上八种让步模式各有千秋，分别适用于不同特点、内容和形式的谈判，其中应用最为广泛的是第四、五两种模式。当然，让步的模式也不仅限于这八种，只要不损害己方利益，便可灵活决定进退。无论使用何种策略，要求谈判者都要了解对方的情况，要能控制住局面。

第三节　谈判僵局的处理

在实质磋商过程中，当谈判双方开出的条件存在明显的距离，却又不肯做出让步时，谈判便会陷入僵局。僵局在任何谈判中都会随时发生，并严重影响双方的关系，有时甚至会达到永久破裂的地步。在僵局未解之前，任何进一步的谈判都是不可能的。在僵局所形成的压力之下，谈判者要么以大幅度的让步来试图排除这种压力；要么迟疑不决，等待对方先打破这种局面。其实，在僵局出现以后，谈判双方只要认真分析造成分歧的原因，并制定出有效的策略，打破僵局亦非难事。

一、僵局的成因分析

无论在谈判中出现何种僵局，其形成都是有一定原因的，要破解僵局，首先要对形成僵局的原因进行分析。归结起来，其原因大体可分为五个方面：

1. 立场观点的分歧

这是形成谈判僵局的一个主要原因。如果谈判双方对某一个问题持有不同的看法，并且谁也不愿意做出让步，各自坚持自己的立场，致使分歧越来越大，到最后，连自己的根本利益都忘记了，仅仅只是为了各自的面子在顽固坚持立场，谈判变成了一种意志力的较量，自然会陷入僵局。

2. 有意无意的强迫

谈判中，人们常常有意无意地由于采取强迫手段而使谈判陷入僵局。例如：购买对方的生产设备就要求对方也必须购买本公司生产的钢材；向对方提供基本建设贷款就要求对方使用其推荐的施工队伍。如果不答应，就以取消协议相威胁，等等，都是导致僵局出现的原因。

3. 人员素质的低下

谈判说到底，还是由人来完成的，可以说，所有的僵局都可以归结为人的原因。有些僵局的产生，往往是由于谈判者的素质欠佳，在使用一些策略时，时机掌握不好，运用方式不当，导致僵局的出现。谈判人员的性格、知识经验、策略技巧的不足或失误都可导致谈判僵局的产生。

4. 信息沟通的障碍

谈判中，由于双方信息传递失真而导致双方之间产生误解，并因此而使谈判陷入僵局的情况时有发生。例如：谈判者对问题阐述不清，使对方产生误解；翻译人员不能正确翻译，出现理解错误；由于文化背景差异较大而出现沟通障碍；主观上不愿接受对方意见而拒绝沟通等。这些都可能使谈判陷入僵局。

5．合理要求的差距

在谈判中，双方提出的交易条件相去甚远，但这些条件从各自的立场来看又都是很合理的，而且双方都迫切希望能达成交易，却又不肯作进一步的让步，那么僵局也就不可避免。比如，某厂计划用 50 万元购买一台关键设备，超过 50 万元则无处筹款。经过考察，相中了某公司所生产的设备，但卖方要价最少不能低于 60 万元。双方都很愿意做成此次交易，但因条件相距甚远，一时僵持不下。这种情况从各自的立场来看都很合理，只是因为双方的期望存在很大差距，从而导致谈判陷入僵局。

二、如何避免僵局

通常出现僵局对谈判双方都会造成不利影响，因而双方都应设法避免陷入这种局面。

1．选择互惠（双赢）的谈判模式

这种模式是以共同利益为目标，而不是单纯以自身利益为条件。谈判时要求谈判双方首先应认定自身需求；其次是探寻对方需要；然后共同探讨满足双方需求的一切有效或可行途径。选择了这种模式就意味着选择了合作而不是对抗，双方也就会努力地避免僵局的出现。

2．不使用不礼貌或激烈的言辞

比如“你听不懂我的意见吗？”、“希望你讲话不要兜圈子”、“这是根本行不通的”等。只要双方彼此尊重，不受激烈言辞的误导，冷静、耐心地对待和处理所存在的分歧，就一定能够缩小双方的差距。

3．避免触及对方的敏感问题

谈判时应避免谈论具有争论性的敏感话题，如宗教、政治、党派、种族，或者对方的生理缺陷及个人的不幸等。

三、打破僵局的技巧

面对已经出现的僵局，谈判者既要沉着冷静，坦然相对，又要审时度势，积极寻找破解的办法。打破僵局的办法很多，谈判者应视具体情况而灵活选用。

1．找出双方真正的利益需求

谈判陷入僵局并不意味着各自的利益需求无法调和，而有可能是没有找准真正的利益所在。因此，双方应该重新审视各自对利益需求的理解，努力寻求、挖掘双方的共同利益，从而走出僵局。

例如，两个乘客在火车上发生了一场争吵，其中一人想把窗子打开，而另一个则坚持不能打开，两人吵了半天也没有结果。这时列车员走了过来，问其中一个为什么要开窗子。他回答说："我想呼吸新鲜空气。"接着，又问另一个为什么要关紧窗户，对方说："我不想吹风！"列车员思索了片刻，便去打开了通道上面的窗户。结果，风没有直接吹进来，室内又有了新鲜空气，争吵的双方彼此都得到了满足。

在上面这个案例中我们看到，争吵双方之所以陷入僵局，是因为双方把争执的焦点都放在了各自的立场上，而这两个立场又是对立的。双方顽固地坚持自己的立场而没有去思考各自的利益到底是什么，这就是症结所在。列车员则由于注意到了"要呼吸新鲜空气"和"不想吹风"两种利益，从而想出了解决分歧的办法，使双方的需求都得到了满足。

2. 提供多种选择方案

提出多种选择方案，是使陷入僵局的谈判得以起死回生的重要途径；即使方案不被对方所接受，也会使行将破裂的谈判气氛缓和下来。

有这样一则寓言，说的是姐妹俩为了争夺一个橘子而争吵不休，直到将橘子平分成两半以后，她们才停止争吵。姐姐把她的一半橘子的果肉吃了，将皮扔掉。妹妹却将果肉扔掉，用橘子皮做蛋糕。在谈判中造成这种结果的例子屡见不鲜。是什么缘故使得多数的谈判结局都是双方各得半个"橘子"，而非一方得到全部的"果肉"，另一方得到整个"橘子皮"呢？问题就在于缺乏多种选择方案。

3. 撤换谈判代表

在谈判出现僵局时，撤换谈判代表是一种简单快捷的解决办法。换下来态度强硬、具有进攻性的、易于激动的"黑脸"，换上态度温和、善于调解矛盾的"白脸"。撤换代表之后，不用做任何解释对方就明白了己方的态度。换人本身就已经说明了一切。

4. 制造竞争

所谓制造竞争就是让对方知晓，除了达成协议以外，己方还有其他完成谈判目标的途径和手段。这种策略是一种既可避免受制于对方，又能给对方施压，迫使对方让步，使谈判走出僵局的有效方法。制造竞争是买方谈判者惯常使用的一种策略。即便这个制造出来的竞争是虚拟的，也能起到一定的作用。如果对方真怕有"第三者"挤进来抢了自己的生意就会马上改变以前的强硬态度。如我国一汽车生产厂家曾想与日本某汽车公司洽谈合作事宜，日本方面虽然也想与我方合作，但在技术合作方面要价太高，条件极为苛刻。于是，我方又与美国通用汽车公司接洽，双方很快就许多重要的技术合作达成了意向。这时，日方一改以往的强硬立场，请求我方取消与美方的合作，他们愿意提供比美方更优惠的合作条件，这就体现了制造竞争的作用。

小案例

1985 年，某玻璃厂准备引进一条浮法玻璃生产线。经考察后认为，日本的生产线质量技术都很先进，只是价格偏高。为此，他们决定与日方谈判，以求在价格问题上能够取得优惠。

谈判开始后，日方首先报出一个很高的价格，比我方原先计划的最高出价还要多出 200 多万美元，而且态度十分强硬，谈判一时陷入了僵局。

之后，我方又派人到英国去进行了考察，但结果发现，英国的产品不及日本，而且价格也不低。尽管如此，中方还是向英方发出谈判邀请。

随后不久，英方的谈判代表到了中国，中方在接待时，有意将英方谈判代表安排在日方公司驻华事务所所在的一家饭店。日方很快获知这一消息，立即派代表来华要求与中方恢复谈判。此次见面，日方完全没有了盛气凌人的架子，而是大讲中日友好，并声称愿意“给予优惠”。

中方代表在谈判桌上给日方传达了两层意思：其一，英国的产品物美价廉，富有吸引力；其二，与日方成交仍优先考虑，但前提是价格必须“合适”。日方立即表示，可以降价 200 万美元。但中方仍未表示接受，继续与日、英两方进行交叉谈判。经过几番交锋，最终在日方再降价 100 万美元的基础上达成了交易。

中方在这次谈判中巧妙运用制造竞争的策略破解了谈判僵局。

5. 揭示僵局的结果

如果谈判者清楚谈判破裂会给对方造成什么样的严重后果，那么在谈判陷入僵局时，将这种后果揭示出来让对方自己去权衡其中的利弊，也是一种促使对方让步、打破僵局的办法。美国克莱斯勒公司总经理艾科卡 1979 年在克莱斯勒公司濒临倒闭时临危受命。他上任后做的第一件大事就是请求美国政府同意给公司 15 亿美元的紧急贷款提供担保，以维持公司最低限度的生产活动。但是，此建议一出，立即在美国社会引起了一场轩然大波。在崇尚自由竞争的美国，公众几乎是众口一词：让克莱斯勒赶紧倒闭吧！大部分国会议员也不同意政府涉及私营企业的经营。然而，在接下来进行的听证会上，艾科卡却运用揭示谈判破裂结果的办法扭转了乾坤。在听证会上，艾科卡告诉代表们说：“其实在座的各位议员先生都比我清楚，克莱斯勒公司的贷款请求并非首开先例。事实上，你们的账册上目前已有了 4900 亿美元的保证贷款额，因此，务必请你们通融一下，不要到此为止。”为了让这些议员们认清后果，他又提出：“如果克莱斯勒公司倒闭了，全国的失业率会在一夜之间暴涨 0.5 个百分点，美国政府在第一年里就得为这高达几十万的失业人口花费 27 亿美元的保险金和福利金。各位可以自由选择，你们是想现在就付出 27 亿美元呢？还是将它的一半作为保证贷款，并可在日后全部收回呢？”艾科卡让这些议员们彻底认清了拒绝克莱斯勒请愿案的后果，成功地转变了他们的态度，达到了自己理想的目标。最后，艾科卡拿到了他所需要的15亿美元的贷款。

6．最后通牒

最后通牒也叫规定最后期限。在谈判异常紧张、双方意见差距很大、长时间处于僵持局面时，提出谈判的最后期限，向对方施加压力，迫使对方在规定日期到来之前改变原先的立场，以满足己方的要求。

谈判中的最后通牒会以极强硬的态势将对方置于“要么干，要么算”的境地，很有可能造成谈判的破裂。因此，不到迫不得已一般不要轻易使用这一方法，一旦决定使用，就应对可能造成的后果有充分的心理准备。这种方法成功的可能性大，但负面效应也很大，风险性较高。

实施最后通牒一般应具备以下前提条件：

（1）谈判者知道自己处于强有力的地位，别的竞争者不如自己的条件优越；

（2）谈判者确实已经把条件降到了最低限度，并已尝试过其他的方法，但无效果；

（3）对方无法再担负由于失去此次交易所造成的损失，而非达成协议不可。

7．寻求调停

调停是指通过一个为谈判双方共同接受，对矛盾处理不拥有决策处置权力的公正、中立的第三者介入谈判过程中的争议，协助矛盾各方自愿达成解决方案的一种方法。在谈判陷入僵局、双方的力量难以解决或双方都不愿主动采取行动时，不妨采用这种第三者调停的办法走出僵局。

第三者调停目前在国际纷争或调解劳资双方矛盾中已被经常采用，但在交易谈判中使用的情况还不多。不过它仍然是谈判策略的一种，运用它可以省去更昂贵的诉讼费用；同时，又可保全当事人的面子。寻求第三者调停的关键就是确定调停者。通常对调停者的要求是：① 他必须是被双方视为中立、公正，能为各方接受和尊重；② 具有相应的调停能力，能够鼓励双方的沟通与理解，能提出具有建设性的建议，能适时地提出适当的妥协办法；③ 愿意介入到双方的矛盾之中去；④ 应该是诚实、公正、有道德、有计谋，且具有外交家的应变能力的人。

8．提请仲裁

当谈判陷入僵局，调解又无法解决，或不具有调解基础时，提请仲裁也许是唯一能打破僵局的办法。仲裁和调解的区别在于，仲裁者有权决定谈判的最后结果，当谈判双方要求仲裁时，就都必须同意并遵从仲裁者的决定。仲裁服务的价值在于它既能够找出顾全双方面子的方法，又可使双方谈判者及其各方的组织都感到满意，同时还能促使新观念的顺利传递，使双方能够一起合作解决问题。但仲裁的费用一般较高，谈判者对此应有心理准备。

第四节　沟通说服技巧

从一定程度上说，谈判的过程就是沟通与说服的过程。双方在各自向对方提供一定信息的同时，也从对方那里获得一定的信息；在接受对方某些观点的同时，也努力使对方接受自己的某些观点。谁在这方面技高一筹，谁就能赢得更多的获胜机会。

一、谈判的语言分类及其要求

谈判，离不开一个“谈”字，语言在谈判中发挥着主要作用。一句妙语，可能会得到愉快的当场拍板；一言偏颇，也可能会导致不欢而散。成功与失败，有时往往在于语言的运用。谈判语言，从本质上讲仍然属于日常用语的范畴，但同时又是特定场合下使用的日常语言，为了了解谈判语言的特点，不妨对谈判语言进行适当的分类。

（一）谈判语言的分类

1．按语言的表达方式分

（1）有声语言。有声语言是通过发声器官来表达的语言，即口头语言，它是借助于人的听觉来交流思想、传递信息的。

（2）无声语言。无声语言是通过人的身体、姿态和面部表情等非发声器官来表达的语言。

2．按语言的表达内容分

（1）专业语言。专业语言是与交易有关的商贸、经济、技术等方面的行业用语，不同的业务内容包含着不同的专业技术用语。

（2）外交语言。外交语言是指一种委婉、礼貌、否而不决、允而不定的，具有圆滑、模糊、缓冲特点的弹性语言。

（3）军事语言。军事语言是一种以干脆利落、坚定自信为特点的原则性、命令性语言。

（4）文学语言。文学语言是一种使用比较广泛，具有感情色彩的比较生动活泼、诙谐幽雅、富有想象力和感染力的语言。

此外，还可以根据使用的要求分为电话语言、书面语言、函电语言等。

（二）谈判语言的基本要求

1．目的性

谈判是一种带鲜明目的性的理性协调活动，谈判语言的表达从根本上讲都必须服从谈判的目的，只有这样才能真正发挥谈判语言的作用。例如，在谈判的开局阶段，其主要目的是要营造一种和谐的谈判气氛，因而在谈判语言上使用更多的是具有礼节性的外交语言和富有感情色彩的文学语言，这样更有助于烘托谈判的气氛；而在进入实质性磋商阶段，占主导地位的则是专业语言。目的不同，语言也有差异。

2．客观性

客观性是指语言要有事实依据，要尊重事实，反映事实。在交易谈判中，双方是为了共同利益走到一起的，是为了解决分歧，达成一致。因而就需要各方彼此拿出诚意，依据客观事实来处理解决问题。双方只有遵循客观性原则，才能在彼此之间产生“以诚相待”的感觉，从而增加相互之间的信任感和亲和力，促使双方立场接近，为谈判成功奠定基础。

3．针对性

针对性是指语言运用要有的放矢，要因不同的谈判对象而异。每一场谈判都有其特定的谈判目标与谈判对手，以及不同的时间和地点。这就需要谈判者结合不同的对象要求，选择有针对性的谈判语言，要使特定的谈判对象能准确地理解和接受所使用的语言，以促成谈判目标的顺利实现。

小案例

古时有一位书生上街买柴，他向一位卖柴者招手说道：“荷薪者过来。”卖柴者听不太明白，但听到“过来”二字，便挑着担子走到他跟前，书生又问：“其价几何？”卖柴者听到“价”字，便告诉他。书生听了嫌贵，便又说道：“外实而内虚，烟多而焰少，请损之。”卖柴者实在听不懂，挑着担子走了。

这位书生不看对象，致使买卖无法进行。如果仔细品味，这位书生的话不可谓不好，但为什么没有产生应有的作用呢？因为话是要讲给别人听的，听者能否正确理解和接受是最重要的，否则，话讲得再漂亮也只能是废话。

4．灵活性

谈判进程常常是复杂多变的，尽管双方在事前对谈判的内容、条件以及可能采取的种种策略都做了充分的研究和准备，但谁也不能预知自己在谈判中会有什么样的表现，因而也就不能像准备发言稿那样事先设计好谈判中的每一句话，而应根据临场情况随机应变，适时做出反应。谈判者的语言表达能力往往正是表现在这种灵活性上。

5．逻辑性

逻辑性指谈判者的语言要符合逻辑规律。它要求谈判者的语言应概念明确、判断恰当、论据确凿、论证有力，符合逻辑推理。具体表现为：陈述的概念具有同一性，前因后果要相互照应和衔接；提问要恰当，紧贴议题；回答问题不要似

是而非，论证说服要恰如其分，同时还要针对对方的逻辑错误做出快速反应，以增强自己的说服力。

二、谈判中的语言沟通

谈判中的语言沟通是以语言为传播符号的谈判沟通过程，主要借助于听、叙、问、答等手段来进行，因此，掌握这些手段和技巧，对于提高语言沟通的水平是十分必要的。

（一）谈判过程中的听

在谈判过程中，听起着非常重要的作用。首先，听是获取信息的基本手段，在谈判中大量信息要靠倾听对方的说明来获得；其次，对听的处理本身也可以向对方传递一定的信息，同时还可以表示对对方的尊重，从而能够起到鼓励对方作更多、更充分的阐述，使己方获得更多信息的作用。

听的要领不在于一字不漏地收集并理解对方全部表达的含义，这是不可能做到，也是没有必要的。听的关键在于了解对方阐述的主要事实，理解对方表达的显在和潜在含义，并鼓励对方进一步充分地表述其所面临的问题和其对有关问题的看法。要达到这些要求，需注意以下一些问题：

（1）在对方说话的过程中，不轻易打断对方的话题，无论对方的意见听起来多么可笑，都不应该露出轻蔑或心不在焉的表情。

（2）多与对方交流眼神。

（3）通过一些恰当的、极其简短的插话和提问，表示自己对话题感兴趣。

（4）适当点头或做一些手势动作，表示自己在注意听。

（5）不要抢话。抢话会打乱对方的思路，也耽误自己倾听。

（6）作适当的记录。在长时间及比较复杂问题的谈判中，谈判者应考虑对所获得的重要信息作适当记录，作为后续谈判的参考。

（二）谈判过程中的叙

叙，即叙述己方的观点，谈判者借叙的手段可以充分阐述己方的立场、观点和要求，也可以指出对方立场、观点和要求中的问题，提出双方合作可能出现的机会与障碍，明示双方共同获得的利益等。谈判中，双方正是通过不断的述说，传递己方想让对方知道的信息，让对方充分明白己方的意图，促使谈判成功。

叙的基本要领如下：

（1）叙述要简明扼要，切忌冗长、烦琐的陈述。当需要陈述时，应该用简明的语言抓住对方，吸引对方，让其正确理解陈述的内容，并能很快针对陈述提出问题，使双方立刻交谈起来，让谈判顺利地向纵深发展。

（2）叙述要注意把握分寸，要立足于加强和谐的谈判气氛。叙述应该是既正式又客观，要以诚挚的方式表达出来。陈述时忌带感情，要尽量采用中性、客观、礼貌的语言，避免使用偏激、主观、粗俗的语言。

（3）叙述应准确易懂，要尽量使对方听懂你表达的意思。对于一些专业术语，应作必要的解释，如果涉及一些数值，应力求准确，尽可能不用“大约”、“差不多”之类的词语。

（4）注意头尾，一般来说，人们对发言的开头和结尾记忆比较牢固，因此，在陈述时要特别留意开头和结尾。

（三）谈判过程中的问

在谈判中，通过提问来获取对方的信息是一种最直接的方法。为了获得良好的提问效果，应把握以下几点：

（1）要尊重对方，以诚恳的态度来提出问题，不要表现出自己高于对方的情绪，使对方感到自尊心受到伤害。只有这样，对方才会乐于回答你的提问。

（2）问题不应具有压迫性，使对方感到窘困，要给对方以回旋的余地和选择的机会。例如：“你看月底付款怎么样？这对咱们双方都有好处。”就比“月底付款已是对你们的照顾，你考虑怎么办吧？”要更恰当一些。

（3）提问的句式应尽量简短，而由问句引出的回答则是越长越好。如果提问的话比对方回答的话还长，问话人将会处于被动地位，这种提问显然是失败的。

（4）要安排好提问的顺序。一般来说，应该是先易后难。有经验的谈判者，往往是先提出一些看上去很一般并且比较容易回答的问题，而这个问题恰恰是随后所要提出的比较重要的问题的前奏，如果对方思想比较松懈，在突然面对比较重要的问题时，往往会措手不及，而其先前的回答又限定了自己的退路，只好按原来的思路来回答问题，或许这个答案正是己方所需要的。

（5）处理好发问的时机。一般不要在对方陈述未结束，谈兴正浓或气氛不恰当时提问。

（四）谈判过程中的答

有问有答，谈判才能顺利进行，谈判过程就是由一系列的问答所构成的。问得不当不利于谈判，答得不妥同样也会陷入被动之中。在回答对方的提问时，也有几点需要注意。

（1）在回答问题之前，要给自己留有思考的时间，想得周到，才能答得圆满。

（2）切勿将一切毫无保留地和盘托出。在回答问题时，要给自己留有一定的余地，不要通过回答对方的提问，过早地暴露己方的实力。

（3）回答问题时要减少问话者继续追问的兴致和机会。这就要求回答时要尽量避免出现漏洞，以免让对方抓住把柄，刨根问底。假如在回答时出现了漏洞，也要设法降低对方追问的兴致。如：“这个问题容易解决，但现在还不是时候。”

“现在讨论这个问题还为时尚早，是不会有什么结果的。”“这是一个暂时无法回答的问题。”等。

（4）对于不知道的问题不要盲目回答。可以坦率地告诉对方不能回答或暂不回答，以避免付出不应有的代价。

三、谈判中的非语言沟通

美国心理学家艾伯特·梅拉比安做过的一个实验证明：把一个信息完整地传递给对方，55%靠的是面部表情，38%靠的是语音，而真正的有声语言的效果只占 7%。这个结论深刻地揭示出了无声语言在人们沟通和传递信息中所起的重要作用。在谈判中，无声语言可以强化和补充有声语言，使语言的表达效果更直接、更全面。谈判者既可以通过对方的无声语言来判断其当时的心理状态，又可以通过自己出色的无声语言技巧，促使对方相信自己所听到和看到的一切，从而坚定对方做出决断的信心，使对方的判断结果更加接近己方的需要。

在谈判中使用丰富多彩的体态语言，一则可以始终抓住对方的注意力，使其时时处在兴奋状态之中，保持高昂的情绪；二则可以加强语言的表达效果，如，当你想使对方做出更多的让步时，同时表情上也表示出为难和恳求的态度，就会加强你的语言的可信度；三则可以补充有声语言表达上的不足，特别是对一些难以名状和难以形容的事物。如对对方表示非常感谢时，一边说“感谢！太感谢了！”一边紧紧地握住对方的手，就能更充分地表达自己的心情；再则，它还可以替代有声语言，如对对方的观点表示赞赏时，不用说话，只要诚恳地点一点头对方就会明白你的意思了。或当你在表达自己的意见时，发现对方直皱眉头，那不是有不同意见，就是表示不耐烦了。

无声的体态语言通常主要包括以下几种：

1. 目光语

眼睛是“心灵的窗户”，人的眼睛是被人们公认为是表现人的内心情感最直接、最丰富的器官。即使是语言难以表达的东西，眼睛也能表达出来，正所谓“眼能传神。”爱迪生对眼睛做过这样的描述：“人的眼睛和舌头所说的话一样多，不需要辞典，却能够从眼睛的语言中了解整个世界。”目光语的作用可见一斑。

2. 表情语

表情语指的是通过人的面部表情动作来表现情感、传递信息的语言。人面部的各个器官—— 眼、眉、口、鼻以及面部肌肉的动作都属于表情语。表情语是人使用最频繁、变化最丰富、表现力最强的体态语。仅仅就一个点头动作有专家认为它就包含了表示致意、同意、肯定、承认、赞同、感谢、应允、满意、认可、理解和顺从等 11 种意思。

表情语往往是与口头语密切配合的。所以，在判断表情语时也要与口头语结合起来。

3．手势语

手势语是一种用手指、手掌、手臂、肘部和肩部来完成的肢体语言。它可表达的意思相当丰富，其灵活性也比较强，在体态语中占有很重要的地位。手势语一般可分为四类：用以表达情绪、态度的情绪手势；用以指示具体对象的指示手势；用以模拟事物特征的模拟手势；用以抽象事物的象征手势。恰当地使用这些手势，可以有效地增强语言表达的明确性和具体性，但运用时要适度，不可过于夸张或不间断地使用，否则就会喧宾夺主，干扰对方对说话内容的领会。另外手势幅度也不宜过大，速度不要过快，以免使对方难以集中精力。

4．体姿语

体姿语是通过身体姿态的变化来表现情感、态度或意向信息的身体语言。谈判双方在相互接触中，其身体的各种动作、身体姿态的变化，如坐、立、行、转等，都可以提供给对方一定的信息，通过这些信息，彼此就可以从中解读出一种无声的语言。

在谈判中，如果就身体的倾仰而言，它表示着地位上的势态：身体的后仰表示居高临下的傲慢；前倾表示对对方谦恭和热情，其程度与倾角的大小有关。而侧转身面对对方表示的是亲近；背转身表示的是对对方的不敬。如果就坐姿而言，深坐在椅子里表示了一种放松的心理；浅坐表示谦恭与敬重；倾斜在座位里，甚至还跷着二郎腿，则大多是散漫、应付和不在意的表现。如果就行走而论，步伐稳健，给人以沉着、斯文的感觉；摇头晃脑、左右摇摆，则给人以无知或浅薄的印象。

人的状态是丰富多彩的，它也是一个人的素质和教养的反映。一般人们会认为，注重姿态的人办事大都比较认真，讲究信誉。所以，谈判者一定要特别注意自己的姿态。

总之，形体语言在谈判中具有十分重要的作用，谈判者要善于运用这些形体语言来表情达意，要使无声胜有声，同时要尽量用理智去控制和支配它们，使其与有声语言协调一致，从而获得更佳的语言表达效果。

四、说服他人的技巧

谈判中，谈判的双方是平等的，要使对方接受己方的观点，就要以理服人，因此，说服主要就是说理。但“理”绝不是空洞的，而应有科学的依据和确凿的事实，而且说理的方式方法也要特别讲究。有的人在试图说服他人时，往往是先想好几个理由，然后去和对方辩论；或是站在领导者的角度上，以教训的口气指点他人；或者是不分时间场合，随意指责批评对方。这些做法，其实都难以说服对方，效果往往也很不理想。要想获得好的说服效果，还需用掌握一定的说服技巧。

1．理解说服的含义

说服不是让对方屈服，也不是威胁。说服的真正含义是帮助对方去认识其尚未认识或尚未充分认识到的威胁和机会，促使对方接受某种观点或方案。

例如，在数十年前，当某公司第一次制造节能灯时，其董事长亲自跑到各地去做推销，他召集了各个代理商，向他们介绍公司的产品。他说："经过多年来的苦心研究，我们终于完成了这项对人类有大用途的产品，虽然它还称不上是一流的产品，但我仍然要拜托在座的各位，能以第一流的产品价格，来向本公司购买。

董事长的话使在场的代理商一片哗然"咦！董事长有没有搞错，有谁愿意以一流的价格去购买二流的产品，除非这个人是一个傻瓜……"

"各位，我知道你们一定会觉得奇怪，不过，我仍然要再三拜托各位。"董事长继续说。

"大家都知道，目前制造节能灯的厂家全国只有一家，因此，他们已经垄断了整个市场，即使他们任意抬高价格，大家也仍然要去购买。假如，能有一种同样优良的产品，但价格却能便宜一些，对大家不是一种福音吗？"董事长的解释让大家似乎已有了一点理解。

董事长接着说："为什么本公司只能制造二流的节能灯？这是因为本公司资金不足，无法在技术上投入更多的资金取得突破。如果各位肯帮忙，以一流产品的价格购买本公司的产品，我们就会得到许多利润，把这笔利润用在改良技术上，相信不久的将来，本公司一定可以制造出一流的产品。这样一来，节能灯市场就会出现竞争的局面，品质必然会提高，价格也毫无疑问会降下来。到那时，我一定会好好地谢谢各位，给大家以最优惠的条件。此时，我只希望各位能帮助本公司渡过难关。"

董事长的一番高论，终于打动了在座的代理商。一年后，这家公司的节能灯已堪称一流，那些代理商也得到了满意的回报。

2．取得他人的信任

取得对方信任是说服的基础，只有对方信任你，才会正确、友好地理解你的观点和理由，否则，即使你说服他的动机是好的，他也不愿意接受。要取得对方信任，重要的一点就是能站在他人的角度去设身处地谈问题，能够理解对方的处境和困难。当然，理解对方的目的并不是为了改变自己的观点，而是在于发现问题的根源，从而找出说服对方的恰当理由，使对方能够心悦诚服地接受己方的观点。

3．强调彼此利益的一致性

说服工作要立足于双方利益的统一，淡化相互之间的矛盾，不要把对方置于对立的位置，认为对方是不同意、不愿做，去反驳他、批评他，这样只会使彼此更加对立。如："我知道你肯定不会同意……""你的理由根本就站不住脚。"等等。要把对方看做是能够做或同意做的。比如"我知道你并非是要和我们过不去，只是对交货时间有点担心。""你一定会对这个问题感兴趣的"等。

4. 为对方寻找理由

作为直接参与谈判的谈判代表，其背后往往代表着某个利益集团，他在谈判桌上所做的一切承诺，都要向背后的利益集团做出汇报，要向他的上级领导报告之所以这样做的理由。作为谈判者来讲，要理解对方的这种难处。因此，说服也就不仅仅只是说服谈判对手本人，而且还应当帮助对手寻找到说服其背后利益集团的充分理由。谈判者越是能向对方表明其所提出的主张对对方企业或组织的价值，就越能帮助对手找到更多的说服其背后力量的依据，则有效说服对方的可能性也就越大。

本章小结

1. 报价是谈判者提出自己愿意接受的交易条件或标准。报价的基础是市场行情。报价的先后各有利弊，应视谈判的具体情况而定。报价的原则是，开盘报价要"狠"、开价要合理、报价态度要坚决、报价内容要清晰。还价时应注意三点：认真倾听对方的报价、切勿直接答应对方的报价、确定合理的还价价值。

2. 对抗就是对利益的争夺。企业实力是选择与运用对抗策略的基点。主动地位的对抗策略有平铺直叙策略、吊胃口策略；被动地位的对抗策略有团队力量策略、软化个别对手策略、寸土必争策略和迂回进攻策略等。让步的模式有八种：0/0/0/60、15/15/15/15、8/13/17/22、22/17/13/8、26/20/12/2、59/0/0/1、50/10/-1/1、60/0/0/0。

3. 谈判僵局的成因有五种，即立场观点的分歧、有意无意的强迫、人员素质的低下、信息沟通的障碍及合理要求的差距。避免出现僵局应当注意：选择互惠（双赢）的谈判模式、不使用不礼貌或激烈的言辞、避免触及对方的敏感问题。打破僵局的技巧有：找出双方真正的利益需求、提供多种选择方案、撤换谈判代表、制造竞争、揭示僵局的结果、最后通牒和寻求调停。

4. 谈判语言按表达方式可分为有声语言和无声语言，按表达内容可分为专业语言、外交语言、军事语言和文学语言。基本要求是：目的性、客观性、针对性、灵活性和逻辑性。谈判中的语言沟通主要借助于听、叙、问、答等手段来进行。谈判中的非语言沟通包括目光语、表情语、手势语和体姿语。说服他人的技巧有：理解说服的含义、取得他人的信任、强调彼此利益的一致性及为对方寻找理由。

一、复习思考题

1. 先报价与后报价各有哪些优缺点？
2. 报价应遵循哪些原则？
3. 还价时应注意哪些问题？
4. 为什么会形成对抗？对抗的策略有哪几种？
5. 让步的模式有哪几种？各有什么特点？其适用条件是什么？
6. 形成谈判僵局的原因可归结为哪几个方面？
7. 如何打破谈判僵局？
8. 对谈判语言有哪些要求？

二、选择题

1. 当对方为了自己的利益向我方施加压力时，我方应当（　　）。

A. 报高价　　B. 报低价　　C. 先报价　　D. 后报价

2. 当谈判中己方实力强大，对手实力弱小，己方处于谈判的主动地位时，可采取的策略有（　　）。

A. 平铺直叙策略　　B. 吊胃口策略

C. 寸土必争策略　　D. 扬长避短策略

3. 26/20/12/2 的让步模式适用于（　　）。

A. 对谈判的依赖性小，不怕谈判失败，或在谈判中占有优势的一方

B. 在竞争较强的谈判中，有丰富谈判经验的谈判高手使用

C. 以合作为主的谈判

D. 陷入僵局或危难性的谈判

4. 甲乙二人就汽车的颜色发生争执，甲认为红色的好，乙认为蓝色的好，互不相让，一时形成僵持局面，这种争执属于（　　）。

A. 立场观点的分歧　　B. 有意无意的强迫

C. 人员素质的低下　　D. 合理要求的差距

5. 下列说法中正确的是（　　）。

A. 说服就是让对方屈服

B. 说服就是帮助对方去认识其尚未认识或尚未充分认识到的威胁和机会，促使对方接受某种观点或方案

C. 说服就是找出各种理由去反驳对方的观点

D. 说服就是以充分的证据来证明自己的观点是正确的

三、实训项目

1. 有两种产品：一种是服装，底价为200元/件；另一种是钢材，底价为5000元/吨。请为这两种产品设计报价，并阐述理由。

2. 将全班同学分成2～3人的谈判小组，选择部分熟悉产品作为交易项目，组织进行一次模拟谈判。

第十一章

签约知识

学习目标

- 掌握购销合同的基本格式。
- 能够熟练应用正确的文字语言进行合同条款表述。
- 了解谈判协议的起草要求与签署过程。

第一节　购销合同的基本格式和文字表述

购销合同作为推销与谈判成果的最终反映，在整个推销活动中有着特殊的地位和作用，它既是谈判成果的综合反映，也是未来实地履行的唯一依据。按照一般惯例，交易双方除了即时清结的情况以外，一般都应订立书面合同，以作为履行交割义务的依据。作为推销员，不管前期工作如何努力，水平如何，最终结果都反映在这一纸合同上，可以说，合同代表了一个推销员的全部水平。因此，正确书写合同内容，准确反映谈判成果，是推销员的一项主要工作，这里我们介绍几种常见的购销合同以及它们的文字表述方法。

一、购销合同的基本格式

1．工矿产品购销合同

工矿产品购销合同的基本格式如表 11-1 所示。

表 11-1　工矿产品购销合同

合同编号：
供方：______________　　签订地点：
需方：______________　　签订时间：　　年　　月　　日

一、产品名称、商标、型号、厂家、数量、金额、供货时间及数量

产品名称	牌号商标	规格型号	生产厂家	计量单位	数量	单价	总金额	交（提）货时间及数量												
								合计												
合计人民币金额（大写）																				

二、质量要求、技术标准、供方对质量负责的条件和期限________________

三、交（提）货地点、方式________________

四、运输方式及到达站港和费用负担________________

五、合理损耗及计算方法　________________

六、包装标准、包装物的供应与回收和费用负担________________

七、验收标准、方法及提出异议期限________________

八、随机备品、配件工具数量及供应办法________________

九、结算方式及期限________________

十、如需提供担保、另立合同担保书、作为本合同附件________________

十一、违约责任________________

十二、解决合同纠纷的方式________________

十三、其他约定事项________________

供　方	需　方	
单位名称（章）： 单位地址： 法定代表人： 委托代理人： 电话： 开户银行： 账号： 邮政编码：	单位名称（章）： 单位地址： 法定代表人： 委托代理人： 电话： 开户银行： 账号： 邮政编码：	鉴（公）证意见： 经办人： 鉴（公）证机关（章） 年　月　日 [注：除国家另有规定外，鉴（公）证实行自愿原则]

有效期限：　　年　月　日至　　年　月　日

此合同适用于工矿产品的购销活动，为一般工业企业所采用，是应用最为广泛的合同文本之一。

2．加工定作合同

加工定作合同的基本格式如表 11-2 所示。

表 11-2　加工定作合同

合同编号：

定 作 方________________　　签订地点：

承 揽 方________________　　签订时间：　　年　月　日

一、品名或项目、规格型号、数量、单价、金额、交货期限

定作物品名或项目	规格型号	计量单位	数量	价款或酬金		交货数量及交货期限			
				单　价	总金额	合　计			

合计人民币金额（大写）

二、定作方带料情况

材料名称	规格型号	计量单位	数　量	提供日期	消耗定额	单　价	总金额

三、质量要求、技术标准______

四、承揽方对质量负责的条件及期限______

五、技术资料、图样提供方法及保密要求______

六、验收标准、方法和期限______

七、包装要求及费用负担______

八、交（提）货方式、地点运输方式、到达站（港）和费用负担______

九、交付定金、预付款数额及时间______

十、违约责任______

十一、结算方式及期限______

十二、如需提供担保，另立合同担保书，作为本合同附件______

十三、解决合同纠纷的方式______

十四、双方协商的其他条款______

定　作　方	承　揽　方	
单位名称（章）：	单位名称（章）：	鉴（公）证意见：
单位地址：	单位地址：	经办人：　　鉴（公）证机关（章）
法定代表人：	法定代表人：	
委托代理人：	委托代理人：	
电话：	电话：	
开户银行：	开户银行：	
账号：	账号：	
邮政编码：	邮政编码：	年　月　日

有效期限　　年　月　日至　年　月　日

此合同适用于企业对外承揽加工业务。一般由定作方提出加工要求并提供材料，承揽方按要求提供劳务进行加工，也是较常见的合同文本之一。

近年来，随着大量的外资进入国内，开办了为数众多的“三资”企业，这些企业在带入资金、技术的同时，也将国际上一些通用的贸易惯例带入国内。在合同订立方面，过去只在国际贸易中采用的一些表述方法，现在在国内贸易中也大量应用，下边的一个实例就说明了这种情况，如表 11-3 所示。

表 11-3　销售合同

CORINCO

SALES CONTRACT－China (Domestic)

销售合同－中国（国内）

Contract No:　　　　　　　　　　　　Date:

合同号：　　　　　　　　　　　　　　日期：

CORINCO'S Ref No.:

买方参考号：

Buyer: ______Machinery Technical Academy.　　　　Telephone:

买方：××机械工业学校　　　　　　　　　　　　　电话：

Address:　No 130, Eastern Road of the North City, Changzhi

地址 ：××市××区××号　　　　　　　　　　　Telex/Fax:

Postal Code: 046011　　　　　　　　　　　　　　电传/传真：

邮编：046011

Seller: ______Oriental CNC Equipment Engineering CO, LTD.

卖方：××东方数控设备工程有限公司

Address:　Building 3. Xinhua Region. Zhongshan Road, Nanjing.

地址：××市××区××号　　　　　　Telex/Fax:

Postal Code : 210007　　　　　　　　电传/传真：

邮编：210007　　　　　　　　　　　Telephone:

　　　　　　　　　　　　　　　　　电话：

This Sales Contract (hereinafter "Contract") is entered into by Buyer and Seller. The Buyer agrees to buy and the Seller agrees to sell the below-specified Equipment according to the terms and conditions bellow:

本销售合同（以下简称"合同"）兹由买卖双方签订。按照下述条款和条件，买方同意购买，卖方同意出售下列货物：

1. Equipment Specification:

货物的规格：

802S　　　　1 套(one set)

802D　　　　1 套(one set)

2. Unit Price: RMB 99,400

单价：99,400.00 元人民币

3. Total Contract Price in RMB (including packing charges. Tax on turnover): RMB 99,400

合同人民币总价（含包装、流转税）：　99,400.00 元人民币

4. Terms of Delivery: The goods shall be delivered FOB according to "Incoterms 2000".

交货条件：货物应根据"2000 年国际贸易术语解释通则" FOB 条件交付。

For Transportation to : Changzhi

交货地点：长治

5. Shipping Mark:

装运标志：

6. Insurance: To be effected by the buyer.

保险：用户自保。

7. Time of Delivery: Within 6 weeks after the contract validity.

交货时间：合同生效后 6 周。

（续）

8．Destination and Way of Transportation: Changzhi, Railway.
目的地及发运方式：长治，铁路运输。
9．Terms of Payment:　T/T. The contract is valid with 30% payment in advance.
100% of the total payment should be paid by T/T before goods delivery.
All the goods enjoy one-year guanrantee.
支付条款：电汇。预付30%合同生效。
合同总价的100%应在货物发出前以电汇支付。
所售产品质保一年。
Bank Address:
银行地址：
Opening Bank：Nanjing Commercial Bank.
开户行：××市商业银行营业部。
Account No. ：0880200201081424621
账号：0880200201081424621
Beneficiary：Oriental CNC Equipment Engineering CO, LTD.
受益人：××东方数控设备工程有限公司
10．Governing language:
合同语言：
This Contract is made out in English and Chinese. Both versions are equally authentic. In event of conflicts or uncertainty of meanings the Chinese version shall prevail.
本合同用英文和中文写成。两种文本具有同等效力。当含义冲突或不明确时，将以中文为准。
In witness whereof, the parties have caused this contract to be executed in two originals by their duly authorized representatives on the dates set forth below, with each party retaining one fully executed original.
兹证明，合同双方已由其正式授权代表在下述日期签署本合同，双方各执一份已全部签署的合同正本。

Seller（卖方）（Seal）（印章）	Buyer（买方）
________________	________________
(Authorized signature)	(Authorized signature)
（授权签字）	（授权签字）
Date:	Date:
日期：	日期：

二、购销合同的文字表述

下边以工矿产品购销合同为例说明合同中的文字表述，其他以此类推。

工矿产品购销合同包括三个组成部分，即约首、正文和约尾三部分。

（一）约首部分

约首即合同的首部，一般包括合同的名称、编号、订约时间和地点、供需双方的名称等，在书写时应注意以下几点：

（1）供需双方的名称要写全称，不能只写简称。如：“首都钢铁公司”，不能简写为“首钢”；“南风化工集团股份有限公司”，不能只写“南风化工”。

（2）合同要有编号。无论是履约还是查询往往都要引用合同编号，即便是与同一单位之间也可能会有多份合同，若无编号，会给合同管理带来诸多不便，所以每一份合同都应该有一个编号。对于合同号的编写，可根据企业的合同管理办法进行编排，一般为年份＋类别＋顺序号，如“08—B—12”，即表示 2008 年 B 类产品第 12 号销售合同。

（3）签约时间。除合同中对合同生效时间和条件有明确约定外，合同的签约时间一般就是合同的生效时间，一定要填写清楚。

（4）签约地点。签约地点往往涉及到法律的管辖权问题，所以也应填写清楚。

（二）正文部分

正文是合同的主要部分，供需双方的权利、义务、责任等均在正文部分加以约定，因此，正文也是合同的核心部分，一定要全面、准确地加以表述，不能有一点差错，按照《工矿产品购销合同》的内容要求，在书写时应注意以下一些问题。

1．产品名称、商标、型号、厂家、数量、金额、供货时间及数量条款的表述

这一条款的内容较为简单、清楚，一般不易出错，但对于新推销员来讲，仍有一些问题需要注意。

（1）计量单位的选择要恰当。计量单位的选择不仅要符合法定标准，而且要符合未来交货时的实际计量要求。如洗衣粉，多为纸箱装，每箱若干袋，每袋若干克，从一般意义上讲，选择箱、袋、克作为计量单位均可，但在实际交货时，以袋、克作单位在点交时会有诸多不便，故不易选作计量单位，而选择“箱”作单位则较为恰当。

（2）规格型号、计量单位和单价要一致。仍以洗衣粉为例，如果选择箱为计量单位，则规格型号就应按箱来规范，可以写作“20×400g”而不应写作“400g”，倘为后者，会误解为每箱装 400g 洗衣粉即可。同样，单价也应是一箱的价格，而不是一袋的价格。

（3）交货时间要具体。对于一般商品而言，具体到月份即可；对于一些紧急或鲜活商品，交货期限可适当缩短，如旬或周。但也并非越具体越好，因未来有许多未知因素，时间期限约定过窄，会给交货造成极大困难，因此，时间约定一定要考虑到将来交货的可能性。

（4）注意检查有无笔误。由于该条款内容简单，往往关注程度不够，检查时也不太注意，这就有可能产生疏漏，甚或还会带来较为严重的后果。例如有一家企业将 Y3180 滚齿机误写为 Y3130 滚齿机，致使产生纠纷，还造成了一定的经济损失。

2．质量要求、技术标准、供方对质量负责的条件和期限条款的表述

对于这一条款的表述，如果供需双方交易的物品有相关技术标准（包括国家标准、部标准或企业标准），一般可直接引用。合同中可以不写标准的具体内容，但必须写明执行标准的代号、编号和标准名称，如“执行 GB/T13171—2004 洗衣

粉标准”，而不能笼统写为“执行国家有关标准”。如果交易的物品没有相关技术标准，或虽有标准，但需方有特殊要求的，则合同中需写明具体的要求或技术条件，有的可能还需辅以图样和说明文字，但无论内容多少，均需详尽予以表达。倘内容较多，在合同中表述不方便，可以作为合同的附件，其效力是一样的。在本条款中只写“质量要求按附件×的规定执行”，至于详细内容尽可以在附件中加以说明。

对于“供方对质量负责的条件和期限”，如没有特别要求，可以简写，如“供方对所售商品质保一年”或“保质期一年”，这样表述，可以理解为商品在正常储存或使用条件下保质期为一年。如果供方的质量保证是有特殊条件要求的，则在合同中一定要将条件明确加以表述，如“在恒温恒湿条件下保质期一年”。

3．交（提）货地点、方式条款的表述

交（提）货地点的选择可以是供方单位，也可以是需方单位，或是双方约定的其他地点。但无论何种选择，均需在合同中明确加以表述。现在不少生产厂家为了方便供货，在全国许多地方设立有分销机构或周转仓库，可就地就近供货，这样，供需双方就不一定非要到供方单位所在地去交接，如是这种情况，在合同中就需将具体的交（提）货地点写清楚，如“交货地点：山西省太原市××路××号，南风化工集团公司太原周转库”。

交（提）货方式主要是指供需双方交接货物的方式，如果是双方当面交接，可以写“由供需双方当面交接”。如果是由供方代办托运，这样供需双方就不一定见面，供方也不一定要亲自将货物交给需方，而只需将代表货物所有权的凭证交给需方即可。表述如“凭铁路货物运单交货”等，供方只要将货物运单交给需方就等于完成了交货。

4．运输方式及到达站港和费用负担条款的表述

运输方式的表述较为简单，如“铁路集装箱运输”、“汽车运输”、“空运”等等，但除了在合同中要将运输的方式表述清楚外，对于由谁来承办运输也要表示清楚，如“铁路集装箱运输，由供方代办托运”，这样责任就很明确，否则就可能产生扯皮现象。

到达站港的填写要详细准确，对于汽车运输来说，一般可以做到门对门，可以写“到站××市××路××号××单位”。对于其他运输方式而言难以做到门对门，如果规定“××路××号”，事实上也不可能做到，但到达站港的名称一定要填写准确，如北京就有北京站、北京西站、北京南站、北京东站等，要发往哪一个车站，务必准确清楚，不能仅写“到站：“北京”，这样容易引起错乱。如果还需要使用铁路专用线或专用码头，这在合同中也需要具体写明，如“北京东郊××厂铁路专用线”、“××市石油公司专用码头”等。

费用负担直接关系经济利益，双方在谈判中必然要对此进行磋商，表述中需要注意的就是要准确反映谈判的成果，例如，供需双方商定，采用铁路运输方式，铁路的运费由需方负担，而货物上站前的短途运输费用则由供方负担，对此合同中应表述为“铁路运费由需方负担”，这样需方就只需承担铁路货物运单上载明的费用，上站前的短途运输费用自然不包括在内，但如果合同中仅写“运费由需方负担”，其中是否也包括上站前的短途运费在内就说不清了。

5. 合理损耗及计算方法条款的表述

这一条款不是所有商品都涉及，只是针对那些易自然失重、磅差、运输中容易飘洒或易碎物品需要做出规定，如“破损率不超过 3%，超过部分由供方负责补足”。如果没有，本条款可写“无”。

6. 包装标准、包装物的供应与回收和费用负担条款的表述

这一条款的文字表述，主要是对包装材料、包装形式、包装费用和责任方要表述清楚，如“纸箱装、塑料带捆扎，每箱 10 盒，每盒 20 支，包装物由供方负责提供，包装费由供方负担，包装物不回收”。

这里有几点需要注意：

（1）包装材料的性质要写清，如纸箱、木箱、麻袋、纸袋，是双层还是单层，双层是外麻内塑料袋等。

（2）包装形式的描述一般为从外到内，即先写外包装，后写内包装，如上例所述。

（3）如果所采用的包装物为供方惯用的包装，条款可以写得简略一些，如上例所述；但也不可太过简略，如“习惯包装”，这是不可以的。如果需方有特别要求，则条款中要将有关要求详细进行描述，甚至还需附有图样等。

7. 验收标准、方法及提出异议期限条款的表述

这一条款极易出现纠纷，在填写时应特别注意：

（1）验收标准要同质量要求的技术标准相一致，不能质量要求是一个标准，验收又是另外一个标准，使合同本身出现矛盾。如“按本合同第二款规定之标准进行验收”，就使二者之间较好地得到了统一。

（2）验收方法不单纯指方法，包括验收方法、验收地点、验收者等多项内容在内，如“由需方在交货码头进行抽样检验”。

（3）提出异议的期限应该说主要是针对需方而言的，如没有期限的限制，从理论上来讲，需方在任何时候都可提出异议，这对供方是一个很大的威胁，因此必须在合同中加以明确，而且对时限的起点界限一定要清楚、合理。如规定“需方如有异议，应自货物到站之日起十日内提出有效”和“需方如有异议，应在货物验收后十日内提出有效”，二者比较有很大差异。前者的时间界限是从货物到站开始算起，不管你需方是否检验，超过十天便不再受理，即便诉诸法律，也可有运输记录为证；后者的时间界限是从需方验货后开始算起，假如需方迟迟不验收，就不能算做开始，由此推论，提出异议的期限实际上等于是无限期的，对此，在表述时一定要特别注意。

（4）为了避免供需双方对检验结果产生争议，合同条款中可规定由权威检测部门来出具证明，或在产生争议后，由权威检测部门来执行仲裁等。同时为了体现公平的原则，合同中不仅对需方提出异议要有时间限制，而且对供方答复也应有时间限制，如“需方如有异议，应自货物到站之日起十日内提出有效，同时需提交由×市质量技术监督局出具的检验报告（或双方对检验结果如有争议，可由××市质量技术监督局执行仲裁），供方应自接到需方异议通知后十日内给予答复”。

8．随机备品、配件工具数量及供应办法条款的表述

对于一些机电产品，除主机外，还有随主机一起供应的辅机、附件、配套产品，易损耗的备品、配件和安装修理工具等，这些都要在合同条款中一一列出，如果项目较多，合同中表述不便，可另附成套供应清单。对于一些专用性较强的产品，需要生产厂家在较长时间内提供维修用配件的，合同中对于保证供应的期限和供应的办法一定要明确约定，还要考虑到未来生产企业的变动情况，如兼并、重组、产品停产、企业倒闭等情况，如遇这种情况应采取何种补救措施，这些都应在合同中予以约定。

9．结算方式及期限条款的表述

结算方式有现金结算、委托收款、托收承付、汇兑结算、支票结算、汇票结算、本票结算、信用卡结算等，依双方约定的方式在合同中予以表述，本条款着重在于对付款期限做出制约性的规定，是全部还是部分，一次性付清还是分期付款皆需在条款中予以明确表述，如“需方应在货物到站后十日内将全部货款以电汇方式一次付清”或“需方应在货物到站后十日内按发票金额的40%以电汇方式支付首批货款，剩余货款以同样方式分两次付清，每次付30%，两次付款的间隔时间不超过30天”。

10．担保条款的表述

担保条款不是合同的必要条款，只有在对对方资信情况不甚了解，交易中又存在较大风险时，才要求对方提供第三方担保，以降低交易的风险。可以说，在日常的商品交易中，要求提供担保的情况只占一小部分，多数情况下没有要求。

担保合同属另类性质的合同，在此不再叙述。

11．违约责任条款的表述

合同在履行过程中出现违约时有发生，而且情况多样，合同中当然可以对可能出现的各种违约情况来约定违约的责任，但即使考虑得再周全，也难以将所有情况一一列举，总还有一些情况会出乎意料之外。对此应该如何表述，其实并不困难。《中华人民共和国合同法》对违约责任已有明确的规定，供需双方只需依法行事即可。如在合同中规定："如有违约，按合同法之规定处理。"

也有的在合同中约定一方向对方给付定金作为债权的担保，给付定金的一方如果违约（无论何种情况，除法律另有规定的除外），则无权要求返还定金；接受定金的一方如果违约，则应当向对方双倍返还定金。在应用这一条款时，要注意不要将定金误作订金。"定金"具有惩罚的性质，而"订金"只是预付款的性质，"订金"是无权要求双倍返还的。例如规定"需方应自合同生效之日起10日内向供方支付定金×万元，定金可抵作价款，需方如有违约，定金不再返还，并需支付因需方违约而给供方造成的实际损失。供方如有违约，应向需方双倍返还定金，同时需支付因供方违约给需方造成的实际损失"。

12. 解决合同纠纷方式条款的表述

合同一旦出现纠纷，一般先由双方协商解决，这样，既有利于双方保持合作的关系，又可节省经济支出。如果协商不成，可通过仲裁裁决或诉讼进行解决。但如果采用仲裁方式，必需双方自愿，最好在合同中预先予以约定。如果通过诉讼解决，则无需征得对方同意，任何一方均有权提起诉讼。如："合同在履行中如果产生纠纷，双方应友好协商解决，如协商不能解决，可通过××市经济合同仲裁委员会进行仲裁，仲裁裁决是终局的，对双方都有约束力。"或"合同在履行中如产生纠纷，双方应友好协商解决，如协商不能解决，可通过诉讼解决。"

需要指出的是，有的在合同中只规定"协商解决"，而不写其他方式，这并不等于不可以通过其他方式解决，如果协商不成，仍可通过仲裁或诉讼解决，但仲裁需双方自愿这一原则不能改变。

13. 其他约定事项的表述

其他约定事项系指除前述 12 款内容之外的其他事项，双方可将认为有必要在合同中予以约定而前边12款内容中又不能包含的事项在这一款中进行约定，对此没有通用的格式，一切依实际需要而定。但通常在此项中，双方要对合同的份数、使用文字及效力做出一些规定。如："本合同用中英两种文字书写，以中文文本为准，一式两份，供需双方各执一份。"

（三）约尾部分

合同的结尾主要载明双方进行沟通联系的一些信息资料，也是双方当事人签字盖章的地方，内容虽然不多，也很简单，但是却十分重要。因为合同一经双方有正当权限的代表依法签署，合同即告生效，对双方均有约束力，未经双方同意，不得更改。事实上签字后的更改无疑又是一次新的谈判。所以在签字之前，当事人必须对书面合同作详细的审阅，只有在全部弄清并确信合同内容无误后，方可落笔签署。

第二节　谈判协议的起草与签署

一、谈判协议的类型

根据谈判的进展情况，谈判协议一般可分为两大类：合作意向书和正式的经济合同。

1. 合作意向书

合作意向书是参加谈判的双方在谈判的探讨性阶段，就谈判项目的大体内容，双方对该项目所抱的真诚合作的愿望，以及未来进行正式谈判的时间、期限等所形成的书面文件。

合作意向书的签订通常出于以下情况：

（1）双方认为将来确有合作的必要，但目前进行正式合同的谈判尚为时过早，还有一些情况需要作进一步的了解、考察和分析。因此，借助合作意向书来表明双方将来进行某种合作的意愿，以加强双方之间的联系。

（2）双方的合作意向较为一致，但合作中的某些具体问题尚未确定。如财务安排和政府许可等，需签订意向书，表明双方将着力解决这些问题，有时还有可能要将意向书送交银行或政府部门，以获得将来履约所不可缺少的银行贷款和政府许可。

意向书虽不是正式合同，但是，签订意向书也是整个谈判过程中一项严肃的经济活动，会影响到以后各阶段的谈判。因此，对合作意向书的签订也应该认真对待。

2. 经济合同

经济合同是由谈判双方为了实现各自的目的而按照法律规定订立的协议。我国《合同法》第二条明确规定："合同是平等主体的自然人、法人、其他组织之间设立、变更、终止民事权利义务关系的协议。"经济合同是谈判的最终成果，与合作意向书相比有许多不同，在合同中不存在悬而未决的问题，尽管在有的合同中会有"未尽事宜，由双方协商确定"类的表述，但这类表述仅是对谈判中可能遗漏问题的一种弥补性规定，并非在谈判中"悬而未决"。合作意向书对各方的权利、义务多是一些原则性的规定，而经济合同则必须对谈判双方的权利义务做出详尽具体的规定。由于意向书只是表达了一种合作的愿望，协议规定又多是原则性的，因此，对合作双方的约束力是有限的，当中间出现变化导致合作改变或中止合作，可以不负有责任；而合同一经成立，对当事人即具有法律约束力，如果改变，则要承担法律责任。

经济合同的形式主要有两种，即口头合同和书面合同。

（1）口头合同。所谓口头合同是当事人双方以口头的意思表示方式建立的协议。这种口头表示可以是当面交谈，也可以通过电话方式订立。如买卖双方就某一商品当面谈好价格，然后一手交钱，一手提货。双方“银货两讫”，自然也就没有必要再订立书面合同。所以口头合同多用于即时清结的交易，而对于一时不能清结的交易，还是以订立书面合同为好，以免将来处于“空口无凭”的尴尬境地。

（2）书面合同。所谓书面合同是指用文字形式来表达双方当事人经过协商一致而订立的合同。书面合同不仅指正式的合同书，也包括双方协商同意的信件、电文等。《合同法》第十一条规定：“书面形式是指合同书、信件和数据电文（包括电报、电传、传真、电子数据交换和电子邮件）等可以有形地表现所载内容的形式。”书面合同的优点在于对双方当事人的权利、义务和责任有明文规定，正所谓“立字为据”。

二、谈判协议的起草

谈判协议的起草可以由一方单独进行，也可以由双方共同进行起草；可以由谈判者自己或企业内的其他人员起草，也可以委托专门的律师起草。对于一些简单的交易，如标的额不大，涉及问题比较简单，可由推销员自己来进行起草书写，推销员携带事先准备好的合同文本（有的事先就已将印章盖好并经法人代表签字授权），当与对方谈妥交易条件后，当即起草填写，但无论合同内容简单还是繁杂，在合同起草时，一定要慎之又慎，一旦有错，将会给企业带来难以估量的损失。在起草时，要做到以下几点：

1．内容完备，条款齐全

双方在研究协商和拟写合同条款时，要考虑周全，力求把双方的权利、义务和责任等内容写得完备、周详，把应具备的条款写齐全。如果对方使用预先印制好的格式合同，则一定要仔细审阅各项条款，检查有无缺项、漏项，防止对方有意留下空隙。对于认为不妥的地方一定要大胆提出修改，不要碍于情面给将来留下隐患。

2．规定具体，表述周密

合同的各项条款关系到双方当事人的权利和义务，必须规定得具体、明确、毫不含糊，语言表述要准确、严密、明白无误，不能使用含糊不清或可能发生歧义的词语，防止由于措词含糊、语义不明而造成纠纷。

3．书写工整，文面整洁

合同的字迹要清楚、工整，标点符号要正确，不写错别字，涉及的期限、金额、数量等数字书写要工整，该大写的地方要大写。签署后如有改动，应由双方加盖印章，不得单方随意涂改。合同一般为多份复写，以保证完全一致。如系抄写或打印，一定要注意核对。为慎重起见，也可在两份合同的骑缝处加盖骑缝章，以防止伪造或加页。

4. 仔细检查，认真核对

无论合同由何方起草，均需进行仔细检查，认真核对；有时合同文件会很长，附件内容多达几百页甚至更多，但丝毫马虎不得，“将错就错”本就是谈判的一种手段，有些人会利用这一手段来达到某些目的，要特别注意警惕。在合同中常见的手法有：① 将数字有意写错，如将小数点写错，少写或多写一个零，故意加错、减错、除错、乘错，数字潦草不清楚等；② 故意把关键的计量概念弄错，如把毛利写成纯利、总收入写成净收入、毛重写成净重、“打”写成“个”、公制写成英制等；③ 故意把一些名称相同或相似但内容或实质却有较大区别的名称搞得含糊不清或模棱两可，如“斤”本有“公斤”与“市斤”之分，“吨”有长吨、短吨、公吨之别，“元”有美元、日元、港元、人民币元等，如仅写“斤”、“吨”、“元”则难以分辨。如果不能在合同签署之前发现这些问题，一旦签字生效，将会带来无穷后患。有的甚至在合同生效以后很长时间才发现问题，这时距当初谈判已过去很久，即便对方不是有意弄错，也会因时隔久远、记忆不清而造成麻烦。须知，有时合同修改的谈判比一场新的谈判还要艰难。

三、谈判协议的签署

1. 主体资格审查

协议的签署是谈判的最后一个环节，也是谈判者可以借以保护自身利益的最后一次机会。在合同签字之前，一定要搞清楚对方的真实情况，利用适当的机会审查对方的有关证件和各种手续是否真实完备，主体资格是否合法，如有疑问，则应进一步设法调查了解，或请有关部门对合同进行签证、公证，以取得可靠的保证。

合同需经双方有正当权限的代表依法签署才为有效。所谓有正当权限的代表通常是指能负责承担合同规定义务，享受合同规定权利的法人代表。但通常情况下，双方单位的法人代表未必亲自参加谈判并最后签署协议，只是委托他人（如推销员、采购员）代为办理。受委托者即称为委托代理人，作为委托代理人在签署协议时，应主动出示法人的授权委托证明，在法人授权范围内代理签署协议，不得越权行事。当然，作为当事人的一方，也要注意审查对方的委托证明，搞清对方的代理权限。

2. 签字仪式

对于一些重要的交易或重大经济合作项目，在谈判达成协议后，往往要举行签字仪式，一方面表示对合作的重视，另一方面也是对谈判取得成果表示庆贺。签字仪式最主要的是形式，因此更多的是要注重礼仪。举行正式的签字仪式，应注意以下两个环节：

（1）签字仪式的准备

签字仪式的准备工作，一般应包括四个方面：

1）确定参加签字仪式的人员。一般参加签字仪式的人员都是参加谈判的人员，如果一方要让未参加谈判的人员出席签字仪式，应事先征得对方同意。出席签字仪式的双方人数应大体相等，主签人员的级别也相同。有时为了表示 对本次谈判的重视，双方更高一级的领导人也可出面参加签字仪式，级别和人数一般也是对等的。

2）做好协议文本的准备。谈判结束后，双方应组织专业人员按谈判达成的协议做好文本的定稿、翻译、印刷、校对、装订等工作，东道主应为文本准备提供方便。

3）签字场所的选择。场所的选择一般视参加签字仪式的人员规格、人数多少及协议内容的重要程度等因素来确定。一般可选择在客人所住宾馆或东道主的会客厅、洽谈室内。有时为了扩大影响，也可选择在某些新闻发布中心或著名会议、会客场所举行，并邀请新闻媒体进行采访。但无论选择在什么地方，都应征得对方的同意。

4）签字场所的布置。签字厅的布置一般设长方形签字桌，桌面上覆盖深色台布，桌后置两把座椅，供双方签字人就座。就座时主左客右，座前桌上摆放由各方保存的文本，文本前分别放置签字用的文具。签字桌中间摆一旗架。如同系国内企业，则分别摆放座签，并写上企业名称。旗架或座签的摆设方向与座位方向一致，如图 11-1 所示。

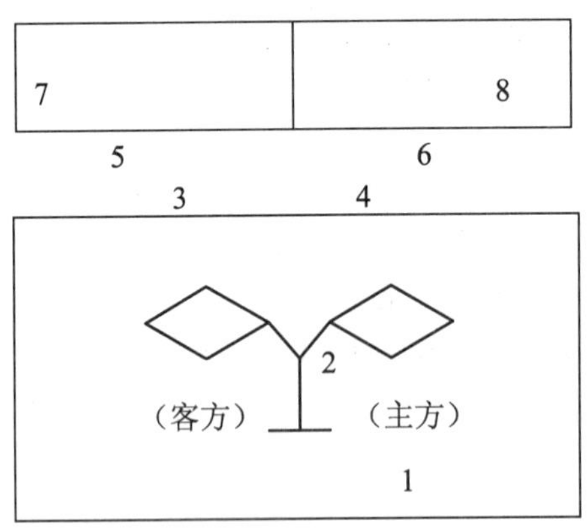

图 11-1　签字仪式场景布置

1. 签字桌　　2. 双方国旗（座签）

3. 客方签字人　　4. 主方签字人

5. 客方助签人　　6. 主方助签人

7. 客方参加签字仪式人员　　8. 主方参加签字仪式人员

签字场所的布置一般由东道主进行安排。

（2）签字仪式的程序

正式的签字仪式，一般按以下程序进行：

1）双方参加签字仪式的人员步入签字厅。

2）负责签字者入座，其他人员分主客各站一方，并按身份由高到低自里向外依次站于各自的签字人员座位之后。

3）双方助签人员分别站立在各自签字人的外侧，协助翻开文本，指明签字处，由签字人员在所要保存的文本上签字；然后由助签人员将文本递给对方助签人员，再由双方签字人员分别在对方所保存的文本上签字。

4）由双方签字人员互换文本，相互握手祝贺，有时还备有香槟酒，供双方全体人员举杯庆贺，以增添欢庆气氛。

合同一经签署，即告成立，双方均应严格遵照执行。

本章小结

1. 购销合同是推销与谈判成果的最终反映，也是未来实地履行的唯一依据，常用的工矿产品购销合同包括三个组成部分，约首、正文和约定。对合同中每一项条款的表述均应做到具体、准确、严密，防止含糊不清或产生歧义。

2. 谈判协议分两种类型：合作意向和经济合同，谈判协议的起草要做到：内容完备、条款齐全；规定具体、表述周密；书写工整、文面整洁；仔细检查、认真核对。合同需经双方有正当权限的代表依法签署才为有效，重要的交易或重大经济合作项目在谈判达成协议后，可举行签字仪式。

作业与训练

一、复习思考题

1. 工矿产品购销合同由哪几部分组成，各部分主要包括哪些内容？
2. 工矿产品购销合同的主体内容在表述上应注意哪些问题？
3. 如何安排举行签字仪式？

二、选择题

1. 供需双方就香皂进行大批量交易，在选定计量单位时，一般以（　　）作单位较为恰当。

A. 块　　B. 箱　　C. 克　　D. 吨

2. 如果是凭标准进行交易，在合同中应注明（　　）。

A. 标准的内容　　B. 标准的名称

C. 标准的代号、编号和名称　　D. 标准的类型

3. 包装形式的描述一般是（　　）。

A. 从外到内　　B. 从内到外

C. 从上到下　　D. 从左到右

4. 就供方来讲，下列表述中较为恰当的是（　　）。

A. 需方如有异议，应自货物到站之日起一月内提出有效

B. 需方如有异议，应自货物验收后一月内提出有效

C. 需方如有异议，应自货物投入使用后一月内提出有效

D. 需方如有异议，应在一月内提出有效

5. 如果合同中规定“合同在履行中如果产生纠纷，双方应友好协商解决”，这意味着（　　）。

A. 双方只能通过协商解决　　B. 双方首先应当通过协商解决

C. 只是一种礼节性的表示　　D. 不限制采用其他方式

6. 需方要求按其提供的图样定制办公桌，这种交易属于（　　）。

A. 凭标准的买卖　　B. 凭样品的买卖

C. 凭规格的买卖　　D. 凭说明书的买卖

三、实训项目

1. 山西南风化工集团股份有限公司将1200件奇强牌洗衣粉卖与山东济南某批发公司，请据此草拟一份购销合同，合同的具体条款可自己设定，但要基本符合实际情况。

2. 本校与当地一家大型企业就学生实习就业达成协议，计划在本校举行一次正式的签字仪式，请为这次签字仪式设计一下会场布置及会议程序。

推销与谈判模拟实训指导

一、模拟实训的目的和内容

（一）模拟实训的目的

推销与谈判技巧是市场营销专业的一门主干专业课。按照教学的一般规律，从理论教学—模拟训练—实际操作，模拟实训当属连接理论与实践的中间环节，具有重要的桥梁作用，其目的是：

（1）训练综合运用已学理论知识去分析和解决实际问题的能力，培养理论联系实际的正确指导思想；

（2）分析和掌握一般推销洽谈的活动过程，学习购销洽谈的一般方法与技巧；

（3）训练学习订立购销合同的基本技能，掌握签订购销合同的基本方法；

（4）训练学生的创造性与应变力；

（5）检验理论教学成果。

（二）模拟实训的内容

模拟实训的内容包括：

（1）课题分析；

（2）推销（或采购）方案的制定；

（3）模拟谈判；

（4）订立购销合同；

（5）编写设计说明书。

二、实训的组织形式与实训任务书

（一）实训的组织形式

实训的组织形式应满足实训目的的要求。一般可将参加实训的学生分为人数基本相等的两部分，一部分充任供方，另一部分充任需方，形成一对一的洽谈局面。也可以组成 2～3 人的洽谈小组，以小组对阵的形式进行。学生实训的项目由指导教师事先拟好，经抽签后分别发给学生，每个（组）学生的课题应有所不同，或产品不同，或购销条件不同，以便学生能够按照课题要求来独立进行操作，锻炼学生分析、解决问题的能力。

为了使模拟训练更贴合实际，指导教师除了对实训课题要进行仔细研究之外，还应创造一定的竞争环境。对同种产品可以设置多个供方和需方，但各自供货条件和购买条件应有所区别，可以允许学生签多份合同或签不到合同，自然，未能达成交易的学生在评定成绩时要打点折扣。这样就使得模拟训练也充满了竞争性，从而调动学生的积极性，对培养学生的实践能力和创新精神有很好的作用。

（二）实训任务书

实训任务书是模拟实训的基础文件，任务书中应对实训课题、背景条件、实训要求和时间进度做出明确的规定。

1. 实训课题

实训课题由指导教师事先拟定，类型一般为产品的购销合同洽谈。教师在选择确定课题时，要充分考虑学生的实际情况，注意课题的难易程度，要选择那些学生较为熟悉的产品作为洽谈的项目，而且要便于查找资料。

2. 背景条件

背景条件也是洽谈的约束条件，主要应当明确两点：一是洽谈者的身份。是供方，还是需方；是生产企业，还是流通企业。对需方来讲，还应指明购买产品的用途。二是销售或采购的政策限定。如价格、数量、交货时间、结算办法、运输费用等。背景条件也由指导教师给定，连同课题一并下达。与其他课程实训不同的是，这些给定的政策条件属商业机密性质，不能公开示人，教师在发放课题时应注意不要将一方的购销条件泄露给谈判的另一方。

3. 实训要求

模拟实训总的要求是使学生完成一次购销过程的洽谈活动，但又不仅仅是找一个对手谈一下，草签一份协议就算完成了任务，应该对洽谈的全过程都有所训练，具体要求有5项：

（1）课题分析；

（2）推销方案的制定；

（3）寻找推销（或采购）对象，进行模拟洽谈；

（4）签订购销合同书；

（5）编写设计说明书。

4. 时间进度

实训可安排在课程结束之后进行，时间约需一周。

实训任务书的参考格式如下：

__________职业技术学院

实 训 任 务 书

课题：钢材购销合同洽谈（供方）

专　　业________________

班　　级________________

姓　　名________________

指导教师________________

审 定 人________________

下达日期　　年　　月　　日

<table>
<tr><td>课题</td><td>1．课题名称：购销合同洽谈
2．背景材料：供方，钢材生产企业，年产钢材 100 万吨。主要产品为建筑用 ϕ6.5mm 普线。现出厂价为 4500 元/吨，属近年来较高价位，未来市场走势如何，需作进一步分析。（此项不公开下达）</td></tr>
<tr><td>要求</td><td>1．应完成的工作项目：
（1）课题分析；
（2）推销方案的制定；
（3）寻找推销对象，进行模拟洽谈；
（4）签订购销合同书；
（5）编写设计证明书。
2．应完成的技术文件：
（1）购销合同书一份；
（2）设计说明书一份。</td></tr>
<tr><td>进度</td><td>一　周</td></tr>
<tr><td>备注</td><td></td></tr>
</table>

三、课题分析

课题是设计的依据，在模拟实训中，课题则等同于企业领导交办的任务，简单、明确，但不十分具体，需要作进一步的分析。这样才能正确领会领导的意图，把握设计的方向，明确关键所在，为后续工作确定正确的设计原则。

课题分析主要从两方面进行，一是洽谈活动的目的；二是洽谈的关键项目，还可以有其他认为重要的内容。

（一）洽谈的目的

模拟洽谈活动不仅仅是随意寻找一个谈判对象，完成一次规定的交易就行了，它的目的应该是很丰富的，一般而言，有这样几种目的：

1. 做成本次交易

供需双方过去不曾有过业务交往，今后或短期内也不会有第二次交易，只是出于当前的利益需要，使双方走到一起，来完成一次交易。此种目的，多由需方的购买行为所决定。如某单位集资建房，需购进钢材 100 吨，作为供方的钢铁生产企业或物资供应公司长期从事钢材销售业务，推销不是一次性的；而作为需方单位来讲，此次购买之后，还有没有下一次的重复购买则很难说，即使有也很难确定二次购买的期限，交易实际上是一次性的。作为供需双方来讲，只需努力做好本次交易即可，无需考虑长远的关系发展。

2. 开辟新市场

在某一区域市场范围内，作为供方来讲，过去由于种种原因，本公司的产品一直未能进入这个市场销售。现在遇到这样一个市场机会：某用户恰好需要本公司生产的某种产品，使公司有了一种进入该地区的可能。这样，不仅通过推销洽谈，有可能争取到一次交易的成功，还可以借机打入该地区市场，为将来的进一步拓展做一些探索性的先导工作。

3. 扩大市场份额

对供方企业来讲，只要生产能力许可，扩大市场份额应是其始终的目的，只要存在市场机会，都应该尽力去争取，以达到扩大市场占有率的目的。

4. 挤掉竞争对手

市场经济条件下，必然存在市场竞争，而且这种竞争是非常残酷的，你不去挤别人，则很有可能被别人挤掉，从这一意义上来讲，挤掉竞争对手也应该是一种永远的目的。但就其一次交易的具体目的来讲，还是有区别的。例如，一家建设单位需要购进一批水泥，许多生产经营水泥的企业都提出可以供货，而最终只能选定一家，对于供方来讲，相互之间必然有一场竞争，只有挤掉其他对手，自己才能独占鳌头，这是一般意义上的竞争。再比如，某地的一家建材公司多年来一直经营 A 厂生产的水泥，是 A 厂的一个大客户，现在，B 厂的推销人员看中了该建材公司的经营能力和销售网络，希望能取 A 厂而代之，计划说服该建材公司不要经营 A 厂的水泥，而改换经营 B 厂的产品。显然，B 厂的这一次谈判，其直接目的就是要把 A 厂挤掉。这里讲的挤掉竞争对手，主要是指后者。

5. 借对方做跳板

在谈判中，有时经过多方筛选，明明选中了 A 企业，希望与 A 企业成交，但如果直接向 A 企业提出交易的要求，并暴露己方的真实意图，很可能巩固对方的谈判地位而削弱己方的谈判能力，使己方在谈判中被动，讨价还价艰难，丧失有可能争取到的利益。为改变这种被动局面，己方在与 A 企业谈判的同时，也和另一家企业 B 进行谈判，与 B 企业之间的谈判显然是一种假性谈判，只是借 B 企业做跳板，来向 A 企业施加压力，借以巩固自己的谈判地位，削弱对方的议价能力，争取更好的谈判成果。

除此以外，还可以有其他目的。

上述各种目的，在一次推销谈判中可能会是多目标交错的，但应该确定以何种目的为主。这对于指导整个洽谈活动有着十分重要的意义。

（二）洽谈的关键项目

就一般交易谈判而言，涉及多方面的内容，品质、数量、价格、包装、检验、付款、交货、运输等，就一次特定的交易来说，总有一些项目是特别重要的，需要特别地予以关注。

1. 分析确定本次交易所涉及到的各个项目

根据课题任务的要求，首先分析本次谈判应涉及到的各项交易条件。如课题规定：“供方，钢材生产企业，年产钢材 100 万吨。主要产品为建筑用 ϕ6.5mm 普线。现出厂价为 4500 元/吨，属近年来较高价位，未来市场走势如何，需作进一步分析。”根据这一任务要求，此次交易必然涉及到的交易条件应该有：产品名称、型号、生产厂家、数量、金额、交货期、质量要求、交货地点和方式、运输条件、验收标准、结算办法和期限、违约责任、合同纠纷等；而像有些交易条件则不涉及，如担保、签证等。经过分析，对本次交易所涉及到的各个项目大体确定了一个范围。

2. 分析本次洽谈的关键项目

所谓关键项目，就是能对交易产生重大影响的交易条件。这种影响是多方面的。如：可能造成重大的利益损失；可能涉及企业的形象；可能涉及人身财产安全；可能导致企业长远利益受损等。这些项目在谈判中占有举足轻重的地位，如果不能得到充分的保证，将会带来较为严重的后果，即使其他项目都比较理想，谈判也是不成功的。

如上例中的钢材交易，对供方来讲，显然，价格条款是本次交易的关键项目。

课题中明确规定："现出厂价为 4500 元/吨，属近年来较高价位"。由此分析，4500 元/吨的价位体现了当前的市场价格水平，假如供需双方的交易是马上交割，双方的成交价格应在 4500 元/吨左右。因为就当前的市场情况来讲，这一价位是供需双方均可接受的一个价位。过高，需方不能接受；过低，供方不能接受。可以有一定的浮动，但幅度显然不可能很大。就供方而言，既然企业已规定了出厂价格，这一价格也就是指导洽谈的基准，非特殊情况，一般不可低于此价格，并应力争在此价格之上成交。但如果供需双方是远期交货，则存在市场变化因素，价格有可能走高，也有可能走低。虽然课题中提出的 4500 元/吨的价格已是近年来的较高价位，但仍不能排除今后市场价格的进一步上涨，如果在交货期内，因生产成本的大幅度增加而导致钢材价格大幅度上涨，那么以现行出厂价格成交，则会导致供方利益严重受损，这对供方而言显然关系重大，如何处理好价格问题，是未来洽谈的关键所在。

3. 分析本次洽谈的重要项目和一般项目

除关键项目以外，还有一些项目也是比较重要的，这些项目牵涉到双方的利益，在谈判中也需要认真加以协商。如上例中的运输方式和运输费用，结算办法和结算期限等。再则，就是一些一般项目，此类项目在谈判中一般不需费太大周折，容易取得共识。如质量要求，虽然这一条款也较为重要，但缘于钢材产品已有完善的国家标准。如果没有特别的要求，只需按国家标准执行即可。谈判中多由需方提出，供方同意，很容易取得一致，故可列为一般项目。此外还有一些项目，合同中虽有涉及，但无需谈判，只需双方确认一下即可，如产品名称、型号、生产厂家、商标等。在分析洽谈关键项目时，可运用 ABC 分析法，将谈判所涉及的各个条款分类分析，区分重点和一般，以指导后续的谈判工作。

四、推销方案的制定

制定推销方案是实训中的重要一环，也是有效开展洽谈活动的重要准备工作。能否在洽谈中掌握主动，进而取得较为有利的谈判成果，很大程度上取决于准备工作是否充分，俗话说："不打无准备之仗"。为此，所有谈判者都应精心做好这项工作。

推销方案的制定主要包括两项内容，即信息资料准备和谈判方案的制定。

（一）信息资料准备

模拟洽谈的信息资料准备与实际谈判有许多共同之处，对此，教材中已有详细阐述。但模拟实训说到底还只是"纸上谈兵"，其准备工作与实际还是有一定区别，总体来讲，范围要小一些，内容也较为简单，主要包括：

1. 了解宏观的经济形势

微观的推销活动与宏观的经济形势是有密切关系的，在某种程度上，决定着谈判者的地位和谈判中所持有的态度。谈判者应根据平时的知识积累，并通过广泛查阅书报资料，正确分析判断宏观的经济走势和行业的发展动态。一般来说，国民经济的发展多呈波浪式推进状态，有时快一些，有时慢一些。那么，就当前来讲，国民经济是处于快速增长期，还是处于慢速增长期；是处于波峰，还是处于谷底，要有一个正确的判断。当经济快速增长时，需求放大，价格攀升，对供方有利；反之，则对需方有利。同时，还要具体了解所售产品的行业发展动态：是供大于求，还是供求基本平衡，或是供不应求；价格水平如何；未来的走势是什么样的；等等。

2. 熟悉有关的政策、法规和标准规定

国家对不同行业、不同产品有着不同的政策规定。对此，应有适当的了解。例如我国经过多年来的改革与发展，大多数产品已完全实现市场化，但也有一些产品未完全实现市场化，甚至有着严格的限定。凡属国家政策限定，未完全实现市场化的产品，那么在交易谈判中，还必须遵循国家的有关规定。

法律、法规是谈判各方共同遵循的基本准则，设计者要熟悉有关的法律规定。如合同法、民事诉讼法、工矿产品购销合同条例等。

作为模拟实训的设计者来讲，还不同于企业的推销员，对所受命推销的产品并不十分了解。当然，从模拟实训的意图来讲，旨在推销技能的训练，而不在于某个具体产品的推销；但既然推销这个产品，还是应该尽量去了解这个产品。一方面可通过实地调查，掌握一些有关的产品知识；另一方面，也可通过查阅有关资料，来了解有关产品的技术标准、包装标准等规定，以期对所推销产品的特性有一个大致的了解。

此外，还有一些虽不属于上述规定，但在实际中却有一定之规，且谈判中又必然涉及的资料，也要注意收集了解。如不同运输工具的收费标准、站场堆存费、装卸费等收费情况。

3. 摸清谈判对方的基本情况

作为实训中的谈判对手，自然也是模拟安排的，依据实训的有关规则，对手的谈判条件是保密的，一般不轻易示人。但作为谈判的一方还是可以通过一些正当的手段来设法摸一摸对方的底牌，争取在正式洽谈之前多了解些对手的情况，如购买规模、因何而购买等。这对于明确谈判目的、选择谈判技巧都有直接的作用。

对对手情况了解的另一个重要方面就是对参与谈判者个人情况的了解，这一点对设计者来讲容易做到，实训的谈判对手就是本校的同学，大家彼此较为熟悉，了解并不困难。

4. 分析研究竞争对手

对竞争对手的分析在实训中与分析谈判对手的情况类似，一方面是尽可能了解竞争对手的谈判条件，以确定己方在谈判中的优势和劣势；另一方面是对竞争者个人情况的分析，为进一步选择适当的谈判策略做准备。

（二）谈判方案的制定

1. 谈判目标的制定

谈判目标一般以价格标准为主题，以其他方面的条件作辅助，当谈判出现变化时，方案中预先确定的目标也要作相应调整，因而谈判的目标应该是富有弹性的。方案中应对主要的交易条件设定谈判的目标，以指导后续的洽谈工作。例如，前述课题中的钢材交易，就供方而言，出厂价规定为 4500 元/吨，属较高价位，但根据对市场的综合分析，由于钢材生产的上游产品铁矿石、焦炭等原材料价格均有较大幅度上涨，而钢材生产由于前期低价资源尚有库存，价格虽有上涨，但与上游产品的涨价幅度相比，还远未到位。按照钢材生产的一般规律，如果上游产品的价格一直保持在目前的高位状态，受成本推动，钢材的价格将至少会达到 5000 元/吨以上。根据这一状况，4500 元/吨的价格应该是此次谈判的下限，而 5000 元/吨则可作为谈判的上限，中限则可根据交货期的远近来加以确定。这样的安排应该说是有一定道理的，也有比较充分的理由来说服对方。另外还有一些选择，就是谈判中不确定具体的成交价格，以交货时的市场价格作为成交价，即浮动价格。无论将来价格上涨还是下跌，供需双方都不吃亏。这一目标也可作为谈判目标的中限。再比如运输费用，上限可考虑由对方完全负担，中限可确定为双方各负担一半，下限则由己方负担，考虑是否还要与价格捆绑，等等。

谈判目标设定之后，谈判者要在心理上做好充分准备，争取以弹性目标的上限成交。即使在非常不理想的情况下，也要坚持不能超过下限；否则，就终止谈判。

2. 确定谈判的对策与策略

谈判策略的正确运用，是取得洽谈成功的关键所在。在推销方案中，一定要对此做出周密的部署，不能毫无准备，完全靠临场发挥来处理问题，这是不行的。

一般来说，谈判人员对交易的各项主要条件是心中有数的，对对方的反应也有一定的估计，在考虑对策时，应从洽谈过程中各个阶段可能出现的情况来进行设计，一般有以下内容：安排好主谈人员（小组洽谈时）；提出所使用的证据和文件；应在何种情况下提出问题；如何暂停讨论；哪些条款可以让步，在什么情况下让步，让步幅度多大；哪些应坚持自己的立场，不作任何让步，不让步的理由是什么；等等。

策略是在洽谈中经常使用的手段。运用这些策略的目的是为了取得自己的特殊利益。交易谈判从总体而言，是平等互利的，但它并不等于利益的平均分配，任何一方都希望通过谈判争取到更大的利益，使自己盘子里的蛋糕更大一些。因此，双方在谈判中竭尽所能，斗智斗勇，各种策略与技巧得以充分展现。这其中，有些在于个人的临场发挥，但多数是在于事先做出的精心的设计。

关于洽谈中的策略与技巧，教材中已有详尽阐述，参加实训的同学可依据给定的课题条件和具体的洽谈对象来研究选择确定，在方案中给予说明。

五、合同文件

合同文件是洽谈成果的具体表现形式，洽谈中的任何努力，最终都反映在这一纸合同上。从法律意义上讲，也唯有双方正式签署的合同文件才具有法律效力。对合同文件的基本要求是准确、具体、严密、规范、合法。关于合同文件的书写、教材中已有详细的阐述，在此不再赘述。

六、设计说明书

（一）设计说明书的主要内容

设计说明书是用以阐述设计思想，说明设计过程的资料，是审查设计是否合理的主要文件，其主要内容包括：

（1）课题分析

1）模拟实训的课题及背景条件；

2）洽谈目的分析；

3）洽谈关键项目的确定。

（2）洽谈的前期准备工作

1）信息资料准备。

① 宏观经济形势分析；

② 相关的技术标准与政策、法规；

③ 谈判对手的研究；

④ 竞争对手分析。

2）谈判方案的制定。

① 谈判目标的设计；

② 策略准备；

③ 推销谈判方案。

（3）谈判过程的说明。

（4）对合同文件的说明。

（5）设计小结。

（6）参考资料。

（二）编写设计说明书的基本要求

（1）设计说明书应全面、系统地说明设计过程所考虑的问题，分析问题要深

入透彻，实事求是，引用资料准确无误，不能凭个人的主观意愿凭空杜撰。

（2）对谈判过程的说明要详细，要将主要的对话过程按顺序写明。

（3）说明书需用统一的设计纸，按统一格式书写，字数一般不少于 5000 字，书写工整、清晰，文字简洁。

（4）在完成全部编写后，注明页次、编好目录，按封面（实训任务书）、目录、正文、合同书、参考资料、评语、封底的顺序装订成册。

参 考 文 献

[1] 王洪耘．谈判与推销技巧[M]．北京：中国人民大学出版社，2002．

[2] 马梁．谈判精英[M]．哈尔滨：黑龙江人民出版社，2001．

[3] 金木，罗德．谈判是双赢[M]．杭州：杭州出版社，2001．

[4] 甘华鸣，徐立东．谈判[M]．北京：中国国际广播出版社，2001．

[5] 张雷．就这样谈判[M]．银川：宁夏人民出版社，2001．

[6] 刘文广，张晓明．商务谈判[M]．北京：高等教育出版社，2001．

[7] 夏圣亭．商务谈判技术[M]．北京：高等教育出版社，2000．

[8] 王笑东．成功经商的100条经验[M]．北京：民族与建设出版社，2002．

[9] 李先国．营销师国家职业资格培训教程[M]．北京：中央广播电视大学出版社，2006．

[10] 范云峰，贾文华．谈判高手[M]．北京：京华出版社，2004．

[11] 周琼，吴再芳．商务谈判与推销技术[M]．北京：机械工业出版社，2005．

[12] 市场营销案例编委会．市场营销案例[M]．北京：远方出版社，2005．